MW01599258

가톨릭 신앙의 40가지 보물

가톨릭 신앙의 40가지 보물

2011년 7월 20일 교회인가
2012년 3월 15일 1판 1쇄 발행
2012년 10월 25일 1판 4쇄 발행

지은이 | 스콧 한
옮긴이 | 오영민
펴낸이 | 이순규
펴낸곳 | 바오로딸

142-704 서울 강북구 오패산로 184
등록 | 제7-5호 1964. 10. 15.
전화 | 02) 944-0800 팩스 | 984-3612

취급처 | 중앙보급소
전화 | 02) 984-3611 팩스 | 984-3612

값 10,000원

이메일 | edit@pauline.or.kr
인터넷 서점 | www.pauline.or.kr
통신판매 | 02) 944-0944 ~ 5
ISBN 978-89-331-1083-6 03230

Signs of Life: 40 Catholic Customs and Their Biblical Roots
by Scott Hahn

가톨릭 신앙의 40가지 보물

스콧 한 지음 | 오영민 옮김

차례

머리말

어떤 분야에서 일하든, 생활환경이 어떠하든 우리 모두는 기어오르기에 너무 가파르고, 뛰어넘기에 너무 높고, 쓰러뜨리기에 너무나 강한 장벽에 직면해 살고 있다. 이런 장벽은 직업이나 인간관계의 문제로 생길 수 있다. 우리는 이 장벽을 넘어가거나 돌아가거나 밑을 뚫고 나가기 위해 인간으로서 할 수 있는 모든 노력을 기울이지만 더 이상 어찌할 도리가 없는 시점에 이르곤 한다.

나는 그런 순간을 수없이 겪었는데 그 가운데 한 순간이 생생하게 떠오른다. 새내기 가정을 꾸린 젊은 학도學徒 시절, 신학 공부의 정점인 박사논문을 쓰고 있을 때였다. 어떤 성경 구절을 해석해야 했는데, 간단한 구절이었지만 중요했다. 그 구절이 논증의 핵심이었기에 박사논문 심사위원들 앞에서 논문을 발표하기 전에 반드시 해석상의 문제를 해결해야 했다. 그 문제를 해결하지 못하면 논문 발표가 실패로 돌아갈 것이 뻔했다.

나는 주석서란 주석서는 모두 읽었지만 도움이 될 만한 내용을 찾지 못했다. 나보다 먼저 똑같은 경험을 한 학도들의 동정 어린 마음 외에는 단 한 줄기의 희미한 빛조차 발견하지 못한 채 여러 달을 갈팡질팡하며 빈둥대기도 하고 곰곰이 생각도 해보고 찬찬히 짚어도 보았지만 도무지 앞으로 나아갈 수 없었다. 큰일이었다. 이미 여러 해를 그 연구에 쏟아부은데다 그 프로젝트를 포기한다면 논문 승인 과정을 처음부터 다시 시작해야 하는, 멀고도 험한 자존심 상하는 길을 걸어야 했기 때문이다.

게다가 그 장벽이 한층 높아지는 일이 벌어졌다. 내 지도교수인 예수회 사제가 이탈리아 로마의 그레고리안 대학으로 전근을 하게 되었다며 전화를 걸어온 것이다. 그는 학위논문을 빨리 마쳐야 한다면서, 그렇지 않으면 새 지도교수를 찾아야 하는데 새 지도교수는 내 논문을 타당한 것으로 받아들이지 않을 수도 있다고 했다.

나는 잠도 자지 않고 크고 묵직한 책들을 숙독하는가 하면 만난 적도 없는 학도에게 밤늦게 전화를 해가며 온갖 노력을 기울였다. 그러나 소용없는 일이었다. 그 장벽은 전보다 더 무지막지하게 높아만 갔다. 장벽 건너편에는 교수라는 직업, 종신 재직의 기회, 명예와 일과 업적을 향한 길이 펼쳐져 있었지만 장벽 이쪽에는 전문직에 대한 실패가 도사리고 있었다.

그렇게 몇 주간을 힘겹게 보냈다. 그때 참으로 이상한 일이 일어났다. 지도교수가 다시 전화를 걸어 내가 논문 발표 때 일어날 수 있는 다른 문제들에 대해서도 준비하고 있는지 확인했다. 그는 내가 미처 생각하지 못한 일, 곧 그 중요한 날에 맞닥뜨릴 가능성이 있는 여러 어려움과 장애물을 나열하며 자세히 설명해 주었다.

나는 실패를 인지했지만 인정할 수 없었다. 나는 자존심이 매우 강했다. 그러나 그것이 문제라는 것도 알고 있었다. 그런 상태인데다 잠이 부족했고 카페인에 찌들어 있었다. 내 정신은 성경적으로 중요한 도덕적 문제와 학문적 문제로 뒤엉켜 있었다.

내가 할 수 있는 일이 아무것도 없었다. 그렇지만 뭐라도 해야 했다.

빗나간 목적

이런 위기를 겪고 있던 당시는 내가 가톨릭 신자가 된 지 10년도 채 안 된 때였다. 하지만 나는 10년 정도의 신앙생활이면 성인들의 삶에서 일어나는 일들이 내게도 가능하다는 생각으로 가득 차 있었다.

부디 오해가 없기를! 내 말은 내가 아시시의 성 프란치스코나 로욜라의 이냐시오 같은 사람이라고 생각했다는 의미가 아니다. 멜로드라마 같은 사건을 등장시키려는 것도 아니다. 내 논문 문제는 역사라는 거시적 관점에서 보면 대수롭지 않지만 개인적 삶에서는 성패가 달린 문제였다. 내가 여러 해에 걸쳐 읽은 성인들의 전기가 바로 이러한 위기에 대처하는 모델이 되어주었다.

그 장벽은 매우 높았다. 하지만 어느 늦은 밤, 갑자기 나는 그 장벽보다 훨씬 더 높은 것과 내가 어떻게 해야 하는지를 깨달았다. 나는 윗도리를 걸쳐 입고 머리를 빗는 것조차 잊은 채 어둠 속으로 내달았다.

거리는 온통 어둠 속에 고요했다. 내가 강의하는 캠퍼스로 가장 빨리 가기 위해서는 거리를 곧장 따라가다 숲을 통과해야 했지만 나는 그 길을 택했다.

내 장벽보다 훨씬 더 높은 목표물은 계속해서 내 앞 지평선 위에 솟아 있었다. 스튜번빌Steubenville 프란치스코 대학교 기숙사와 도서관과 연구실 위로 우뚝 솟은 것은 18.3미터 높이의 철제 십자가였다. 밝게 빛나는 그 십자가는 주간州間 고속도로에서도 보이고 서부 버지니아에 있는 오하이오 강 건너편에서도 보였다.

나는 서둘러 조용한 캠퍼스를 가로질렀다. 혹시 누가 나를 보았다면 분명 공부를 너무 많이 해서 미쳤다고 생각했을 것이다.(사도 26,24 참조) 내 정신은 혼미했지만 그 밝게 빛나는 거대한 십자가 밑에 내가 있다는 것을 깨달았을 때만큼은 여느 때처럼 건강했던 것 같다.

거기서는 어렵게 생각할 것이 없었다. 나는 역사 속 성인들이 무엇을 했는지 깨달았다. 나는 바로 그 성인들이 한 것을 해야 했다. 나는 십자가에 입을 맞췄다. 그러고 나서 십자가 발치에 납작 엎드려 얼굴을 숙이고 소리 내어 울었다.

그때까지 나는 사람이 제공할 수 있는 가장 좋은 것들로 나 자신을 가득 채우고 있었다. 가장 훌륭하다는 도서관들에 자문을 구했고 최상위권 학도들을 직접 찾아가기도 했다. 그러나 어느 것도 충분하지 않았다. 그래서 예수님께 내 장벽이 너무 높다고 말씀드렸다.

바로 그때 나는 내가 어떤 일을 겪고 있든 그분의 십자가가 훨씬 더 높다는 것을 깨달았다. 그분은 나보다 훨씬 많은 것을 마음대로 이용하실 수 있는 하느님이신데도 '하느님과 같음을 당연한 것으로 여기지 않으시고 오히려 당신 자신을 비우시어 종의 모습을 취하시고 사람들과 같이 되셨으며, 여느 사람처럼 나타나 당신 자신을 낮추시어 죽음에 이르기까지, 십자가 죽음에 이르기까지 순종하셨기' 때문이다.(필리 2,6-8 참조)

나는 얼굴을 땅에 대고 엎드려 성 프란치스코와 다른 많은 사람을 통해 알게 된 방법대로 모든 것을 그분께 맡겼다. 나는 그분께 만일 내가 실패할 수밖에 없다면 그렇게 되게 하시라고 말씀드렸다. 그리고 그분이 그러셨듯이 나를 완전히 비워 달라고 말씀드렸다.

건배!

그다음에 무슨 일이 일어났을까? 얼마 지나지 않아 나는 다시 장벽에 이르게 되었지만, 우선 멈춰 서서 가톨릭 신앙생활의 아름다움에 대해 깊이 생각했다.

때때로 우리는 장벽에 다다랐음을 알게 된다. 때로는 우리가 방금 그 장벽에 고속으로 부딪쳤고 안전모를 집에 두고 왔음을 알게 된다. 그런 일이 벌어질 때 우리는 본능적으로 소리친다. '그냥 서 있지 말고 뭔가를 해라!' 하느님이 우리를 그렇게 하도록 창조하셨다. 곧 우리가 몸으로 행동하도록 창조하셨고, 할 일로 가득한 세상에서 일하도록 하셨다.

그분은 역사를 통해 이러한 우리의 본성을 인정하시고 할 일을 주셨다. 사람들이 목말라할 때 그분은 모세에게 바위를 쳐서 물이 니오게 하라고 일러주셨다. 왜 그렇게 하셨을까? 그분은 구름에서 물통을 떨어뜨리시거나 사막 한가운데 큰 호수를 만드시거나 천사를 시켜 마르가리타(테킬라 술과 레몬즙을 섞어 만든 칵테일-옮긴이)가 담긴 주전자를 제공하실 수도 있었다. 하지만 그분은 인간의 본성을 아셨고, 우리가 뭔가를 해야 한다는 것을 아셨다. 그래서 모세에게 할 일을 주신 것이다.

모세 때부터 예수님 시대에 이르기까지 인간 본성에는 아무런 변화가 없었다. 예수님은 간단한 고갯짓이나 말씀만으로 장님을 고칠 수 있으셨지만 그렇게 하지 않으셨다. 그분은 진흙과 침으로 고약을 만들어 바르시고 장님을 가까운 연못으로 보내어 씻게 하셨다. 또 나환자들을 고쳐주셨는데, 그들이 성전 사제에게 몸을 보이러 가는 도중에 고쳐주셨다. “그들이 가는 동안에 몸이 깨끗해졌다.”(루카 17,14)

위대한 그리스도교 전통인 가톨릭 신앙은 2천여 년 동안 수많은 지역과 상황 속에서 성인들이 물려준 거대한 유산이다. 가톨릭 신자가 된다는 것은 우리가 할 일이 아무것도 없다고 말하지 않는 것이다. 우리 기도는 성화상과 향, 봉헌초와 묵주, 물과 기름, 몸짓과 자세, 축복과 성패, 관습과 의식 등으로 풍요로워진다.

나는 가톨릭 신앙생활을 사는 법을 배웠기에 서재에서 새벽 세 시에 혼자 있을 때에도, 직업적 위기의 한가운데에 있을 때에도, 곧 더 이상 할 일이 아무것도 없을 때에도 뭔가 할 수 있다고 말할 수 있었다.

즉시 길을 떠나 순례 여행을 할 수 있었고,
엎드려 기도할 수 있었고,
거룩한 십자가를 공경할 수 있었고,
성경을 머리에 떠올릴 수 있었다.

나는 이 모든 것을 할 수 있었다. 또 아무도 나를 멈춰 세우지 않았다. 그래서 내가 할 수 있었던 것이다.

상황 정리

가톨릭 신앙생활은 이러한 일로 가득 차 있다. 하지만 이러한 일이 어째서 우리 전통 속에 있는지 다 이해하는 것은 아니다. 신심 깊은 가톨릭 신자조차 이런 많은 다양한 관습을 마치 서로 아무런 관련 없이 우연히 생겨난 행위로, 곧 어찌어찌해서 교회 인준을 얻어낸 미신적 행위로 다루기도 한다.

이런 까닭에 이따금 가톨릭 지식인들이 대중의 신앙심을 비웃는 것을 듣게 된다. 이것이 내가 이 책에서 궁극적으로 하고 싶은 이야기다. 그 첫 번째 이유는 예수님이 당시 지식인보다 단순한 신앙인과 어린아이를 더 칭찬하셨으며, 나 또한 똑같은 인간 본성의 규칙이 여전히 적용된다고 생각하기 때문이다. 두 번째 이유는 가톨릭교회의 대중 신심이 성경에 충분한 근거를 두고 있으며(나는 이 점을 이 책을 통해 입증해 보이고자 한다), 그러한 신심이 가톨릭교회의 지적 전통을 이끄는 인물에 의해 실천되었기 때문이다. 마지막으로, 신학 교육을 받지는 못했지만 나보다 훨씬 더 거룩한 생활을 하는 많은 사람을 알고 있기 때문이다.

실제로 시성된 성인 대부분은 정식 교육을 받지 못했다. 그러므로 지식인들은 본당에서 신심 깊은 신자 단체에 참여하여 함께 묵주기도를 바치는 것이 바람직하다. 아무리 생각해 봐도 비웃는 것보다는 훨씬 낫다. 루이 파스퇴르Louis Pasteur는 현대의 위대한 지식인 가운데 한 사람이다. 그렇지만 그는 마치 어린아이처럼 묵주기도를 바쳤다.

한편 지적 능력과 신앙심을 서로 배타적인 용어인 것처럼 다루는 것은 잘못이다. 우리가 할 수 있는 최선은 신심을 지식과 함께 봉헌하는 것이다. 예수님은 우리에게 위선자인 신학자처럼 기도하지 말라고 가르치셨다.(마태 6,5 참조) 또한 자신들이 무엇을 하고 있는지 전혀 모르는 이방인처럼 기도하는 것도 바라지 않으신다.(마태 6,7 참조) 20세기 성인 호세마리아 에스크리바Josemaria Escriva가 그 문제에 대해 잘 정리했다. 그는 가톨릭 신자들에게 신학자의 지혜와 어린아이의 신앙심을 모두 지니라고 권고했다.

우리는 가톨릭 신자로서 수많은 지역과 시대의 사람들이 소중히 전해 주는 풍요로운 신앙생활을 자유롭게 배양할 수 있다. 그러나 성 바오로의 말대로 "모든 일이 품위 있고 질서 있게 이루어져야"(1코린 14,40) 한다.

그래서 이 책은 모든 가톨릭적인 것과 그것을 가톨릭적인 것으로 만드는 성경적 교의를 기리면서도 그 이상의 내용을 담고 있다. 이 책은 영적 성장 수준이 어떠하든 우리 모두를 더 나아지게 하기 위한 안내서요, 실용서요, 친절한 답변서요, 가벼운 권고서다.

이 책을 쓰는 목적 가운데 하나는 가톨릭 관습과 신심이 폭넓은 그리스도교 신앙 체계에 어떻게 들어맞는지 보여주는 것이다. 우리가 해야 할 첫 번째 일은 지혜와 지식을 새로이 바라보고 성장하는 방법을 발전시키는 것이다. 전통적으로 그 방법을 신비교육mystagogy이라고 한다.

표징 해석

영어 mystagogy의 어원은 그리스어 *mystagogia*이며 '신비에 대한 안내'를 의미한다. 초대교회는 성직자(보통 교구 주교)가 전례에 대한 상세한 풀이와 더불어 그 내용이 성경의 사건과 어떻게 상징적으로 일치하는지를 설명하는 신비교육 시간을 마련했다. 이 교육의 기원은 신약성경으로 거슬러 올라간다. 성 바오로와 성 베드로는 세례성사와 성체성사를 구약성경이 예시한 것의 성취라고 했다.(1코린 10,2–17; 1베드 3,18–21 참조)

새 신자들은 신비교육을 통해 사물이 의미하는 상징적 표징을 알게 된다. 곧 현재를 뛰어넘어 바라보고 언젠가 천상에서 우리에게 충만히 드러날(1요한 3,2 참조), 지금도 교회 안에서 참되게 현존하는 하느님 신비를 엿볼 수 있다.

우리는 이 자리에서 거대한 홍수 이야기를 듣고 교육과 기도와 묵상을 통해 구원의 세례수를 분별할 수 있다. 나아가 세례의 표징 너머를 볼 수 있고 성령이 하시는 일을 알 수 있다. 세례수가 상징하고 전달하는 궁극적 실체가 삼위일체의 제삼위이기 때문이다.

또한 참으로 위대한 예수님의 기적도 주로 '표징'으로 사용되었다. 이 표징이라는 말은 요한이 기적을 묘사하기 위해 사용한 표현이다.(요한 2,11; 4,54 참조) 그 기적은 실제로 일어난 사건이고 중대했으며, 나아가 그 너머에 있는 거룩한 초월적 실체를 보여주었다.

예수님이 중풍병자를 고쳐주신 내용을 주의 깊게 살펴보라.(마르 2,3-12) 주님은 중풍병을 치료하는 것이 죄를 용서하는 것보다 쉬운 일임을 분명히 하셨다. 육신의 치료는 더 중요한 내적 치료, 곧 영적 치유의 외적 표징에 지나지 않는다. 결국 육신의 치료는 일시적 구제일 뿐이다. 아마도 중풍병자의 삶은 자연의 흐름에 따라 흘러갔을 것이다. 이를테면 그 사람은 또 다른 고통을 겪으며 죽음에 이르렀을 것이다. 하지만 그의 영적 치유는 죽음을 넘어서까지 지속될 수 있었다. 하느님 외에 어느 누구도 할 수 없는 새로운 창조 행위에 이바지한 것이다.(마르 2,7)

예수님은 우리에게 하느님의 생명과 구원 행위에 참여할 특권을 주셨다. 그분은 최후만찬 때 당신의 놀라운 표징에 대해 말씀하신 다음 사도들에게 약속하셨다. "내가 진실로 진실로 너희에게 말한다. 나를 믿는 사람은 내가 하는 일을 할 뿐만 아니라, 그보다 더 큰 일도 하게 될 것이다."(요한 14,12) 사도들은 직무를 이행하는 동안 기적을 행했다. 그렇지만 장엄함에서 예수님의 기적을 능가하는 기적은 전혀 행하지 못했다. 그렇다면 예수님은 무엇을 의도하신 것일까?

그분이 의도하신 것은 성사였다.

초기 그리스도교 신자들은 성사가 예수님의 '드러나는 신적 권능'에 대해서만 이야기한 것이 아니라 '신적 권능 자체'를 이야기한 것이라고 믿었다. 모든 말은 사실을 의미한다. 복음서에서 예수님 말씀의 의미는 실현되었다. 그분이 말씀하시자 마귀가 쫓겨갔고, 병든 사람들이 나았으며, 격렬한 바람과 바다가 잠잠해졌고, 죽은 이가 살아났다. 바로 그 하느님 말씀에 피조물을 변화시키고 우리 삶의 순간들을 변화시키는 능력이 있다. 그 말씀은 교회의 직무를 통해 똑같은 일을 한다.

교회는 지상의 재료(빵과 포도주, 몸짓과 자세, 기름과 물)를 사용하여 삶을 거룩하게 한다. 이런 일이 성사 안에서 일어난다. 고대 교회는 이 성사를 '신비'라고 불렀다. 5세기에 교황 레오는 이렇게 말했다. "우리 구세주에게서 볼 수 있었던 것이 그분의 신비가 되었다." 따라서 신비교육의 뿌리는 하느님 은총, 곧 우리를 변화시키는 그분의 능력에 있다.

그분의 능력은 우리가 타고난 의식 속에 감추어져 있다. 신비교육은 우리 마음과 정신에 그 능력을 드러내는 교회의 전통적인 방법이며 성인들이 상징에 가려진 거룩한 사랑, 곧 표징을 뛰어넘어 사는 거룩한 삶을 드러내 보이는 방법이다. 전통적이고 거룩한 사물을 통해 물질적 대상이 비물질적 실체를 드러내고 일시적 사건이 영원한 신비를 열어 보여준다.

신비교육은 교회의 상징적 예배 의식에서 거행되는 구원의 신비를 통해 신자들을 참된 통교, 참된 나눔으로 이끈다. 교황 베네딕토 16세는 이렇게 말했다. “신비교육의 성숙한 열매는 자신의 삶이 거룩한 신비들이 거행되는 것에 의해 점진적으로 변화되고 ‘새로운 인간’이 되어 가고 있음을 깨닫는 것이다.”

신비를 산다는 것

초기 그리스도인에게 그리스도의 신비는 성사적 의식에 제한되지 않고 도덕과 일상생활과 관련되었다. 그 신비는 “때가 차면 하늘과 땅에 있는 만물을 그리스도 안에서 그분을 머리로 하여 한데 모으는 하느님의 계획”(에페 1,10)이었다. 곧 그리스도 안에서 ‘만물이 창조되었으며 하늘에 있는 것이든 땅에 있는 것이든 보이는 것이든 보이지 않는 것이든… 만물이 그분을 통하여 또 그분을 향하여 창조되었으며… 그분 안에서 존속한다’(콜로 1,16–17).

그리스도 안에서는 지상 만물이 하느님을 가리키는 표지가 된다. 따라서 세상 만물은 경멸의 대상이 되어서는 안 되며, 오히려 거룩히 사용되어 성화되고 들어 높여지고 거룩하게 되어야 한다. 우리는 미사에서 ‘사람의 손으로 만든 작품’을 하느님께 봉헌한다. 그리고 노동에서도 똑같은 일을 하고 신심 행위에서도 마찬가지로 행동한다. 초기 그리스도인이 그랬듯이 관습에 따라 성사로는 물론 준성사로도 기도한다.

준성사는 무엇인가? 준성사는 교회가 우리를 좋은 생각으로 이끌어 주고 신심을 증가시키기 위해 축복하여 별도로 취급하는 대상이다. 준성사는 은총의 수단이며 볼 수 없는 신앙의 신비의 외적 표징이라는 점에서 성사와 같지만 여러 면에서 성사와 다르다. 성사는 그리스도가 제정하셨지만 준성사는 교회가 세운 것이다. 성사는 은총을 직접 우리 영혼에 전달하지만 준성사는 간접적으로 전달하여 우리를 신심으로 인도하고 우리에게 하느님의 은총에 응답할 수 있는 기회를 마련해 준다.

이러한 인식은 교회만큼이나 오래된 것이다. 4세기에 니사의 성 그레고리오는 이 준성사의 원리에 대해 매우 인상적인 설교를 했다. 그는 하느님이 세례 때의 물, 미사 때의 빵과 포도주, 도유 때의 기름, 서품식 때 주교의 안수와 같이 일상적인 사물에 부여하신 능력을 찬양하면서 "하찮게 보일 수 있지만 엄청난 일을 성취시키는 것이 많다."고 했다. 또 구약성경을 인용하며 하느님이 기적의 힘을 부여하신 모세의 지팡이, 거친 천으로 된 엘리야의 겉옷, 죽은 엘리사의 뼈와 같은 평범한 사물에 주목했다.

성 그레고리오는 그러한 능력을 부여하는 일이 그의 시대에 지속되었을 뿐 아니라 여러 배로 증가했다는 사실을 알았다. 마찬가지로 그것은 우리 시대에 와서도 지속되고 있으며 우리에게 다양한 은총을 베풀고 있다. 사실 성 그레고리오가 제시한 세 가지 예는 이 책에서 고찰하게 될, 우리 시대에도 지속되는 실천적 의식인 십자가 공경, 갈색 스카풀라 착용, 성인들의 유해에 대한 공경의 오랜 원형原形이다.

확실한 가능성

가톨릭 신자에게 성사와 준성사는 틀림없는 삶의 표징이다. 둘 다 사랑하며 살아가는 일상의 일부가 되어야 하기에 이 책의 한 부분을 차지한다.

예수님의 신심 생활은 매우 풍요로웠다. 성지순례와 축일 행사에 참여하셨고 즉흥적으로도, 격식을 갖춰서도 기도하셨다. 기도하실 때에는 무릎을 꿇거나 서서 하시고 엎드려서도 하셨다. 또한 혼자서도 예배를 드리셨고 회중이나 친구들과 함께 드리기도 하셨다. 그런가 하면 성경을 암송하기도 하셨고 세상의 부산함과 산만함을 멀리하며 침묵 피정도 하셨다.

그분의 다양한 아름다운 모습을 닮는 것은 우리에게 주어진 특권이다. 그래서 전통은 그렇게 할 수 있는 다양한 방법을 제시한다. 모든 기도와 신심 행위가 똑같이 만들어지지는 않는다. 가톨릭 신앙 관습을 받아들일 때는 본질적인 것과 그리스도인의 자유로 선택하거나 거부할 수 있는 것을 식별하는 일이 중요하다. 우리에게는 세례를 받고 주일 미사에 참례하며 의무 축일을 지킬 의무가 있지만(요한 3,5; 6,53 참조), 묵주기도를 하고 성수를 이용하고 9일기도를 바칠 의무는 없다.

때로는 집을 참된 가정으로 변화시키는 일이 핵심에서 밀려날 때도 있다. 물론 실용적인 거처를 짓기 위해서는 벽돌과 모르타르가 필요하다. 그러나 삶은 부엌에서 나는 향긋한 음식 냄새를 맡을 수 있고 거실에서 아이들의 재잘대는 소리를 들을 수 있을 때 훨씬 더 풍요로워진다.

오랜 시간을 거쳐 입증된 신심 행위는 사실상 신앙을 생활로, 교회를 가정으로 만들도록 도와준다.

그런데도 어떤 사람은 모든 신앙 관습이 기계적이고 틀에 박힌 것에 지나지 않는다며 반대하고 무시한다. 물론 그것은 습관이고 실제로 그것을 기계적이고 틀에 박힌 것으로 만들 수 있다. 그러나 습관이 본질적으로 나쁜 것은 아니다. 사실 기계적이고 틀에 박힌 습관이라도 잔디 관리, 차 관리, 뮤지컬 공연, 개인위생 등에 적용하면 매우 좋다. 나는 틀에 박힌 기도라도 가톨릭 전통과 더불어 마음에서 우러나오는 것이기만 하면 영혼에 매우 유익할 것이라고 생각한다. 그런 습관은 아름다운 음악이나 정성스럽게 손질된 정원과 같이 사랑에 근거를 둔 것이다.

어떤 사람은 이러한 행위가 중세의 미신이거나 하느님을 조정하려는 시도라며 반대한다. 그러나 전혀 그렇지 않다. 우리는 기도를 봉헌함으로써 하느님을 우리 지시에 따르게 하는 것이 아니라 하느님 뜻대로 하시게 한다. 기도는 하느님의 자비에 따른 것으로 우리가 좋든 싫든 규칙적으로, 또 자주 당신과 이야기하도록 부추기시는 언어다.

기도는 근본적으로 우리가 하느님을 위해 무엇을 하는 것이 아니라(그분은 우리의 찬미나 감언을 필요로 하지 않으신다) 그분이 우리를 위해 무언가를 하시는 것이다. 이런 의사소통

방식은 하느님 친히 당신 영광을 위해 창조하신 인간의 정신과 육체에 놀라울 정도로 일치한다.

이 책의 작업 방식

이 책에서는 교회의 다양한 전통적 관습 40가지를 깊이 있게 고찰한다. 왜 40가지를 선택했는가? 40이라는 숫자는 풍부한 역사적 배경을 지닌다. 성경은 홍수가 세상을 정화한 40일, 이스라엘 백성이 광야에 머물며 보낸 40년, 엘리야가 여행하며 보낸 40일, 니네베 사람들이 예언자 요나의 설교로 회개한 40일, 예수님이 광야에서 단식하신 40일, 예수님이 부활하신 뒤 승천하시기까지 제자들과 함께 머무신 40일 등에 대해 이야기한다. 교회는 일찍이 이런 양상에 주목하여 사순 시기를 설정했다.

그래서 나는 40이라는 숫자가 좋다. 이 묵상이 성경에 나오는 40이라는 숫자가 그렇듯이 여러분과 내게 정화의 시기, 변화의 시기, 쇄신의 시기를 마련하기를 희망한다. 또한 가톨릭 신앙생활을 더욱 풍부하고 충만하게 이해하기 위한 여정에 이 책이 함께하기를 바란다.

그러나 내가 선택한 40가지 관습의 교회법적 근거는 없다. 마구잡이식으로 선택한 것은 아니지만 그렇다고 어떤 필연성이 있는 것도 아니다. 그저 내 선택일 뿐이다. 그러니 여러분도 여러분의 신심이 성장함에 따라 여러분 자신의 목록을 만들기 바란다.

마찬가지로 묵상에도 명확한 규정은 없다. 성인과 교황의 이야기에서 따와 내 방식대로 결합하여 성찰했다.(그래서 확정적이지 않다.) 나는 여러분이 각 표징에 대해 전통에 근거를 두되 여러분 자신의 방식대로 성찰하기를 바란다.

각 장의 차례도 내가 정한 것이다. 연속성은 없지만 효과를 높이고자 애썼으며 어떤 장은 앞 장에서 이야기한 내용을 기반으로 삼았다. 이 책은 삶과 마찬가지로 출생에서 죽음에 이르기까지 굽이굽이 앞으로 움직이며 나아간다. 그러나 여러분은 당연히 여러분의 관심사나 필요에 따라 자유롭게 돌아다닐 수 있다. 비록 이 책은 천천히 읽고 묵상하도록 쓰였지만 여러분이 바라는 속도로 자유롭게 읽으면 된다.

우리는 각 장에서 가톨릭 신앙의 특별한 관습 안에 자리한 깊은 성경적·역사적 뿌리를 고찰하게 될 것이다. 또 비가톨릭인이 제기하는 이의에 대한 답을 찾을 것이고, 흔히 있는 오해를 풀기 위해 노력할 것이다. 각 장은 '마음에 새기기'라는 단락으로 끝난다. 이 제목은 동정 마리아께 대한 루카의 기술과 관련 있다. "마리아는 이 모든 일을 마음속에 간직하고 곰곰이 되새겼다."(루카 2,19)

나는 여러분과 내가 마리아를 닮아 그리스도교 역사의 위대한 스승과 사상가와 성인들의 말씀을 곰곰이 되새길 수 있기를 바란다. '마음에 새기기'의 내용은 전승에서 택했다. 예수님

때부터 우리 시대에 이르기까지, 모든 세기世紀는 아니지만 대부분의 세기에서 선택한 내용을 포함시켰다.

모든 내용을 종합해 볼 때 이러한 교의와 신심은 내 창작물이 아니며 전통에 의해 확인된다. 또한 몇 세기를 거치면서 수많은 가톨릭 신자를 천국에 들어가도록 도와주었다. 나는 다양한 저자의 글을 선택했으며 가장 도움이 된다고 생각하는 글을 선택했다.

여기서 내가 의도한 것은 신앙 의식을 들어 높이고 가능한 한 날마다 신심 생활을 하게 하는 것이다. 나는 좋은 '기도 습관'을 갖기를 바란다. 좀 더 적극적인 현대 용어로 말하면 '기도 훈련'을 원한다. 성사의 원리가 매우 효과적으로 작용하는 것은 인간 본성의 근본적 실체, 곧 우리가 육신과 영혼, 물질적인 몸과 정신적인 영혼으로 구성되어 있음을 전제로 하기 때문이다. 한쪽 구성 요소에 행하는 것은 반드시 다른 한쪽에 깊은 영향을 미친다. 그래서 육신과 감각으로 행하는 것은 영적 성장의 바탕이 된다. 이렇듯 은총은 자연을 기반으로 한다.

전통적인 기도 방법을 받아들일 이유는 매우 많다. 생리학자들은 그 방법이 몸을 편안히 쉬게 하고 스트레스의 강도를 줄이며 이마의 주름살을 펴준다는 것을 인정한다. 또한 그 방법은 신경로를 단련시켜 튼튼하게 해준다. 신심 깊은 가톨릭 신자의 임종을 지켜본 사람이면 누구나 다음과 같은 사실을 알 수 있을 것이다. 곧 기억이 거의 사라졌을 때까지도 신심은 의식이 있는 마지막 순간까지 상당히 지속적으로 남아 있는 것 같다.

내 친한 친구의 어머니는 뇌졸중을 극복하셨는데, 병상에 있을 당시 일생 동안 몸에 밴 묵주기도를 암송하는 것 외에 거의 아무것도 하지 못하셨다. 그러나 그 사실은 그녀가 회복할 수 있음을 분명히 말해 주었다. 이런 이야기는 얼마든지 있다.

그렇기 때문에 '기도 훈련'을 나이가 들 때까지로 미루는 것은 현명하지 못하다. 우리는 늙는 것을 호사로 누릴 수 없기 때문이다. 혹시 누린다 할지라도 새로운 습관을 들이기 위해 필요한 건강·기억력·자유를 누리기 어렵다.

상투적인 말로 들리겠지만 우리는 앞길에 무엇이 놓여 있는지 모른다. 여러분과 나, 우리 모두는 고통을 받을 것이다. 그것이 삶이기 때문이다. 그 삶이 그리스도 안에서의 삶이라 할지라도 말이다. 그러나 하느님은 그런 시간에 대비하셨다. 하느님과 하느님의 교회는 수많은 평범한 그리스도인의 삶을 통해, 경제적 불황과 자연 재앙을 통해, 박해와 전쟁을 통해 몇 천 년에 걸쳐 믿을 만한 것으로 입증된 방법과 조언이라는 전통을 주셨다. 지금 내가 연구·개발하고자 하는 것도 그것이다.

하느님은 '여러분이 극복할 수 있는 능력 이상의 시련을 겪게 하지 않으신다. 그리고 시련과 함께 그것을 벗어날 길도 마련해 주신다'(1코린 10,13 참조). 우리는 특별한 상황에서도 가장 평범한 기도를 이용하여 하느님께로 피신할 수 있고 상황을 견

딜 수 있고 극복할 수 있다. 만일 우리가 할 수 있는 일이 오직 하느님께로 생각을 돌리기 위해 묵주알을 굴리거나 모직 스카풀라를 만지는 것이라면 다행이다. 그것이 우리가 할 수 있는 모든 것일 순간이 우리에게 닥칠 수 있기 때문이다.

나는 여러분이 최선을 다해 기도를 바치고 성령과 여러분의 수호천사께 여러분에게 부족한 것은 무엇이든 채워 달라고 청하기를 바란다. 또한 부디 잊지 말고 기도해 주기를 바란다. 독자를 위해 기도할 것을 약속하는 이 저자를 위해!

다시 십자가로

이제 내 논문에 대한 이야기를 매듭지어야 할 것 같다. 나는 어두운 거리를 지나 묵주기도를 하며 집으로 돌아왔다. 그런데 대낮 같은 느낌이 들었다. 연구실에 돌아오자마자 아마도 몇백 번, 아니 몇천 번도 더 읽었을 그 성경 본문을 마치 처음 대하듯 읽었다. 실제로 나는 그 구절을 처음 읽는 사람처럼 대했다. 그리고 그 성경 본문이 그리스어 원문에서 라틴어와 영어로 제대로 번역되지 못한 문맥을 찾아냈다.

본론을 얘기하자면 나는 그때까지 어떤 주석서에도 나와 있지 않은 해결책을 발견한 것이다. 나는 성공리에 논문을 발표했다. 그리고 연구 결과를 정리하여 주요 학술지에 게재했다.

신앙심 두터웠던 그 운명적인 밤이 지난 지 12년 후, 성경문학협회의 연중 모임인 전문학회에 참석했을 때 내가 존경하는 학자 한 분이 나를 한쪽으로 데려가 물었다. "성공하시고 나니 기분이 어떠십니까?" 나는 그가 무슨 말을 하는지 몰랐다.

그가 다시 "그토록 오랫동안 보이지 않던 해석을 발견하셨으니 기분이 어떠시냐는 말씀입니다." 하고 물었다.

그때서야 나는 그가 무슨 말을 하는지 알아들었고, 곧 내 눈에 눈물이 고였다. 나는 그에게 오래전 어느 날 밤에 대한 이야기, 내가 오르기에 너무 높았던 그 장벽과 십자가를 향한 내 여정에 대한 이야기를 해주었다. 나는 그도 장벽 앞에 서 있는 자신을 발견하게 될 경우 그 길을 발견하기를 바랐다.

나는 여러분에게도 똑같은 것을 바란다. 그리고 바로 그 이유 때문에 이 책을 쓰고 있다.

1

삶의 시작

성수 · 십자 성호 · 세례 · 미사 · 수호천사

성수

우리 이야기는 성수聖水로 시작된다. 창세기는 우주 창조를 시적으로 묘사한다. "어둠이 심연을 덮고 하느님의 영이 그 물 위를 감돌고 있었다. …하느님께서 말씀하셨다. '물 한가운데에 궁창이 생겨 물과 물 사이를 갈라놓아라.'"(창세 1,2.6)

우주의 시작과 마찬가지로 우리의 시작도 그러하다. 우리가 인간의 꼴을 갖추는 것은 양막주머니, 곧 자궁 안의 '물주머니'에서다. 자연 질서에서 출생은 어머니의 '양수가 터질 때' 시작된다. 그래서 우리는 교회 방문을 물로 시작한다. 우리는 손을 성수대에 담가 자신을 축복한다.

교회 초창기부터 그리스도인의 기도에는 워터마크watermark가 있었다. 2세기 말 북아프리카 신학자 테르툴리아노는 기도 중 손을 들어올리기 전에 상징적으로 손을 씻는 관습에 대해 언급한다. 그것은 주님이 오시기 전부터 있던 유다인의 관습이었다. 또한 성 바오로가 티모테오에게 편지를 보냈을 때 언급한 내용이다. "그러므로 나는 남자들이 어디에서나 거룩한 손[또는 깨끗한 손]을 들어 기도하기를 바랍니다."(1티모 2,8) 기원후 320년경 역사가 에우세비오는 티로 교회에 대해 자세히 기술했는데 교회 입구에 신자들이 손을 씻을 수 있는 샘물이 흘렀다고 한다.

우리는 시작을 표시하기 위해 물을 사용한다. 하느님이 그렇게 하셨기 때문이다. 이에 대한 증거가 자연에서도 성경에서도 발견된다. 죄에 빠져 길 잃은 세상을 정화할 필요가 있었을 때 하느님은 대홍수를 보내셨고 노아 가족이 새 생명을 얻었다. 또한 이스라엘 백성이 통일 국가로서 종살이에서 벗어났을 때 가장 먼저 거쳐야 했던 것이 홍해였다. 그 선택된 백성은 예배 장소(처음에는 성막, 그다음에는 성전)를 세웠을 때 입구에 구리로 손 씻는 수반을 함께 만들었다.

성 토마스 아퀴나스는 물은 창조의 여명 이래 자연적 성사였다고 가르쳤다. 자연 시대(아담에서 이스라엘 열두 성조 시대까지)에는 물에 의해 인류가 갱신되고 정화되었으며, 율법 시대(모세 시대)에 이스라엘 민족이 약속된 땅을 향한 여정을 시작했을 때는 물에서 영적 재생을 얻었다. 하지만 예수님과 더불어 은총의 시대가 도래했고, 그때부터 계속해서 물은 강생하신 하느님 말씀의 거룩한 능력을 받았다. 아이들은 '물'을 통해 태어났다. 이제부터는 어른들도 '물과 성령으로 태어날 수 있다'(요한 3,5). 교부들은 예수님이 요르단 강물에 내려오심으로써 세상의 물을 거룩하게 변화시키셨다고 가르쳤다. 예수님은 세상의 물을 생명을 주는 생수로 만드셨으며(요한 4,10-14 참조), 모든 초자연적 재생·재충전·정화의 원천으로 만드셨다.

우리가 지상 생활을 할 때에는 감각적 표징에 의해 영적인 것을 안다. 오직 영광 가운데 거룩한 것을 성사의 베일 없이 있는 그대로 보게 될 것이다. 성 토마스에 따르면 물은 궁극적으로 "성령의 은총을 의미한다. …성령은 모든 은총의 선물이 흘러나오는 마르지 않는 샘이시다". 묵시록은 이런 사실을 확인하며 성령의 은총을 '하느님과 어린양의 어좌에서 흘러나오는 수정처럼 빛나는 생명수의 강'(묵시 22,1)으로 제시한다.

하느님은 역사와 우주를 통해 '큰 물소리 같은'(묵시 1,15) 목소리로 말씀하셨다. 우리는 성수로 자신을 축복할 때마다 물의 수많은 거룩한 의미를 취하고 또한 유산으로 삼는다.

"사랑하는 여러분, 이제 우리는" 물과 성령으로 태어난 "하느님의 자녀입니다". 그리고 "그분께 이러한 희망을 두는 사람은 모두, 그리스도께서 순결하신 것처럼 자신도 순결하게 합니다"(1요한 3,2-3).

어린아이들도 매우 좋아하는 성수를 찍는 이 단순한 행동은 세례를 떠올리며 쇄신하는 것이다. 또한 악을 물리치고 구원을 제공하는 원기회복제이기도 하다. 아빌라의 성녀 데레사는 "악마를 가장 멀리 도망치게 하여 되돌아오지 못하게 하는 것은 성수밖에 없습니다."라고 썼다.

성수는 사제가 신앙 예식용으로 축성한 물이다. 우리는 성당에서 성수로 자신을 축성한다. 또한 성당은 성수를 담는 그릇을 마련하여 본당 신자들이 성수를 집으로 가져갈 수 있다.

어떤 가톨릭 가정은 침실 입구마다 작은 성수대를 마련해 놓았다. 내 사무실에도 성수병이 비치되어 있다.

우리는 관례적으로 성수를 손끝에 찍어 성부 성자 성령의 이름으로 축복을 기원하며 십자 성호를 긋는다.

지금은 이것으로 충분하다. 나머지는 나중에 다루겠다.

마음에 새기기

만물의 임금이며 주인이신 세상의 창조자시여, 당신은 당신 외아드님 예수 그리스도를 보내시어 창조된 모든 자연에 기꺼이 구원을 베푸셨나이다. 당신은 당신이 창조하신 만물을 형언할 수 없는 말씀의 도래로 구원하셨나이다.

이제 이 물을 천상에서 바라보고 살피시어 성령으로 채워주소서. 형언할 수 없는 당신 말씀이 이 물에 임하게 하시어 물의 기운을 변화시켜 당신 은총으로 가득 채우시고 이 물이 생성력을 갖추게 하소서. …당신 외아드님이신 말씀이 요르단 강에 내려오심으로써 그 물을 거룩하게 하신 것처럼 이제 이 물에 내려오시어 이 물을 영적으로 거룩하게 하소서.

–성 세라피온의 준성사 중 물 축성예식, 4세기

십자 성호

성호경과 몸짓의 관계는 물과 그 성분의 관계와 같다. 요제프 라칭거 추기경(현 교황 베네딕토 16세)은 이런 글을 썼다. "기도할 때 가장 기본적인 그리스도교 신자의 몸짓은 십자 성호이며 언제나 변치 않을 것이다."

성호경은 그리스도교 신자들의 가장 공통된 기도로서 교회가 세워진 이래 계속되었다. 성 바오로는 그의 서간 대부분에서 십자가에 대해 이야기한다. "나는 우리 주 예수 그리스도의 십자가 외에는 어떠한 것도 자랑하고 싶지 않습니다. 그리스도의 십자가로 말미암아, 내 쪽에서 보면 세상이 십자가에 못 박혔고 세상 쪽에서 보면 내가 십자가에 못 박혔습니다." (갈라 6,14)

초기 그리스도인이 이 관습적 행위를 행한 증거는 책 한 권을 가득 채우고도 남을 것이다. 성호는 어떤 특별한 지식이나 기술을 필요로 하지 않기에 그들이 가장 좋아한 신심 행위였다. 성호를 긋는 데는 높은 학식도 필요 없고 설명 책자를 마련하기 위한 돈도 필요치 않았다. 필요한 것은 손가락을 움직이는 것뿐이었다. 순교자들은 죽음이 닥쳤을 때도 성호를 그었다. 이교로 개종한 악명 높은 율리아노 황제도 자신이 마귀에게 짓눌린다고 느낄 때마다 예전 습관으로 돌아가 성호를 그었다고 한다.

성호를 긋는 것은 어디서나 쉽게 실천할 수 있기에 많은 곳에서 언급된다. 2세기 말 테르툴리아노는 분명히 말했다. "우리는 여행하거나 이동할 때, 들어오고 나갈 때, 신발을 신을 때, 목욕할 때, 식사할 때, 촛불을 밝힐 때, 그리고 눕거나 앉거나 어떤 일을 할 때마다 이마에 성호를 긋습니다." 그는 자기 부인의 덕행과 아름다움과 의상을 칭찬했는데, 그가 정말로 칭찬한 것은 그녀가 잠자리에 들기 전 자기 몸과 침대에 십자표를 하는 습관이었다.

초세기에도 그리스도인이 엄지손가락으로 이마에 십자표를 그었던 사실이 드러난다. 그들은 음식을 포함한 사물이나 빵·포도주·기름·물 같은 성사적 요소에도 십자표를 했다.

십자 성호를 긋는 방법은 몇 세기에 걸쳐 다양하게 발전했다. 서방교회에서는 오른손을 펴서 손가락 끝을 이마에 댄 다음 가슴과 왼쪽 어깨와 오른쪽 어깨에 차례로 갖다 댐으로써 자신을 축복한다. 어떤 해석가는 펼친 다섯 손가락을 그리스도의 다섯 성흔을 상징하는 표지로 해석한다.

우리는 미사에서 복음 봉독 바로 전에 다른 형태의 작은 성호, 곧 엄지손가락으로 이마와 입술과 가슴에 각각 작은 성호를 긋는다. 때때로 우리는 이를 행할 때 사제나 부제가 작은 소리로 바치는 다음과 같은 기도를 들을 수 있다. "전능하신 하느님, 제 마음과 입을 깨끗하게 하시어 합당하게 주님의 복음을 선포하게 하소서."

어떤 사람은 개인의 신심 행위에 작은 십자표를 사용하면서 이따금 다음과 같이 라틴어로 기도한다. "Per signum crucis de inimicis nostris libera nos Deus noster.(우리 하느님, 십자 성호를 통해 원수의 손에서 우리를 구하소서.)"

동방교회 신자들도 그들 나름대로 십자 성호를 긋는 방법이 있다. 그들의 손가락 모양은 실질적인 교리서 역할을 한다. 그들은 엄지와 검지와 중지의 손가락 끝을 한데 모으는데 이 세 손가락은 삼위일체를 나타낸다. 나머지 두 손가락(약지와 새끼 손가락)은 손바닥에 밀착시킨다. 이 두 손가락의 모양은 예수님의 위격적 결합 곧 인성과 신성의 일치를 상징한다.

동방교회든 서방교회든 어떤 사람은 성호를 자신의 손가락에 입을 맞추는 것으로 마무리하기도 한다.

세계적으로, 또 역사 전체를 통해 성호를 긋는 의식과 그에 대한 해석에는 많은 변화가 있었다. 나는 내 수호성인 프란치스코 살레시오의 설명을 가장 좋아한다.

> 우리는 먼저 손을 들어 이마에 대고 '성부와…'를 하는데 이것은 성부가 지극히 거룩하신 삼위일체 가운데 첫 번째 위격으로서 성자를 태어나게 하시고 성령을 발하는 분이심을 의

미하는 것이다. 그다음에 '성자와…'라고 하며 손을 가슴으로 내려 성자가 성부에게서 나심을 표현한다. 성부는 그분을 동정녀 마리아의 태중에 내려보내셨다. 그런 다음 손을 왼쪽 어깨에서 오른쪽 어깨로 옮기면서 '성령의 이름으로'라고 함으로써 삼위일체의 제3위이신 성령이 성부와 성자에게서 발하시고 두 분을 결합시키는 사랑이시며 우리가 그분 은총을 통해 수난의 열매를 함께 나눈다는 것을 의미한다. 따라서 성호경은 세 가지 위대한 신비, 곧 거룩하신 삼위일체와 그리스도의 수난, 그리고 죄의 용서(이로써 우리는 왼편에서 오른편으로, 저주에서 축복으로 넘어간다)에 대한 믿음을 간결하게 선언하는 것이다.

삼위일체와 십자가라는 두 주제가 교회의 가장 기본적이고 대중적인 기도의 말과 몸짓으로 합쳐지는 것은 우연한 신앙 행위가 아니다.

십자가는 영원한 삼위일체 생명의 시간 속에 있는 상징적 표상이다. 예수 그리스도는 십자가 위에서 당신 자신을 온전히 내어 주셨다. 그분은 망설이지 않으셨다. 성자는 성부를 위해 자신을 내어 주시고 성부는 성자를 위해 자신을 내어 주신다. 두 분이 서로 자신의 생명을 내어 주는 완전한 사랑을 선물하신다. 바로 그 선물, 그 생명, 그 사랑이 성령이다. 세상에서는 그 사랑의 표지가 십자가다.

예수님은 투쟁을 끝내시며 당신의 일이 "다 이루어졌다", 곧 성취되었다, 실현되었다고 하셨으며, 그때 당신의 영을 내어 주셨다.(요한 19,30 참조) 우리는 십자 성호를 통해 은총에 일치하여 그분이 주시는 사랑을 받으며 그분 십자가를 받아들일 때 그 영을 띠게 된다. 우리는 예수님이 사랑을 통해 당신 자신을 내어 주신다는 것을 알기에 "아멘."이라고 하며 그분 삶을 우리 것으로 받아들인다.

성호를 긋는 것은 하찮은 일이 아니다. 그것은 숨을 멎게 할 만큼 아픔을 주는 행위지만 오직 그렇게 함으로써 또 다른 바람, 또 다른 숨, 곧 '하느님의 성령'으로 우리를 가득 채울 수 있다.

이 '하느님의 성령'이 우리가 세례를 통해 받은 생명이다. 세례를 받을 때 우리는 십자표를 받고 죄에서 구원된다. 초기 그리스도인은 이 십자표를 카인이 이마에 받은 표에 비유했다.(창세 4,15) 그 표는 그가 받아 마땅한 형벌에서 그를 보호해 주었다. 그들은 그 표징이 파스카 축제 때 이스라엘 백성의 맏아들을 구원했던 문설주에 바른 피의 표징에도 예시된 것으로 보았다.(탈출 12,7) 심지어 예언자 에제키엘의 신적 계시에서 생생하게 묘사된 것으로도 보았다. 에제키엘은 예루살렘에 있는 의로운 이들이 언젠가는 '이마의 표' 때문에 구원받게 될 것이라는 사실을 알았다.(에제 9,4) 그 표가 무엇이었을까? 고대 라삐들에 따르면 그것은 히브리어 알파벳 마지막 글자인 *tav*였는

데, 그 글자를 고대에는 십자가로 그렸다. 신약성경 묵시록에서 성 요한은 신자들이 천상에서 이마에 있는 십자표로 구별되는 것을 보았다.(묵시 14,1; 22,4 참조)

그 관습은 시대를 통해 전해내려 왔으며 언제나 우리와 함께할 것이다. 바실리오 성인은 거룩한 전승에 대한 혁신적 저작에서 십자표를 사도적 신앙의 징표로 여겼다. 그것은 천상에서도, 가장 위대한 성인들에 의해서도 높이 받들어진다. 1858년 프랑스 루르드에서 어린 벨라뎃다에게 발현하신 성모님도 말을 하기에 앞서 성호를 그었다.

이 지극히 단순한 몸짓은 가장 풍부한 내용이 담긴 신경信經이다. 무한한 내용을 아우르는 그 몸짓은 삼위일체 신비와 강생의 신비, 그리고 우리의 구원을 선포한다. 라칭거 추기경에 따르면 그것은 '세례의 요약이며 다시 받아들이는 것이다'. 그분은 교황이 된 후 덧붙여 말했다. "십자 성호를 긋는 것은… 우리를 위해 돌아가시고 부활하신 주님께, 그리고 그분의 겸손하고 연약한 사랑을 통해 전지전능하심을 드러내시는 하느님께 세상의 모든 권세와 지력보다 더 강한 분이심을 공적으로 고백하는 것을 의미한다."

마음에 새기기

성호를 그을 때 그것이 참된 십자표가 되게 합시

다. 의미에 대한 생각 없이 알아볼 수도 없는 작은 몸짓으로 하지 말고 차분하게 커다란 몸짓으로 합시다. 머리에서 가슴으로, 어깨에서 어깨로. 그리하여 그 십자표가 우리 전체, 곧 우리의 생각과 태도, 육신과 영혼, 신체의 모든 부분을 어떻게 동시에 포함하며, 어떻게 우리를 성화시키고 정화시키는지를 의식적으로 느낍시다.

성호를 그을 때 이 사실을 기억하십시오. 성호는 모든 표징 가운데 가장 거룩한 표징입니다. …그 표징을 여러분의 존재 전체(곧 육신, 영혼, 정신, 의지, 사고, 느낌, 그리고 여러분이 행하는 것과 행하지 않는 것)에 받아들이고 십자표를 함으로써 삼위일체이신 하느님의 이름으로 그리스도의 힘을 통해 존재를 강화하고 거룩하게 합시다.

– 로마노 과르디니, 20세기

세례

'인생은 사십부터' 또는 삼십부터 또는 오십부터라고 쓰인 축하 카드를 본 적이 있을 것이다.

그 말을 믿지 마라. 인생은 세례에서 시작된다. 세례는 전형적인 '생명의 표징'이다. 예수님 친히 세례를 엄격한 의무의 관점에서 말씀하셨다. "누구든지 물과 성령으로 태어나지 않으면, 하느님 나라에 들어갈 수 없다."(요한 3,5) 세례는 예수님이 내리신 마지막 지상 명령이다. '그러므로 너희는 가서 모든 민족들을 제자로 삼아, 아버지와 아들과 성령의 이름으로 세례를 주어라.'(마태 28,19) 새 신자들이 첫 번째 교황인 베드로에게 자신들이 무엇을 해야 하느냐고 물었을 때 그는 분명히 말했다. '회개하십시오. 그리고 여러분 모두 세례를 받으십시오.'(사도 2,38)

자연적 삶이 출생 없이 진행될 수 없듯 초자연적 삶은 세례 없이 진행될 수 없다.

세례를 받기 전에도 고동치는 가슴과 활기 넘치는 정신을 가질 수 있다. 또한 중요한 일과 친구도 많다. 그래서 아무도 굳이 '생명을 얻어라.'라는 말을 하지 않는다. 그러나 세례를 받기 전에는 예수님이 “나는 길이요 진리요 생명이다. 나를 통하지 않고서는 아무도 아버지께 갈 수 없다.”(요한 14,6)고 하신 삶을 살 수 없다.

예수님의 이 말씀은 흥미롭다. 사람들은 그분을 통하지 않고도 하느님께 나아갈 수 있기 때문이다. 이교도조차 하느님께 나아갈 수 있다. 성 바오로는 로마 신자들에게 보낸 서간에서 다음과 같이 말했다. “하느님에 관하여 알 수 있는 것이 이미 그들에게 명백히 드러나 있기 때문입니다. 사실 하느님께서 그것을 그들에게 명백히 드러내 주셨습니다.”(로마 1,19) 그러나 바로 여기에서 차이가 드러난다. 곧 그들은 하느님을 아버지로 알지 못한다. 이것이 그리스도교 신앙의 본질이다.

우리는 하느님이 아버지시라는 사실을 당연하게 받아들인다. 하느님은 우리 아버지시고 우리는 모두 형제자매이므로 사이좋게 잘 지내자는 말은 스스럼없이 사용하는 진부한 표현이 되었다. 그러나 우리는 이러한 주장이 한 사람을 죽음으로 내몰았다는 사실을 잊어버리고 있다. ‘이 때문에 유다인들은 더욱 예수님을 죽이려고 하였다. 그분께서… 하느님을 당신 아버지라고 하셨기 때문이다.’(요한 5,18) 오늘날에도 이슬람은 하느님을 아버지라고 여기는 것을 하느님께 대한 모독이라고 생각한다.

혈육에 의한 자녀든 입양에 의한 자녀든 자녀는 모두 자기 부모와 같은 본성을 지닌다. 애완동물에 대해 지극히 좋아하는 감정을 느낀다 하더라도 그 동물을 자녀로 삼을 수는 없다. 동물에게는 인간의 본성이 없기 때문이다.

따라서 어떤 사람이 하느님을 '아버지'라고 부를 때, 그 사람은 예수님 당대의 사람들이 정확히 말했듯이 '자신을 하느님과 대등하게 만들고 있는 것이다'(요한 5,18). 아버지와 자식은 같은 본성을 지니기 때문이다.

하느님이 아버지라는 사실은 구원에 대한 예수님 복음의 핵심 진리다. 세례로 새롭게 태어날 때 우리는 인간의 혈통으로가 아니라 천상의 혈통으로 태어난다. "아버지께서 우리에게 얼마나 큰 사랑을 주시어 우리가 하느님의 자녀라 불리게 되었는지 생각해 보십시오. 과연 우리는 그분의 자녀입니다. …이제 우리는 하느님의 자녀입니다. 우리가 어떻게 될지는 아직 드러나지 않았지만, 그분께서 나타나시면 우리도 그분처럼 되리라는 것은 알고 있습니다."(1요한 3,1-2)

이것은 무슨 말인가?

오래전부터 신학자들은 구원을 '놀라운 만남'으로 묘사했다. 하느님은 예수님 안에서 우리가 그분처럼 되게 하기 위해 우리처럼 되셨다. 사람의 자녀가 하느님의 자녀가 될 수 있도록 하느님의 아드님이 사람의 아들이 되신 것이다. 우리는 세례를 통해 '하느님의 본성에 참여하게 되었다'(2베드 1,4).

우리는 그리스도와 하나 되는 세례를 받음으로써 그분 안에서 살 수 있다. 초기 그리스도교 신자들은 이 과정을 대담하게도 우리의 신성화神性化 또는 신격화神格化라고 했다. 이것은 자연적 출생과 마찬가지로 순수한 선물로서 스스로 성취하거나 획득할 수 있는 것이 아니다. 우리 본성은 은총에 의해 하느님처럼 된다. 이것이 하느님이 사람이 되시고 우리에게 세례를 베푸신 이유다.

이는 하느님이 태초부터 의도하신 것이었다. 사도들은 구약성경에 세례수에 대한 예언이 매우 많다는 사실을 알게 되었다.(앞에서 설명한 '성수' 참조) 그러나 성 바오로는 세례를 갓 태어난 남자아이에 대한 고대 유다인의 할례식 이행으로 이해했다. '여러분은 그리스도 안에서 육체를 벗어버림으로써 사람 손으로 이루어지지 않는 할례 곧 그리스도의 할례를 받았으며, 세례 때에 그리스도와 함께 묻혔습니다.'(콜로 2,11-12)

그래서 갓난아기의 할례는 그리스도 안에서 '새로 태어나는' 사람들의 세례의 원형이 되었다. 옛 의식은 아브라함 자녀로서의 '출생'을 나타내고, 새 의식은 훨씬 더 중요한 하느님 자녀로서의 출생을 나타낸다.

정확히 말하면 사내아이는 할례를 받음으로써 하느님과 아브라함 가문의 계약에 참여한다. 계약은 서약에 근거한 법적 행위로, 그 목적은 이전에는 관계가 없던 사람들 사이에 가족이라는 유대관계를 만드는 것이다. 혼인도 계약이요, 입양도 계약이다. 하느님은 아브라함과 계약을 맺으셨다. 그리하여 아브라함의 후손은 이사악을 거쳐 지상에서 하느님의 가족이 되었다.

할례는 옛 계약의 탁월한 표지였다.(사도 7,8 참조) 하느님은 할례받은 갓난아기들을 이스라엘 백성으로 기꺼이 받아들이셨다. 성인도 유다교로 개종하고자 한다면 그 고통스러운 의식을 치러야 했다.

그래서 교회는 처음부터 갓난아기와 성인, 그리고 모든 사람을 '사람의 손으로 이루어지지 않는 할례'인 세례를 통해 하느님의 가족으로 받아들였다.

할례는 고통스럽고 큰 대가가 따르는 일이다. 그것은 사람의 생명을 담보로 하는 피로 이루어지는 계약금 같은 것이다. 그렇지만 하느님의 가족이 된다는 것은 확실히 대가를 치를 만한 가치가 있다.

세례로 보상이 커지는 만큼 비용도 더 커진다. 4세기에 밀라노의 성 암브로시오는 할례를 받은 사람은 잠시 동안 신체 한 부분에 고통을 받지만 세례는 '십자가의 성사'라고 썼다. 갓난아기든 어른이든 '그리스도 예수님과 하나 되는 세례'를 받은 그리스도교 신자는 '그분의 죽음과 하나 되는 세례'를 받은 것이다.(로마 6,3) 그 죽음은 '새로운 피조물'인 우리에게 '새로운 생명'을 의미한다.(2코린 5,17; 갈라 6,15)

구원은 고통을 면해 주지 않는다. 우리 '선구자'이신 그리스도도 고통을 당하셨다.(히브 2,10; 12,2) 선구자는 새로운 땅에 마지막으로 들어가는 사람이 아니라 가장 먼저 들어가는 사람이다. 그분은 앞서 가시며 우리가 닮을 모델이 되시고 우리에게 그분을 따를 힘을 주셨다. 따라서 그리스도의 삶을 살 때, 그리스도가 사신 대로 살 때, 그리스도가 고통 받으신 대로 고통을 참아 받을 때 하느님의 자녀로 살게 된다.

우리는 세례의 능력으로 그분 삶을 천상에서 영원히 살 수 있다. 그분 경우처럼 우리 삶도 지금 바로 시작된다. 우리는 세례에 의해 '하느님의 아드님과 같은 모상이 된다'(로마 8,29). 우리는 '더욱더 영광스럽게 그분과 같은 모습으로 바뀌어 가고 있다'(2코린 3,18).

이런 변화는 고통을 무시하는 데서 일어나는 것이 아니라 고통을 통해 일어난다. 곧 고통을 통한 '경이로운 전환'에 의해 우리 안에 구원의 힘인 하느님의 힘이 일어난다.

하느님의 부성父性에 대한 진부한 표현에 현혹되어 마음을 놓아서는 안 된다. 세례에 대한 가르침은 예수님의 친구 가운데 가장 박식하고 영리했던 니코데모도 이해할 수 없을 만큼 매우 풍부하고 중요하고 혁신적인 것이었다.(요한 3,1-15 참조) 예수님은 니코데모에게 세례라는 새로운 탄생을 이해하려면 세례의 은총이 필요하다고 여러 말씀으로 설명해 주셨다.

초대교회는 주님의 모범을 따라 세례를 받은 후에야 성인들에게 세례의 가르침을 전해 주었다. 그들은 그때서야 세례의 신비에 접근할 수 있었고 그 신비를 살 수 있었다. 세례는 그리스도인의 윤리적 삶에 깊은 영향을 미쳤고 또 미치고 있기 때문이다.

그 이유는 우리가 세례를 받으면 '그리스도 안에' 살고(로마 8,1 참조) 그리스도가 우리 안에 사시기 때문이다(갈라 2,20). 우리는 영원하신 하느님의 아드님 안에서 아들이며 딸들이다. 그리스도는 '하느님의 모습'(필리 2,6)을 지니셨지만 당신 자신을 비우시고 인간의 '모습'을 취하셨다(필리 2,7). 그 결과 우리는 그분 안에 있을 수 있고 그분은 우리 안에 계실 수 있다.

"이와 같이 여러분 자신도 죄에서는 죽었지만 그리스도 예수님 안에서 하느님을 위하여 살고 있다고 생각하십시오. 그러므로 죄가 여러분의 죽을 몸을 지배하여 여러분이 그 욕망에 순종하는 일이 없도록 하십시오. 그리고 여러분의 지체를 불의의 도구로 죄에 넘기지 마십시오. 오히려 죽은 이들 가운데에서 살아난 사람으로서 자신을 하느님께 바치고, 자기 지체를 의로움의 도구로 하느님께 바치십시오. 죄가 여러분 위에 군림할 수는 없습니다. 여러분은 율법 아래 있지 않고 은총 아래 있습니다."(로마 6,11-14)

세례는 단순히 하나의 예식도 아니고 통과의식도 아니다. 세례는 우리가 새로운 계약 관계, 새로운 가족, 새로운 생명, 새로운 출생, 새로운 창조에 참여하는 것이다. 신학자 로마노 과르디니는 "우리는 계약 때문에 그리스도인이다."라고 말했다. 그는 또 "계약의 개념이 어떻게 해서 그리스도인의 의식에서 완전히 사라졌는지 이상하다. 우리는 그 개념에 대해 언급은 하지만 그 의미는 잊어버린 것 같다."라며 안타까워했다. 우리는 세례를 이해하기 위해 최대한 노력해야 하며 그것을 과소평가하지 않아야 한다. 우리의 세례뿐 아니라 친구, 특히 자녀와 대자 대녀의 세례도 과소평가하지 않아야 한다. 그것은 얼마나 중요하고 즐거운 책임인가! 여러분은 생일을 기억하는 것처럼 세례일도 기억하는가? 또 그날을 어떻게 기념하는가?

마음에 새기기

사도 베드로는 세례가 안겨주는 선물을 생각하며 찬미합니다. "우리 주 예수 그리스도의 아버지 하느님께서 찬미받으시기를 빕니다. 하느님께서는 당신의 크신 자비로 우리를 새로 태어나게 하시어, 죽은 이들 가운데에서 다시 살아나신 예수 그리스도의 부활로 우리에게 생생한 희망을 주셨고 또한 썩지 않고 더러워지지 않고 시들지 않는 상속 재산을 얻게 하셨습니다."(1베드 1,3-4) 그리고 그는 그리스도인을 '썩어 없어지는 씨앗이 아니라 썩어 없어지지 않는 씨앗, 곧 살아 계시며 영원히 머물러 계시는 하느님 말씀을 통하여 새로 태어난'(1베드 1,23) 사람들이라고 합니다.

우리는 세례로써 하느님의 외아드님이신 예수

그리스도 안에서 하느님의 자녀가 됩니다. 모든 그리스도인은 세례의 물에서 일어날 때 요르단 강변에서 언젠가 들려왔던 그 소리를 다시 듣습니다. "너는 내가 사랑하는 아들, 내 마음에 드는 아들이다."(루카 3,22) 이것은 그리스도인이 하느님이 사랑하는 아드님과 결합되었으며 그분의 양자가 되고(갈라 4,4–7) 그리스도의 형제자매가 되었다는 사실을 말해 줍니다. 각 사람을 위한 하느님 아버지의 영원한 계획은 이런 식으로 역사 안에서 실현됩니다.

토리노의 주교 성 막시모Maximus는 거룩한 세례의 물을 받은 사람들에게 같은 견해를 반복합니다. "이 신비에 여러분을 참여케 한 그 영광스러운 일을 곰곰이 되새기십시오!"

세례 받은 모든 이가 다음과 같은 성 아우구스티노의 말에 다시 한 번 귀 기울이기를 권합니다. "기뻐하고 감사드립시다. 우리는 그리스도인이 되었을 뿐 아니라 그리스도 자신이 되었습니다. … 경외심을 가지고 기뻐하십시오. 우리가 그리스도가 되었습니다."

– 교황 요한 바오로 2세, 20세기

미사

신약성경이 기록되기 훨씬 전, 곧 교회가 세워지고 첫 제자들이 순교하기 전에는 미사가 교회 공동체 삶의 중심이었다.

성 루카는 사도행전에서 이렇게 요약했다. "그들은 사도들의 가르침을 받고 친교를 이루며 빵을 떼어 나누고 기도하는 일에 전념하였다."(사도 2,42) 루카는 이 한 문장에 상당히 자세한 내용을 담았다. 첫 그리스도인의 삶은 본래 성찬례 성격을 띠었다. 그들은 한데 모여 '빵을 떼어 나누고 기도하였는데', 그들이 형성된 것은 '사도들의 가르침'인 하느님 말씀에 의해서였으며, 그들이 하나의 교회로 만났을 때 그들의 예배는 '친교', 그리스어로 코이노니아*koinonia*에서 절정을 이루었다.

미사는 예수님의 제자들에게 삶의 중심이었으며 언제나 그랬다. 오늘날에도 미사는 사도적 가르침과 친교와 빵을 떼어 나눔과 기도를 체험하는 자리다.

성 루카는 주로 외적으로 드러나는 사실에 초점을 맞춘다. 사실은 그 자체만으로도 힘이 있지만 미사의 힘은 그보다 훨씬 크다.

첫 그리스도인은 유다식 예배 형태가 만연한 문화 속에 사는 유다인들이었다. 그들은 성찬례를 구약의 모든 의식의 성취로 여겼다. 예수님의 희생은 이스라엘 민족의 의식에 대한 율법을 시대에 뒤떨어진 것으로 만들었으나 의식적 예배를 완전히 없애지는 못했다. 예를 들어 예수님은 친히 신약을 위해 세례(마태 28,19)와 성사적 사죄(요한 20,22-23) 등의 의식을 세우셨다. 그러나 예수님은 가장 장엄한 의식을 성찬례를 위해 특별히 남겨두셨다.(루카 22,20)

신약의 전례는 구약의 의식에서 예시되었다. 복음서는 미사와 파스카의 음식을 분명히 연결시키고 있다.(루카 22,15) 히브리인들에게 보낸 서간은 미사를 예루살렘 성전에서 짐승을 희생제물로 바치는 것에 비추어 이해한다.(히브 13,10) 현대 학자들은 미사와 예수님 시대에 가장 일반적으로 봉헌된 제물, 곧 히브리어로 토다*todah*라고 하는 '감사의 봉헌물' 사이의 유사점에 주목했다.

토다는 빵과 포도주로 된 제물이었는데, 예수님은 하느님의 구원에 감사드리기 위한 그 음식을 친구들과 나누셨다. 탈무드에는 메시아가 오셨을 때 "토다 외의 모든 제물이 중단될 것이다. 이 제물은 결코 영원히 중단되지 않을 것이다."라는 고대 라삐들의 가르침이 기록되어 있다. 유다인들은 그들의 성경을 그리스어로 번역했을 때, '토다'를 '유카리스티아*eucharistia*'라는 말로 표현했는데 이 말에서 '성찬례Eucharist'라는 말이 비롯되었다.

예배에 대한 이스라엘의 모든 전통은 예수님이 교회를 위해 세우신 무한한 흠숭의 대양大洋으로 흘러들어간 강력한 힘을 지닌 강줄기 같다. 그 강줄기는 거기서 사라진 것이 아니라 도달점을 발견했다.

요제프 라칭거 추기경은 교황이 되기 몇 해 전, 고대 유다인의 의식儀式에서 사용된 또 다른 개념에 대해 글을 썼다. '카부라*Chaburah*'는 하느님 계약의 가족 구성원이 나누던 연대감을 묘사하는 데 사용한 말이다. 그들은 서로 카부라를 나누었고, 함께 카부라 식사를 했다. 안식일이나 거룩한 날 전야에 라삐는 통상적으로 제자들과 그러한 저녁 식사를 나누었다. 유다인들은 그 말을 그리스어로 번역할 때 '코이노니아(친교)'라는 말로 번역했다. 하느님의 계약이 하느님 백성 가운데 강력한 친교의 정을 불러일으킨 것이다.

그러나 유다인들은 하느님과 인간 사이의 카부라를 묘사하는 데 이르지 못했다. 그들은 그러한 친교는 불가능하다고 생각했다. 그들에게는 하느님과 인간의 친교를 생각하는 것조차 하느님의 초월성을 모독하는 것이었다. 하느님은 무한하고 완전하고 온전히 선하신 분이지만 우리는 유한하고 불완전하고 죄 많은 존재이기 때문이다. 이처럼 한 편이 분명히 자격이 안 되는데 어떻게 그토록 큰 차이가 있는 양측이 서로 친교를 나누는 즐거움을 누릴 수 있겠는가?

그러나 하느님은 친히 모독당하실 우려를 무시하셨다. 그리하여 그분은 새로운 계약을 통해 당신 백성, 곧 교회 안에서 우리 모두와, 또 한 사람 한 사람과 친교를 맺으셨다. 이것이 구약성경 어디에나 존재하는 '계약'이라는 말이 신약성경에는 거의 나타나지 않는 이유다. 그 말이 '친교'라는 말로 대치된 것이다. 예수님은 "이 잔은 내 피로 맺는 새 계약이다."(1코린 11,25)라고 말씀하셨다. 이제 이 새 계약 안에서 그분은 미사를 '그리스도의 피에 동참하는 것[*koinonia*]'(1코린 10,16)으로 제시하신 것이다.

사도들은 예수님의 구원이 이스라엘 민족과 다른 모든 민족 사이의 경계뿐 아니라 하느님과 세상 사이의 경계를 무너뜨렸다는 사실을 분명히 했다. 이제 유다인과 이방인을 비롯한 모든 민족 사이에 친교가 가능해졌다. 하느님 가족이 마침내 보편적인 가족이 된 것이다.

또한 이제부터는 하느님이 친히 당신 백성과 친교를 나누실 것이다. 그리스도 안에 산다는 것은 하느님의 생명 안에서 서로 친교를 나누고 그분의 생명에 참여하는 것이다. 결국 그것은 하느님과 인류 사이의 카부라다.

고대 이스라엘 민족은 지상 전례에 대해 거룩한 영감을 받아 천상 예배를 모방하는 것으로 여겼다. 사제들이 성전에서 행하던 것은 천사들이 하늘에서 행한 것의 현세적 모방이었다. 그렇지만 그것은 어디까지나 모방일 뿐이고 그림자에 지나지 않았다.

그러나 영원하신 하느님의 아드님은 인간의 육신을 취하심으로써 하늘을 땅으로 가져오셨다. 하느님 백성은 더 이상 천사들을 모방하여 예배드리지 않아도 된다. 새 계약의 전례에서는 그리스도가 친히 주재하시고, 우리는 천사들을 모방하는 것이 아니라 그들과 더불어 참여한다. 미사를 통해, 또 미사 안에서 하늘과 땅의 친교가 이루어진다.

그 실체가 묵시록에서 생생하게 드러난다. 묵시록에서 지상 교회는 하늘의 천사들과 성인들과 함께 제단에 모인다. 거기서 우리는 '거룩하시다, 거룩하시다, 거룩하시다', '하느님의 어린양', 아멘과 알렐루야, 그리고 그 밖의 다른 친근한 노래를 듣는다. 사제들은 제의를 입고 초로 장식된 지성소 안에서 예배를 드린다. 성작이 차고 넘치며 예배자들이 '감춰진 만나'를 마음껏 먹는다. 묵시록이 전반부는 독서로, 후반부는 '어린양의 혼인 잔치'로 구성된 것은 우연이 아니다.

이러한 구조는 가장 오래된 거룩한 예배 순서와 일치한다. 그리스도교 전례는 여전히 구약 시대 예배의 기본 형태를 따르기 때문이다. 곧 하느님 말씀에 대한 독서와 제물 봉헌을 모두 포함한다. 예수님도 엠마오로 가는 길에서 제자들에게 나타나셨을 때 친히 그 형태를 따르셨다. 그분은 "모세와 모든 예언자로부터 시작하여 성경 전체에 걸쳐 당신에 관한 기록들을 그들에게 설명해 주셨다." 그런 다음 그분이 "빵을 떼실 때에" 그들은 그분을 알아보았다.(루카 24,27.35)

우리도 미사에서 구약성경과 신약성경을 독서로 듣는다. 그리고 구원의 모든 역사를 그 궁극적 실현, 곧 그리스도의 빛에 비추어 바라본다. 또한 미사에서 빵을 뗄 때 실제로 예수님이 현존하심을 안다.

참으로 신약은 새롭고 위대하고 영광스러운 것이다. 하지만 우리는 그것이 과거와 연결되어 있음을 잊지 않아야 한다. 이스라엘 백성의 의식적儀式的 예배는 기억(독서에서)과 쇄신(희생제물에서)에 대한 계약을 지향했다. 그리스도교의 예배는 하느님이 역사 속에서 강력히 행하신 일, 특히 예수님의 구원적 수난과 영광스럽게 되심에 대한 기억이다. 그리스도교의 성찬례는 계약의 쇄신일 뿐 아니라 하느님이 당신 백성 가운데 계속 현존하심에 대한 감사다.

이제부터 그 현존은 참된 친교다. 이 사실은 초기 그리스도인을 놀라게 했다. 그들은 미사가 지상의 천국이며 지상의 제단이 천상의 제단과 똑같은 것임을 선포했다. 미사는 우리가 기다리는 그리스도의 오심이다. 하느님이 참된 친교 안에서 우리에게 오시고, '경이로운 전환'이 살과 피의 차원에서 이루어진다. 이제 우리는 하느님의 자녀이며 하느님의 자녀로서 살과 피를 나누고 있다.(히브 2,14)

이것은 본당 신자들이 라파엘의 케루빔을 연상케 할 것이라는 의미가 아니다. 그들에게는 냄새나는 기저귀를 차고 빽빽 울어대는 아이들이 있을 수 있기 때문이다. 또한 그것은 성 딤

프나 성당 성가대가 늘 완벽한 음조로 노래할 것이라는 뜻도 아니고, 본당 신부님의 강론이 한결같이 설득력 있을 것이라는 의미도 아니다.

그것은 육화가 의미했던 것, 곧 "말씀이 사람이 되시어 우리 가운데 사셨다."(요한 1,14)는 것, 그분이 '당신 자신을 비우고 낮추셨다는 것'(필리 2,7-8), '하느님의 거처가 사람들 가운데 있고, 하느님이 사람들과 함께 거하실 것이며, 그들이 하느님의 백성이 될 것이고, 하느님 친히 그들과 함께 계시리라는 것'(묵시 21,3)을 의미한다.

미사에서 그분은 우리가 존재하는 방식 그대로 놓아두실 만큼 우리를 사랑하시기에 우리가 있는 곳에 '우리와 함께 계시는 하느님'(마태 1,23)이시며, 성찬식을 통해 우리를 그분의 모습대로 만드신다. 곧 그분이 현존하시는 성찬식에서 우리를 더욱더 영광스럽게 변모케 하신다.

마음에 새기기

사도 바오로의 지혜를 주의 깊게 고찰해야 합니다. 그는 "하늘에 있는 성소의 모상이며 그림자에 지나지 않는 성소에서 봉직"(히브 8,5)하는 사제직의 변화를 다시 한 번 설명하기 때문입니다.

여기서 하늘에 있는 것은 무엇입니까? 그것은

영적인 것입니다. 그것은 비록 지상에서 행해지지만 천상의 가치가 있습니다. 우리 주 예수 그리스도가 희생제물로 죽임을 당하실 때, 성령이 우리와 함께 계실 때, 성부 오른편에 앉으신 그분이 지상에 계실 때, 물로 씻음으로써 자녀들이 생겨날 때, 그 자녀들이 천상에 있는 이들과 같은 시민일 때, 우리가 천상에서 나라와 도시와 시민권을 가질 때, 우리가 지상 것에 낯설게 될 때, 어떻게 이 모든 사실이 천상의 것이 아닌 다른 것일 수 있겠습니까?

도대체 무엇이 아닙니까? 우리 찬미가가 천상의 것이 아닙니까? 지상에 있는 우리도 육신이 없는 권능의 거룩한 성가대가 노래하는 바로 그와 똑같은 것을 그들과 함께 소리 내고 있지 않습니까? 제대도 천상의 것이 아닙니까? 어떻게 아닙니까? 제대에는 육적인 것이 아무것도 없고 모든 봉헌물은 영적인 것이 됩니다. 그 제물은 재나 연기로, 또는 기체상의 맛으로 흩어져 없어지지 않고 그곳에 놓여 있는 것들을 밝게 비추어 찬란히 빛나게 합니다. 그런데 어떻게 우리가 거행하는 의식이 천상의 것이 아닌 다른 것일 수 있겠습니까?

예수님이 "너희가 누구의 죄든지 용서해 주면 그가 용서를 받을 것이고, 그대로 두면 그대로 남아 있을 것이다."(요한 20,23)라고 말씀하실 때도 그들에게 천국의 열쇠가 있는데 어떻게 모든 것이 천상의 것이 아닌 다른 것일 수 있겠습니까?

그러니 천상의 것이라 해도 아무 잘못이 없을 것입니다. 교회는 천상의 것이며 천국이기 때문입니다.

– 성 요한 크리소스토모, 5세기

수호천사

고대 교회의 가장 활기 넘치는 전통 가운데 현대 독자들이 자주 놓치는 수호천사에 대한 신심이 있다. 사도행전의 극적인 줄거리는 천사들의 활동에 의해 진행된다. 천사들이 사도들을 감옥에서 자유롭게 풀어주는가 하면(사도 5,19; 12,7), 어떤 천사는 필리포스를 예루살렘에서 가자로 인도하여 에티오피아 궁전 관리와 운명적 만남에 이르게 하고(사도 8,26), 베드로와 코르넬리우스의 만남을 주선하기도 한다(사도 10,3–5). 베드로가 사람들이 모여 기도하는 집에 도착했을 때 사람들이 베드로를 베드로의 천사라고 하는 대목은 내가 가장 좋아하는 대목이다.(사도 12,15)

교회 역사는 천사들의 인도와 보호와 도움에 힘입어 앞으로 나아간다. 우리 삶도 마찬가지다. 초기 그리스도인은 이 사실을 잘 알았다. 이것이 그들이 베드로를 수호천사로 쉽게 오인한 이유다. 베드로는 감옥에 갇혀 있었기에 사람들이 그를 문 앞에서 발견했다면 당연히 놀라야 한다. 그러나 그들은 놀라지 않았다. 그의 천사를 만난 것이기에!

우리도 수호천사에 대해 이러한 믿음과 활기찬 의식意識을 지녀야 한다. 하느님은 우리 모두에게 똑같이 강력한 천상적 인도와 보호와 도움을 베푸시기 때문이다.

천사들에 대한 신심은 복음 선포와 더불어 새롭게 생겨난 것이 아니다. 그것은 늘 성경적 신앙의 일부였다. 천사들은 처음부터 끝까지, 곧 창세기에서 묵시록에 이르기까지 성경 전체를 채우고 있다. 에덴동산의 드라마에서 핵심 역할을 맡는가 하면, 성조들의 생활 속에 자주 나타난다. 심지어 야곱과 씨름까지 한다. 또 이스라엘 민족이 이집트를 빠져나올 때는 앞장서서 그들을 인도하고, 예언자들에게 하느님 말씀을 전달하기도 한다.

예언자들이 각 민족에게 수호천사가 있다는 사실을 밝히기도 한다. 토빗기에서는 천사가 한 젊은이를 인도하여 가족의 행복과 아버지의 시력을 되찾게 하며 그 과정에서 아름답고 정숙한 아내를 맞도록 돕는 과정을 보여준다.

신약성경은 천사들의 폭발적 활동으로 시작된다. 요셉도 마리아도 천사들의 도움을 받고 특별히 놀라는 것 같지 않다.

천사angel란 정확히 어떤 존재인가? 그리스어 *angelos*에서 유래한 그 말은 히브리어 *malakh*를 번역한 말이다. 자의적 의미는 messenger, 곧 '사자(使者, 하느님의 사자)'라는 뜻이다. 중요한 전승에서 천사라는 말은 하느님이 창조하신, 육신이 없는 모든 종류의 순수한 영적 존재에 적용된다. 하느님은 어떤 천사는 당신의 왕권을 받들어 섬기게 하려고 창조하셨고, 또 어떤 천사에게는 우주의 자연적 힘을 지배할 능력을 부여하셨다. 또 소식을 전달하는 역할을 하는 천사도 있는데, 그들은 성경에서 때때로 인간의 형태로 나타나는가 하면, (경이로운 지식을 상징하는) 많은 눈을 가지고 있거나 (초인적 힘을 상징하는) 거대한 크기를 지닌 두려운 상징적 형태로 나타나기도 한다.

앞에서 살펴보았듯이 고대에는 유다인도 그리스도인도 다 같이 특히 그들이 의식적儀式的 예배를 바치는 동안 천사가 현존한다는 건전한 의식을 지니고 있었다. 사해死海 두루마리 성경을 보존했던 공동체에서 가장 인기가 많았던 책 가운데 하나가 「천사의 전례*The Angelic Liturgy*」라는 예식서였다는 것은 흥미로운 일이다.

오늘날 미사에 참례하는 '사람' 수는 적을지라도 '회중會衆'의 규모는 결코 작지 않다. 미사 기도문에도 분명히 드러나듯 천사들이 그 자리에 있기 때문이다. "그러므로 천사와 대천사와 좌품, 주품천사와 함께 저희도 노래하나이다. 거룩하시도다, 거룩하시도다, 거룩하시도다.…" 이처럼 미사 자체가 우리에게 천사들을 의식하라고 소리친다.

물론 우리는 각자의 수호천사에게 특별히 관심을 기울여야 한다. 수호천사는 우리를 돌볼 책임을 부여받았기 때문이다.

이성주의자에게는 천사에 대한 신심이 조소의 대상일 것이다. 그는 천사에 대한 신심을 곧 무너질 것 같은 다리 위에 어린아이의 모습을 그린 감상적인 상본 수준으로 격하시킨다. 하지만 천사는 언제나 성경적 신앙의 일부였으며 비종교 철학자들조차 그 존재를 인정했기에 천사를 빼놓고 우주를 설명하기는 어렵다. 20세기 자유주의 철학자 이사야 벌린Isaiah Berlin은 천사의 필요성에 상당히 집착했고, 자칭 '이교도'였던 모티머 애들러Mortimer Adler는 천사가 우주 기반의 일부라는 결론을 내렸다.

우리가 천사를 단순히 나타나는 대로가 아니라 그들이 존재하는 대로 볼 수 있다면, 천사의 위치에 대해 이해하지 않고는 삶을 설명하기 어렵다는 것을 깨닫게 될 것이다.

우리는 아주 어릴 때부터 저마다 수호천사가 있었다. 예수님은 이렇게 말씀하셨다. "너희는 이 작은 이들 가운데 하나라도 업신여기지 않도록 주의하여라. 내가 너희에게 말한다. 하늘에서 그들의 천사들이 하늘에 계신 내 아버지의 얼굴을 늘 보고 있다."(마태 18,10)

하느님은 이 안내자를 우리에게 보내주심으로써 우리가 하느님 나라로 가는 길에 초인적 도움을 받게 하신다. 수호천사는 우리를 하느님 뜻에 협력하도록 돕고 죄에서 지켜주고자 한다. 또 우리가 다른 사람을 도와주도록 돕고 다른 사람의 삶을 망치지 않기를 바란다. 물론 수호천사는 그 과정에서 불안정한 다리를 안전하게 건널 수 있도록 돕는데, 그것이 우리와 세상에 대한 하느님 뜻을 실현시키는 일일 때만 도와준다.

수호천사는 우리에게 가장 좋은 것을 원한다. 그러나 그것이 우리가 바라는 것과 언제나 일치하는 것은 아니다. 우리에게 가장 좋은 것이 반드시 우리의 위로·건강·안전과 일치하지는 않기 때문이다. 오직 고통을 통해야만 죄짓지 않고 다른 사람을 죄에 빠뜨리지 않는다면, 때로는 고통도 가장 좋은 것일 수 있다.

또한 수호천사는 우리의 신뢰를 얻기 위해 부지런히 활동한다. 그렇게 하는 것이 우리에게 가장 도움이 되기 때문이다. 그래서 우리가 주차할 공간을 찾기 위해, 또는 혼란스럽게 얽혀 있는 도심을 빠져나가기 위해 특별히 수호천사에게 도움을 청할 때 그는 틀림없이 도와준다. 천사는 하느님이 보살피시는 방식을 따라 때때로 우리가 바라는 것을 제공함으로써 필요한 것을 구하는 법을 배우게 한다.

언제나 기억하자. 우리는 이제 하느님의 자녀다. 어느 누구도 하느님만큼 자녀 돌보기에 많은 시간을 소비하지 않는다. 왜 하느님은 우리를 보살피기 위해 그토록 많은 시간을 아낌없이 내어 주시며 권능을 지닌 순수한 영적 존재를 창조하시는가? 우리를 사랑하시기 때문이고 우리 모두를 거룩함, 곧 단순한 '선성'보다 더 큰 의미가 있는 상태로 부르시기 위해서다.

거룩하게 된다는 것은 거룩한 목적을 위해 구별되는 것이고 하느님을 위해 구별되는 것이다. 하느님은 에덴동산을 거룩한 장소로 만드시고 천사들을 배치하시어 동산을 지키고 순수한 상태로 유지하셨다.(창세 3,24) 또 계약 궤 제작을 명하시고 나중에 예루살렘 성전 건립을 명하셨을 때, 그 장소가 당신의 지성소가 되게 하실 생각이었기에 천사들을 배치하여 지키게 하셨다.(탈출 25,18; 1열왕 8,6-7)

우리는 탄소·수소·산소 분자들이 모여 만들어진 존재가 아니라 성령의 성전으로 창조되었다.(1코린 3,16; 6,19) 천사는 태고 때의 커룹과 마찬가지로 지성소를 보호하고 그것을 하느님이 현존하실 순수한 장소로 보전할 책무를 맡고 있다.

우리는 어린아이들이 배우는 다음과 같은 노랫말을 자주 기도로 바치는 것이 좋다.

언제나 저를 지켜주시는 하느님의 천사님,
인자하신 주님이 저를 당신께 맡기셨으니
언제나 제 곁에 머무시어
저를 비추시고 보호하시며 다스리시고 인도하소서. 아멘.

또한 대천사 미카엘의 보호도 알아야 한다. 대천사 미카엘은 구약성경(다니 12,1)과 신약성경(묵시 12,7)에서 하느님 백성의 특별한 수호자로 나타난다. 교회는 영적 싸움에서 미카엘 천사가 한 역할을 인정해 왔다. 그는 악마와 모든 반역 천사에 대적하는 전사로서 간구의 대상이다. 미카엘 천사에게 바치는 기도는 특별히 악에서 구원되기를 바랄 때 강력한 힘을 발휘한다. '성 미카엘 대천사에게 바치는 기도'는 오랫동안 미사 마지막에 암송되었다. 많은 가톨릭 신자가 그 기도를 자신들을 위한 신심기도로 바친다.

성 미카엘 대천사님,
싸움 중에 있는 저희를 지켜주시고
악마의 사악함과 속임수에서 저희를 보호해 주소서.
저희는 하느님이 악마를 벌하시기를 겸손되이 청하나이다.
오, 천상 군대를 지휘하시는 분,
하느님의 힘으로,
영혼을 멸망시키려고 세상을 쏘다니는 사탄과
모든 악령을 지옥으로 내치소서. 아멘.

마음에 새기기

잠시 예수님의 삶에서 천사가 나타난 장면을 살펴봅시다. 모든 인간의 삶 속에서 천사가 하는 역할, 곧 천사의 사명을 이해하는 데 도움이 될 것입니다. 그리스도교 전통은 수호천사를 우리가 가는 길에 동행하도록 하느님이 우리 옆에 배치하신 강력한 힘을 지닌 친구로 묘사합니다. 그것이 하느님이 우리와 천사를 친구 되게 하시고 천사가 우리를 돕게 하시는 이유입니다.

하느님의 은총은 우리를 저버리지 않을 것입니다. 그러므로 우리 자신을 용기로 채워야 합니다. 하느님은 우리 곁에 계실 것이고 당신 천사를 우리 여행길에 동반자로, 지혜로운 조언자로, 그리고 우리가 맡는 모든 일에 협력자로 보내주실 것입니다. 시편이 노래하듯이 천사는 '자신의 손으로 여러분을 떠받쳐 주어 여러분이 돌 위에서 여행하는 일이 없게 할 것입니다'.

천사와 이야기하는 법을 배워야 합니다. 이제 그에게로 돌아서서… 마치 거름더미에서 백합이 피어나듯 하느님 은총으로 여러분의 불행한 생활에서 자라난 선한 의지를 주님께 바쳐 달라고 도움을 청하십시오.

우리 수호자인 거룩한 천사여, '싸움 중에 있는 우리를 지켜주시어 우리가 최후 심판 때에 멸망하지 않게 하소서'.

– 성 호세마리아 에스크리바, 20세기

2
일생

교회력 · 사순 시기와 부활절

대림 시기와 성탄절 · 9일기도

교회력

많은 사람이 현대 정통 유다이즘의 창설자로 여기는 라삐 삼손 라파엘 히르쉬Samson Raphael Hirsch는 달력의 종교적 중요성에 대해 다음과 같이 시적으로 이야기했다.

> 유다인의 교리는 그들의 달력으로 이루어진다. 하느님은 삶을 헤쳐나가게 하는 시간의 톱니바퀴에 영혼을 고무시키는 당신 교리의 영원한 말씀을 새겨주시면서 당신 전령들이 당신의 진리를 선포할 날과 주週와 달과 해를 만드셨다. 그 무엇도 이 시간 요소보다 덧없는 것은 없는 것 같지만, 하느님은 그 요소들에 당신의 거룩한 일의 관리를 맡기심으로써 그 요소들을 더욱 영속적인 것으로, 또 더욱 쉽게 다가갈 수 있는 것으로 만드셨다.

그가 유다인의 달력에 대해 말한 모든 것은 그리스도교의 해[年]에 그대로 적용될 수 있다. 가톨릭 신자에게도 교리가 있긴 하지만(그래서 그 점에 대해 하느님께 감사드린다!) 가끔은 교회의 축일과 단식일을 지키는 것만으로 그 교리를 훨씬 더 깊이 또 실질적으로 배울 수 있다. 실제로 「가톨릭교회 교리서」는 달력을 한 해 내내 교리를 가르치는 시기로 이야기하며 다음과 같이 시적으로 이야기한다. "전례주년과 그에 따르는 대축일들은 그리스도인의 기도생활에 근본이 되는 주기다."(2698항) 대축일들은 그리스도의 신비를 '기념하고 전해 주며'(1171항), '지속적인' 기도를 함양시켜 주는 '정기적인 기도'를 권한다(2720항, 2698항).

'손꼽아 날짜를 헤아리며 기다리는 것'은 우리가 하는 일과 정체성에 필수적이다. 그것은 인간의 본성이다. 우리는 기념일과 생일을 기억하고 중요한 사건을 특별히 경축한다. 또 그러한 날과 시간에 따라 우리 자신을 규정짓는다.

예를 들면 '나는 오늘 쉰한 살이다. 결혼한 지 29년 되었고, 가톨릭 신자가 된 지는 22년째이며, 18년 동안 같은 장소에서 가르치고 있다. 나는 내 자녀와 손자 하나하나의 생일을 기억한다.' 등과 같이!

내 직장 생활은 학기와 중간고사에 따라 구분된다. 교수의 한 해도 농부의 한 해나 세무사의 한 해와 마찬가지로 주기를 따른다. 이런 식으로 시간을 표시하고 수명을 정확히 세는 것은 인간의 본성이다.

인간 본성을 창조하신 하느님보다 인간 본성에 대해 더 잘 아는 사람은 없다. 그래서 하느님은 세상이 주기를 따르도록 만드셨다. 창세기는 주님이신 하느님이 세상을 엿새 동안 만드시고 일곱째 날에는 쉬셨다고 한다. 그분이 쉬신 것은 지쳐서가 아니라(전지전능하신 하느님은 결코 지치지 않으신다) 인간의 노동과 휴식에 모델을 제시하시려는 것이었다. 그 후 하느님 백성은 일곱째 날인 안식일에 초점이 맞춰져 있는 엿새 동안은 일해야 하는 것으로 알았다. 곧 일하는 엿새는 자유로운 몸으로 주님께 예배드릴 날을 지향했다. 그러나 그들이 그 주기를 따르는 데 실패하자 주님은 그것을 율법으로 성문화하셨다. 그리하여 그들은 언제나 '안식일을 기억하여 거룩하게 지켜야 했다'(탈출 20,8).

교회력은 우주의 주기와 일치한다. 구약에서 축제일은 신성하고 역사적인 사건뿐 아니라 파종기와 수확기도 기념했다. 율법은 사제들의 성막 재임 기간과 인간의 출생 시기에도 관여했다. 그런데 우주에 주기가 있었던 것은 거룩한 안식처를 제공하기 위한 것이었다.

예수님은 달력과 달력의 종교적 의미에 대해 깊이 인식하고 계셨다. 그분의 제자들도 그랬다. 예수님이 열두 제자와 함께 파스카 음식을 먹기를 얼마나 간절히 바라셨는지 기억하라.(루카 22,15 참조) 그리고 그분과 그분의 가족은 물론 나중에는 그분의 제자들도 정해진 시기에 예루살렘 성지순례를 얼마나 충실히 이행했는지 주목하라.

성 요한은 예수님의 성스러운 직무에 대한 이야기를 쓸 때, 그 극적 사건이 유다인의 축일력에 따라 전개되었다는 사실을 조심스럽게 떠올린다. 예수님은 그 절정에서, 파스카 어린 양이 성전에서 희생제물이 된 바로 그 순간 십자가 위에서 돌아가셨다.

말씀이 사람이 되셨을 때 모든 인간과 역사는 그 말씀이 실현되었음을 깨달았으며, 하느님에 대한 교의가 직접 계시되어 더욱 선명하게 부각되었다. 달력 자체가 이런 사실을 반영한다. 달과 날들이 다시 자리를 잡아가며(실제로는 하느님 백성이 그것을 재정리했다) 복음을 충만히 깨닫게 해주었다.

그 결과 모든 인간적 시간이 예수 그리스도의 부활을 중심으로 모아졌다. 이제 주일은 더 이상 안식일로 이어지지 않고 예수님이 죽음에서 부활하신 주님의 날로 이어졌다. 한 해의 정점은 여전히 파스카 축제였지만 이제부터는 주님의 수난과 죽음과 부활을 통해 이루어진 구원의 축제인 그리스도교적 파스카였다.

주님의 날과 부활절은 새로 태어난 교회의 주된 거룩한 날이었지만, 주님의 잉태·탄생·세례·승천 등 차츰 새로운 축일이 추가되었다.

교회는 주님의 일생뿐 아니라 오늘날 우리의 삶도 구분했다. 예수님은 "믿음의 영도자"(히브 12,2)시기 때문이다. 그분은 "많은 형제 가운데 맏이"(로마 8,29)시다. 이런 표현은 따라야 할 사람이 많음을 의미한다. 그래서 교회는 복되신 동정 마리아를 비롯하여 사도들과 순교자들과 다른 많은 사람을 포함하는 성인들의 축일을 거행함으로써 이런 주장을 입증했다.

한 해는 그것이 발전해 온 대로, 현미경이나 망원경처럼 언제나 그 대상에 초점을 맞추고 가까이하기 위해 세밀하게 조정된 하나의 도구다. 그 대상은 바로 예수 그리스도다.

그리스도교 교회력은 유다력과 마찬가지로 날·주·달 단위로 계산한다. 그 교회력에는 성주간과 8일 동안 지속되는 팔일축제들이 있다. 팔일축제는 부활과 성령강림 같은 성경적 신비를 주제로 다루는 경우도 있고, 그리스도교 일치 같은 기도 지향을 주제로 다루는 경우도 있다.

그리스도교 교회력에는 연중 시기를 비롯하여 사순 시기, 대림 시기, 부활 시기, 성탄 시기가 있다. 또한 5월은 성모님께, 10월은 성모님의 묵주기도에 봉헌하듯이, 달을 지정하여 봉헌하는 관습도 유지하고 있다. 묵주기도를 하는 사람은 날마다 환희의 신비, 빛의 신비, 고통의 신비, 영광의 신비 같은 다른 신비들을 묵상하게 된다. 누군가 노래했듯이 "하늘 아래 모든 것에는 시기가 있고 모든 일에는 때가 있다"(코헬 3,1). 때때로 교황이 역사의 흐름 속에서 한 해 전체를 선택하여 '성년聖年'으로 지정하기도 한다.

전례력의 흐름 속에서 그리스도교 신자는 구원 역사의 주요 사건을 반복적으로 접할 기회를 갖는다. 「미사전례성서*lectionarium*」는 미사에서 선포할 교회의 독서, 곧 구약성경의 예시와 신약성경의 실현을 지정한다. 그 밖의 다른 의식인 성사와 준성사의 거행은 같은 양식을 인생의 과정에 적용한다. 「미사전례성서」의 전개로 주週와 시기時期와 해[年]가 일원화된 연속성 있는 이야기를 전하며 그 과정 속에서 교의를 가르친다.

단식과 축제의 시기, 슬픔과 기쁨의 시기, 회개와 화해의 시기가 주기적으로 돌아온다. 모든 피조물이 그 이야기를 하고, 모든 역사가 그 이야기를 하며, 너와 나, 우리 모두의 삶이 그 이야기를 한다.

그 이야기는 희망의 이야기다. 그 이야기는 우리가 '우리 앞에 놓인 희망… 휘장 안에 있는 지성소로 들어가게 하는 그 희망을 굳게 붙잡도록 하는 힘찬 격려다'(히브 6,18-19 참조).

마음에 새기기

사람들은 교회가 공식적으로 선포하는 가르침보다 해마다 신앙의 신비를 거행함으로써 훨씬 더 많이 신앙의 진리를 배우고 신앙심이 주는 내적 기쁨을 누립니다. 교회의 공식적 선포는 얼마 안 되는 좀 더 유식한 신자들에게 전달되지만 축일은 모든 사람에게 전달됩니다. 전자는 한 번 말하지만 후자는 해마다 이야기합니다. 아니, 실제로는 영원히 이야기합니다.

교회의 가르침은 주로 정신에 영향을 미치지

만, 축일은 마음과 정신 모두에 영향을 미치며 그 결과 인간 본성 전체에 구원의 영향을 미칩니다. 인간은 육신과 영혼으로 이루어져 있습니다. 그래서 이러한 외적인 축제행사를 필요로 합니다. 따라서 거룩한 의식은 다양한 아름다움을 통해 인간이 하느님의 가르침을 더 깊이 받아들이도록 자극하고, 인간은 그 가르침을 자신의 일부로 만들어 자신의 영적 생활에 유익하게 사용할 수 있습니다.

역사는 이러한 축일이 시대의 흐름 속에서 그리스도교 신자들이 공통적인 위험에 맞서기 위해 힘이 필요하거나 교활한 이단의 공격을 받을 때, 또는 신앙의 신비나 거룩한 축복에 대해 신앙적으로 검토를 해야 할 때처럼 그들의 필요나 이익이 요구됨에 따라 차례로 제정되었다는 사실을 말해 줍니다.

– 교황 비오 11세, 20세기

사순 시기와 부활절

영어를 사용하는 사람들은 이 핵심적인 신앙의 신비를 고찰할 때 근본적으로 방향감각을 상실하게 된다. 대부분의 언어에서 유다인의 파스카에 해당하는 용어는 그리스도교의 예수 부활 대축일에 적용된다. Pascua, Pascha, Pasqua, Pesach, Πασχα 등이 그것이다. 그러나 영어 명칭 Easter는 오늘날 우리가 거의 알지 못하는 고대 독일의 봄 축제에서 유래하기 때문이다.

따라서 '파스카 신비'라는 말이 영어에서는 다른 언어들이 갖는 연관성을 갖지 못한다. 교리에 따르면 이 신비는 복음의 '핵심이다'(「가톨릭교회 교리서」 571항).

다른 모든 축일, 다른 모든 신비는 우리가 부활절에 거행하는 중심 신비를 겨냥한다.(1171항) 그 신비는 바로 우리가 매주, 그리고 실제로 매 미사에서 거행하는 파스카 신비다. 이 기념제는 주님의 구원의 수난을 중심으로 점점 넓어지는 동심원 같은 것으로 생각할 수 있다.

그리스도인에게 파스카 신비는 고대의 과월절을 상기시킨다. 그때 이스라엘의 모든 맏아들이 목숨을 건졌고, 선택된 백성이 종살이에서 해방되었으며, 약속된 땅을 향한 여정이 시작되었다. 그들의 구원은 각 가정에서 어린양의 희생제물과 그 양의 피를 문설주에 바르는 것으로 시작되었다. 장차 유다인들은 이 구원 사건을 기념하게 될 것이다. 또한 그 사건을 당신 백성을 악행에서 이끌어 내시어 덕행으로 인도하시는 하느님의 계속된 구원활동으로서 우의적으로 고찰할 것이다.

때가 찼을 때, 예수님은 "하느님의 어린양"(요한 1,29)으로 오셨다. 제자들에게 그분은 '희생되신 우리의 파스카 양이신 그리스도'(1코린 5,7)셨다. 그리스도인에게 과월절은 폐지된 것이 아니라 오히려 완성되었다. 그래서 성 바오로는 "그러므로 묵은 누룩, 곧 악의와 사악이라는 누룩이 아니라, 순결과 진실이라는 누룩 없는 빵을 가지고 축제를 지냅시다."(1코린 5,8) 하고 말했다.

유다이즘 전통 속에서 성장한 초기 그리스도인은 구약에서 신약으로의 연속성과 불연속성을 모두 볼 수 있었다. 그들은 여전히 누룩 없는 빵으로 축제를 거행했으나, 이제 희생제물은 그리스도 자신이셨다. 그분은 최후만찬 때에 당신 몸을 봉헌제물로 세우셨다. 그분의 죽음을 단 한 번의 희생제물로 변화시킨 순간이 바로 파스카 식사 순간이다.

구약의 과월절은 이스라엘 민족의 맏아들을 구원하고 종살이에서 해방된 것으로 시작되었으나 축제의 절정은 그 민족이 약속된 땅 곧 '젖과 꿀이 흐르는 땅'(여호 5,6)으로 들어감으로써 이루어졌다. 그 사건들 사이에서 이스라엘 민족은 40년 동안 광야에서 헤맸다. 그 40년은 정화의 시기였다. 그때 하느님은 이집트의 우상숭배와 접촉한 세대의 영향을 그 민족에게서 없애주셨다.

그런 양상이 예수님 삶에서도 전개되었다. 그분은 당신 왕국의 시작인 공생활을 시작하기 전 광야에서 40일 동안 단식하며 기도하셨다. 그분은 아무 죄도 없고 정화할 필요도 없으셨지만 그렇게 하셨다. 그분의 단식은 그분의 세례와 마찬가지로 제자들이 본받아야 할 본보기였다.

그래서 해마다 그 중요한 파스카 신비의 축제인 부활절을 준비할 때 '사순 시기'라는 광야의 40일을 통해 정화 작업을 한다. 사순 시기는 재의 수요일에 시작해서 부활 축일 전날인 성 토요일에 끝난다. 주일을 제외하면(고대 교부들은 주일에 단식하는 것을 금했다) 보통 총 40일이다.

40이라는 숫자는 주로 상징적으로 쓰인다. 부활절을 위한 40일 준비와 관련된 최초 언급은 니케아공의회(기원후 325년) 규범집에서 볼 수 있다. 그러나 그 의미에 대한 가장 간단명료한 표현 가운데 하나는 5세기 성 요한 카시안John Cassian의 저서에서 나타난다. 그는 사순 시기를 '한 해의 십일조'로 묘사한다. 그 날수가 대략 한 해의 십분의 일에 해당하기 때문이다. 우리는 그날들을 주님께 특별한 봉헌예물로 바쳐야 한다. 그렇게 할 때 그분이 우리에게 바라신 대로 그분의 단식을 본받을 수 있다. 또한 카시안은 광야에서의 이스라엘 백성과, 40일 동안 단식한 모세와 엘리야 같은 구약성경의 인물들에 주목한다.

평신도라면 굳이 수도자들이 하는 빵과 물을 끊는 단식을 할 필요는 없다. 각 나라의 사순절 단식 관습을 따르면 된다. 이를테면 가장 좋아하는 음식이나 과도하게 집착하는 오락 같은 것을 끊는 것도 그중 하나다. 또는 간식을 참을 수도 있고, 후식을 생략하거나 음식을 한 접시 덜 먹을 수도 있다.

우리는 40일 동안 하느님께 모든 것을 되돌려 드려야 한다. 그것이 '나쁜 것'이기 때문이 아니라 너무나 '좋은 것'이기 때문이다. 오직 좋은 것만 하느님께 제물로 봉헌해야 한다. 수확물 가운데 가장 좋은 것만 십일조로 봉헌할 수 있다. 우리는 가장 좋은 것을 하느님께 봉헌함으로써 우리 삶에서 하느님 자리에 다른 것을 두지 않아야 함을 배운다. 또한 죄를 짓는 부도덕한 습관을 포기해야 함은 말할 필요도 없다. 그러나 이는 사순절 단식의 자료가 아니라 사순절이 시작되기 전에라도 포기해야 하는 행위다(적어도 지향으로라도).

우리는 단식을 하면서 축제를 준비한다. 성 아타나시오에 따르면, "40일 간의 단식·기도·절식·절제·선행으로 정화된다면, 우리는 예루살렘에서 거룩한 과월절 음식을 먹을 수 있다". 그리스도가 우리의 파스카 음식이 되고 승천하신 지금, 우리는 지상의 예루살렘에서가 아니라 새로운 거룩한 도시에서 축일을 거행한다.

"그러나 여러분이 나아간 곳은 시온 산이고 살아 계신 하느님의 도성이며 천상 예루살렘으로, 무수한 천사들의 축제 집회와 하늘에 등록된 맏아들들의 모임이 이루어지는 곳입니다. 또 모든 사람의 심판자 하느님께서 계시고, 완전하게 된 의인들의 영이 있고, 새 계약의 중개자 예수님께서 계시며, 그분께서 뿌리신 피, 곧 아벨의 피보다 더 훌륭한 것을 말하는 그분의 피가 있는 곳입니다."(히브 12,22-24)

따라서 초대교회는 부활 미사를 특별히 장엄하게 거행했다. 어떤 곳에서는 부활 전날 일몰 때부터 부활절 아침 일출 때까지 밤새도록 전례를 거행하기도 했다. 전례 중에 교회는 성경에서 독서를 선택했는데, 그것은 구원의 역사를 개략적으로 전해 주었다. 곧 세상 창조 때부터 홍수까지, 아브라함의 소명에서 이집트 탈출까지, 다윗 왕국에서 귀양살이까지의 이야기를 전해 주며 그 성점은 그리스도의 신비다.

이것이 그리스도의 수난을 기억하는 복음서에서 구약성경의 모든 주요 주제를 반복하는 이유다. 우리는 에덴동산, 세상을 쓸어버린 대홍수, 맏아들 이사악 봉헌, 어린양의 살해를 암시하는 이야기를 만난다. 이제 모든 역사가 위대한 파스카 신비에 집약된다.

고대의 부활성야 전례는 그보다 훨씬 성대했다. 전례는 말씀의 전례일 뿐 아니라 세례성사와 성체성사의 전례였다. 부활성야는 새 신자들을 신앙의 신비 속으로 맞아들이는 때였다. 그것을 위해 때로는 몇 년 간의 치밀한 준비가 필요했다. 세상의 삶, 교회의 삶, 그리고 수많은 사람의 개인적 삶이 이제 그 정점에 이르게 되는 것이다. 2세기의 어떤 주교는 그 사실을 부활성야 강론에서 이렇게 표현했다. "율법이 말씀이 되었고, 옛것이 새 것이 되었습니다. …본보기가 현실이 되었고 어린양이 하느님의 아드님이 되었습니다."

모든 것의 정점은 세례다. 초대교회는 이것을 '빛을 받음' 또는 '깨달음'이라 일컬었다.(히브 6,4; 10,32) 그다음이 성찬식인데, 사도들은 이것을 코이노니아 곧 '친교'로 알아들었다.

고대부터 교회는 그리스도교 신자의 순례를 정화에서 조명으로, 마침내 하느님과의 일치에 이르는 움직임으로 이해했다. 이 단계는 우리가 입문성사를 거칠 때 밟아가는 단계로서 역사의 과정, 인생의 과정, 전례 주간의 과정, 한 해의 과정, 심지어는 미사의 과정을 통해 전개되는 행동 양식을 따른다.

부활절 신비에 자신을 일치시킬 때, 우리는 회개를 통해 죄에서 친교로 '넘어갈 수 있다'.

마음에 새기기

형제 여러분, 우리는 주님이 우리 죄를 위해 돌아가셨다는 사실을 확고히 믿습니다. …그 모든 것은 우리가 잘 아는 바와 같이 단 한 번 결정적으로 일어났습니다. 그렇지만 우리는 한 해의 흐름 중에서 그 특별한 사건이 일어난 날에 이르면 장엄한 전례를 거행합니다.

그 사건의 진실과 장엄한 전례 사이에는 그 전례를 거짓이라고 할 만한 모순적인 상황이 전혀 없습니다. 역사적 진실은 단 한 번 결정적으로 일어났지만, 전례는 믿음으로 기념하여 거행하는 마음을 위해 그 사건을 언제나 새롭게 합니다. 역사적 진실은 우리에게 그 사건을 일어난 그대로 보여줍니다.

전례는 그 사건을 반복하지 않지만 그것을 기념하여 거행하고 잊지 않게 해줍니다. 따라서 역사적 진실에 근거해서는 부활 사건이 단 한 번 일어났으며 다시는 일어나지 않을 것이라고 말하지만, 전례에 근거해서는 그 사건이 해마다 일어난다고 말할 수 있습니다. 전례 덕분에 인간의 마음이 진실에 이르고 주님께 대한 믿음을 선포하게 됩니다.

– 히포의 성 아우구스티노, 4세기

대림 시기와 성탄절

성탄절은 소개가 필요없는 날이다. 대중매체와 상점 앞은 할로윈(Halloween: 10월 31일 밤) 다음 날부터 우리에게 성탄절이 다가오고 있음을 끊임없이 상기시킨다. 소매상인에게는 예수님의 탄생 축제가 일 년 중 가장 큰 대목이기 때문이다. 경제 분석가들은 그 축제를 나라의 재정적 건전성을 파악하는 지표로 삼아 끊임없이 관찰하고 분석한다.

그렇다고 그들의 관심을 조금이라도 배아파할 생각은 없다. 그린치Grinch와 스크루지Scrooge 들이 성탄절의 상업화에 은근히 불평해도 내버려 두자. 나는 (무비판적으로 받아들이는 것은 아니지만) 비록 선물을 사는 시기가 사랑을 베푸는 시기보다 앞설지라도 사회의 가장 큰 베풂의 시기가 그리스도의 탄생 축일이라는 사실을 그리스도께 대한 경의의 표시로 받아들인다.

그렇지만 대림 시기가 덜 주목받는다는 사실은 안타까운 일이다. 성탄절을 영적으로 준비하는 교회의 시기가 마냥 확대되는 '크리스마스 쇼핑 시기'에 밀려나고 있기 때문이다. 대림 시기는 어떠한 노력을 기울여서라도 반드시 회복해야 한다.

대림 시기 전례는 구세주를 기다리는 기다림을 되새기라고 한다. 그래서 우리는 예언자들의 말을 듣고 그 말을 우리 것으로 삼는다. 예언자들은 이스라엘 백성이 계약을 충실히 성취할 수 있기를 간절히 바랐다. 그러나 그 백성은 어쩔 도리가 없을 정도로 죄에 떨어졌고, 그 결과 하느님이 그들에게 주신 특권, 곧 젖과 꿀이 흐르는 땅에서 누릴 번영과 행복을 다 잃어버렸다. 예언자들은 메시아를 절실히 원했고, 구세주를 절실히 원했으며, 구원자를 절실히 원했다.

예수님의 탄생으로 수많은 세기의 거룩한 갈망이 모두 실현되었다. 그것이 성탄절에 기념하는 기쁨이다. 하지만 먼저 갈망을 경험하지 않는다면 기쁨을 체험하기 어렵다.

이것이 교회가 쇼핑의 시기가 아니라 갈망의 시기를 통해 우리를 인도하는 이유다. 대림 시기는 '작은 사순 시기'라고도 한다. 그 이유는 예비 단식과 극기의 시기이기 때문이다. 그 기간이 '본 사순 시기'만큼 길지는 않다. 사실 21일 정도로, 좀 가벼운 일상적 희생의 시기라 할 수 있다. 사도들은 주님께 대한 예배를 준비하기 하기 위해 단식했다.(사도 13,2) 우리도 그렇게 해야 한다. 그 비어 있는 느낌이 우리의 영적 필요성을 분별해내는 표지로 작용할 것이다.

적어도 일 년에 한 번은 그리스도가 오시기 전 세상이 겪었을 고통과 빈곤을 떠올리는 것이 도움이 된다. 우리는 몇 세기 동안 그리스도교적 전제, 곧 옳고 그름이나 인간적 품위와 정의와 존엄성에 대한 그리스도교적 개념에 의해 형성된 세상에 살고 있다. 그런데 세상이 그리스도를 잊고 있기 때문에 그분의 임하심이 주는 모든 자연적 이점도 사라지고 있다.

우리는 그리스도교 시대 이후 여러 국가에서 인간의 존엄성에 대한 개념이 희미해지면서 생명에 대한 권리를 시작으로 인간의 권리가 사라지는 것을 보았다. 또한 소수민족들이 새롭게, 그리고 맹렬하게 등장하면서 그들의 가장 가까운 친족들을 거슬러 잔인한 분리주의 전쟁을 벌이는 것도 보았다. 세상은 그리스도가 시작하신 다국적 가정, 곧 이스라엘 백성과 이방인이 평화로이 함께 살 수 있는 왕국의 의미를 빠르게 잃어가고 있다.

만일 그리스도와 함께 도래한 그 좋은 것을 확고히 고수하기를 바란다면 그리스도가 가져오신 중대한 변화, 곧 성탄절이 가져온 중대한 변화를 기억해야 한다. 대림 시기는 우리를 문화적 안주에서 불러낸다. 그래서 교회는 예언자들의 소리를 그대로 반복한다. "불행하여라, 시온에서 걱정 없이 사는 자들." (아모 6,1) 이는 하느님의 특별한 선물을 거저 받고도 아무것도 하지 않는 사람은 불행할 것이라는 말이다.

그리스도를 망각한 문화에 대해 투덜거리고 싶은 마음이 생길 때 우리는 예언자들이 지녔던 갈망을 느끼기 시작할 것이다. 그리스도는 이미 오셨지만 우리는 새롭게 그분을 기다리고 있다. 그분은 이미 우리를 구하셨지만, 우리는 여전히 '그분이 모든 눈물을 닦아주시고… 다시는 죽음도 없고 슬픔도 울부짖음도 괴로움도 없을'(묵시 21,4) 날을 기다린다. 그리스도는 오셨다. 그리고 성찬식을 통해 계속해서 우리에게 오신다. 그러나 그분은 다시 오실 것이다, 역사의 종말에! 그날에 대해서는 하늘에 있는 영혼들조차 옛 예언자들이 그랬듯이 '언제까지' 기다려야 하느냐고 외친다.(묵시 6,10 참조)

대림 시기는 여전히 구원에 '이미'와 '아직'이라는 두 가지 국면이 있음을 상기시킨다. 대림 시기에 우리는 갈망과 기대에 찬 옛 노래를 교창Antiphon한다. 우리는 구세주가 때가 찼을 때, 곧 신학자들이 말하듯이 그분의 '구원이 충만할 때' 오시기를 기다리기 때문이다. 종말의 때에 그분이 오시어 받으실 영광은 지금 성찬례에서 받으시는 영광과 다를 것이 없겠지만, 그때 우리는 그분을 있는 그대로 뵙게 될 것이다. 그분께는 아무런 변화가 없겠지만 우리에게는 변화가 있을 것이다.

'우리는 그분이 나타나시면… 그분을 있는 그대로 뵙게 될 것임을 압니다.'(1요한 3,2) 그리하여 우리는 그날을 희망하고 대림 시기 내내 단식한다. 요한의 서간 바로 다음 절(3,3)에서 읽을 수 있듯이 '그분께 이러한 희망을 두는 모든 사람은 그리스도가 순결하신 것처럼 자신도 순결하게 하기' 때문이다.

이렇게 볼 때 거룩한 대림 시기야말로 즐거운 성탄절을 맞는데 필요한 유일한 열쇠다. 그리스도교 신자들은 어떤 사회 비평가가 말한 '갈망 없는 영혼들', 곧 갈망이 없는 부유한 사회의 일부가 되어서는 안 된다. 우리는 늘 갈망할 줄 알아야 한다. 적어도 해마다 대림 시기에 갈망하는 것처럼 습관적으로 갈망할 줄 알아야 한다.

대림 시기는 깨어 있음과 경계와 기다림의 시기다. 우리는 그리스도가 오시기를 간절히 기다린다. 그래서 기도와 윤리적 삶, 다른 사람을 대하는 법, 하느님께 대한 사랑을 표현하는 법 등에 세밀한 주의를 기울인다. 12월 25일을 맞기도 전에 '크리스마스 피로증'에 시달려서는 안 된다. 필요하다면 엉뚱하게도 추수감사절 다음 날부터 무한히 반복되는 크리스마스 캐럴을 듣지 않기 위해 라디오를 멀리한다든가, 대림 시기에 앞서 성탄절에 대해 방영하는 텔레비전 프로그램을 시청하지 말아야 한다. 또한 우상숭배하듯 상업주의에 이끌리지 않고도 성탄 선물을 준비할 수 있음을 다른 사람들에게 보여주어야 한다.

교회는 때 이른 예수님의 탄생을 피할 수 있는 곳이다. 가톨릭교회는 대림 시기 동안 다르게 산다.(아니 다르게 살아야 한다.) 미사 때 대영광송을 바치지 않는데 그 노래는 베들레헴에서 예수님이 탄생하셨을 때 천사들이 부른 노래이기 때문이다.(루카 2,14) 성가대와 연주자들은 대림 시기 전례 중에 성탄 음악을 사용하지 않아야 한다.

대림 시기가 있는 것은 희망 때문이다. 분명 예수 그리스도는 기다릴 만한 가치가 있다. 물론 시메온과 한나가 최초의 성탄 팔일축제 중에 받았던 것보다(루카 2,25-38) 더 좋은 크리스마스 선물을 기대할 수는 없다. 그들은 4주가 아니라 평생 동안 기다렸기 때문이다. 또한 동방박사들도 생각해 보라. 그들은 오로지 희망을 하늘에 걸고 징표를 찾아나섰다.

우리는 '이미' 그분을 알고 있지만 '아직은 [때가] 아니다'. 그러므로 우리는 당연히 삶을 지속하면서 그 표징을 찾아내어 강생의 신비를 누려야 한다.

마음에 새기기

대림절은 4주 동안 거행됩니다. 주님의 오심이 사중四重으로 이루어짐을 의미하기 위해서입니다. 그분은 사람이 되시어 우리에게 오셨고, 자비로우심으로 오셨고, 죽음을 통해 오셨고, 마지막 심판 날에 다시 오실 것입니다. 마지막 주간은 끝내 마무리 되지 않습니다. 뽑힌 이들의 영광은 주님이 다시 오시는 마지막 때에 주어질 것이기에 끝나지 않을 것임을 의미하기 위해서입니다.

그런데 주님의 오심이 사중으로 이루어지는데도 교회는 이 가운데에서 사람이 되어 오신 것과 마지막 심판 날에 오시는 것에 특히 관심을 쏟습니다. 따라서 대림 시기의 단식은 기쁨의 단식인 동시에 참회의 단식입니다. 기쁨의 단식인 이유는 사람이 되어 오신 주님의 도래를 떠올리기 때문이고, 참회의 단식인 이유는 마지막 심판 날에 오심을 예상하기 때문입니다.

사람이 되어 오심에 대해서는 세 가지 사실을 고찰해야 합니다. 곧 오심의 적시성과 필요성과 유용성입니다. 적시성은 첫째로 하느님을 본성적으로 완전하게 알 수 없는 인간이 최악의 우상숭배에 빠져 "내 눈을 밝혀주십시오."라고 울며 외치지 않을 수 없었던 사실에서 비롯합니다. 둘째로 주님은 사도 바오로가 갈라티아 신자들에게 보낸 서간에서 말하듯 '때가 차서' 오셨습니다. 셋째로 주님은 성 아우구스티노의 말대로 온 세상이 병들어 있을 때 오셨습니다. 그는 말하기를 "위대하신 의사가 온 세상이 병자 신세가 되어버린 순간에 오셨다."라고 합니다. 이것이 교회가 예수님 탄생축일 전에 부르는 일곱 개의 후렴에서 다양한 질병과 시의적절한 하느님의 치유책을 상기시키는 이유입니다.

하느님이 사람이 되어 오시기 전에는 우리가 악습에 물들었고 어둠 속에 빠져 있으며 진짜 고국에서 추방당한 악마의 종으로서 영원한 벌을 받

게 되어 있었다는 사실을 몰랐습니다. 따라서 고대에는 예수님이 우리의 스승·구원자·해방자·인도자·계몽자·구세주가 되심을 선언하듯 노래했습니다.

그리스도의 오심에 대해서는 권위 있는 사람들의 정의가 저마다 다릅니다. 루카복음서에 따르면 주님이 친히 당신이 오신 일곱 가지 이유를 말씀해 주십니다. 곧 가난한 이를 위로하시고, 병든 이를 낫게 하시고, 묶인 이를 해방시키시며, 무지한 이를 깨우쳐 주시고, 죄인을 용서하시고, 인류를 구원하시며, 모든 사람을 각자의 공로대로 갚아주실 것이라고 하십니다.

성 베르나르도는 말합니다. "우리는 삼중으로 병에 걸려 고통을 받고 있습니다. 쉽게 다른 길로 가고, 행동에 있어 나약하며, 저항하는 힘이 미미합니다. 따라서 주님의 오심이 필요합니다. 첫째는 우리의 먼눈을 밝혀주시기 위함이고, 둘째는 우리의 나약함을 도와 구원해 주시기 위함이며, 셋째는 우리의 연약함을 보호해 주시기 위함입니다."

– 야고보 드보라진, 13세기

9일기도

9일기도Novenas는 현대의 가장 대중적인 신심 형태에 속한다. 9일기도는 그 역사가 오래되었을 뿐 아니라 성경에 깊이 뿌리 내리고 있다. 하지만 현재의 9일기도 형태와 대중적 추세는 교회의 관점에서 볼 때 겨우 1600년대로 거슬러 올라가는 비교적 근래의 것이다.

9일기도는 아홉 단계를 필요로 하는 기도다. 그래서 어떤 특정 기간에 암송할 아홉 개의 기도가 필요할 수도 있고, 아니면 똑같은 기도를 아홉 번(예를 들어 9일 동안 날마다 또는 9주 동안 매주) 반복할 수도 있다.

이 말은 아홉을 뜻하는 라틴어 novem에서 유래한다. 독실한 신자들은 그 기도의 실천적 기원을 예수님의 승천일로 거슬러 올라간다. 그때 예수님이 9일기도를 창시하셨다는 것이다.

'예수님은 제자들에게 예루살렘을 떠나지 말고 아버지가 약속하신 분을 기다리라고 명하셨다. …그러자 그들은 예루살렘 성으로 들어가 그들이 묵고 있던 위층 방으로 올라갔다. …그들은 모두 일치하여 여러 여자와 예수님의 어머니와 함께 한마음으로 기도에 전념하였다.'(사도 1,4–14)

제자들은 9일 동안 기도했고 10일째 되는 날, 곧 성령강림일에 성령을 받았다.

그 밖에도 초대교회에는 상을 당한 가족이나 친구들이 세상을 떠난 사랑하는 사람의 안식을 위해 9일기도를 봉헌하거나 자선과 함께 미사를 봉헌하는 관습이 있었다.

9라는 숫자에는 어떤 의미가 있는가? 어떤 주석가는 충만과 완전을 의미하는 완전한 숫자 10에서 하나가 모자라는 숫자라는 점을 들어 인간의 부족함과 불완전함을 상징한다고 한다. 우리는 흔히 특별한 지향으로 9일기도를 바치기에 이러한 해석은 현실과 일치한다.

9일기도에는 여러 가지가 있어서 마음에 드는 9일기도를 자유롭게 바칠 수 있다. 하지만 교회는 개인기도를 전례력에 맞추어 하라고 권고한다. 앞서 강조한 대로 전례력 자체가 하나의 교리문답서이고 신자들은 그 논리 전개를 존중해야 하기 때문이다.

따라서 교황들에게 가장 인기 있는 9일기도는 주요 축일을 중심으로 형성되었다. 교황 레오 13세는 성령에 대한 회칙 「하느님의 직무*Divinum Illud Munus*」에서 모든 가톨릭 성당은 주님승천 대축일과 성령강림 대축일 사이에 사도들과 복되신 동정 성모 마리아를 본받아 성령께 바치는 연중 9일기도를 바쳐야 한다고 했다.

최근의 교황들은 특별히 성탄 9일기도, 예수님 탄생일까지의 9일기도나 묵상을 즐겨 행했다. 그 9일의 하루하루는 예수님이 어머니의 태중에 계시던 달을 의미한다. 교황 베네딕토 16세는 모든 가톨릭 신자가 이러한 신심을 생활화하기를 바라면서 다음과 같이 말했다. "성탄 9일기도를 통해… 우리가 점차로 그 거룩한 밤을 향해 다가갈 때 전례는 정신적으로 점점 더 강해지면서 우리에게 '마라나 타Maranatha!' 곧 '저희의 주님, 오십시오!'를 반복하게 합니다. 이 기원은 세상 곳곳의 신자들 마음에서 일어나 쉬지 않고 모든 교회 공동체 안에서 울려퍼집니다."

오늘날 우리가 9일 동안 날마다 한 번씩 '저희의 주님, 오십시오!'를 반복하는 이 중세의 의식을 계속하지 못할 이유는 없다.(1코린 16,22; 묵시 22,20 참조)

교황을 비롯하여 최근 성인들도 원죄없이 잉태되신 동정 마리아 축일 9일기도를 즐겨 바쳤다. 이 기도는 특히 신자들이 중요한 성모님 축일을 잘 준비하도록 도와준다.

9일기도는 전례 축일에 맞추어져 있지만 꼭 그렇게 할 필요는 없다. 우리는 흔히 삶의 과정에서 필요한 것이 생길 때 9일기도를 바친다. 복자 교황 요한 23세는 제2차 바티칸공의회 전날 저녁에 전 세계 모든 본당에서 성령께 바치는 9일기도를 엄숙히 바칠 것을 요청했다. 이런 경우처럼 성령의 도우심에 대한 특별한 요구는 때때로 교회력과 일치하지 않을 수도 있다!

복녀 콜카타의 마더 데레사는 자매 수녀들에게 절실히 필요한 순간에는 '급행 9일기도', 곧 소중한 성모찬가인 '생각하소서Memorare'를 아홉 번 반복하라고 가르쳤다.

생각하소서, 지극히 인자하신 동정 마리아여. 어머니 슬하에 달려들어 도움을 애원하고 전구를 청하고도 버림받았다 함을 일찍이 듣지 못했나이다. 우리도 굳게 신뢰하는 마음으로 어머니 슬하에 달려들어 동정녀 중의 동정녀이시며 우리 어머니이신 당신 앞에 죄인으로 눈물을 흘리오니, 강생하신 말씀의 어머니시여, 우리 기도를 못 들은 체 마옵시고 인자로이 들어주소서. 아멘.

마더 데레사는 이 급행 9일기도(그 기도가 하늘에 폭풍을 일으킨다고 해서 일반적으로 '폭풍 9일기도'라고도 한다)가 끝난 다음 많은 도움을 받았다고 했다.

9일기도를 할 때는 그리스도교의 기도 원리를 기억하는 것이 좋다. 우리는 필요할 때 하느님께 나아가 정신과 마음을 그분께 들어올리고 좋은 것을 청한다. 우리는 기도를 기계적 또는 마술적 행위로 취급하지 않도록 조심해야 한다.

기도는 하느님의 마음을 바꾸기 위한 것이 아니다. 하느님은 바뀌지 않으신다. 오히려 기도는 하느님이 우리 마음을 바꾸시는, 가장 좋아하시는 방법이다. 이 말은 기도의 효과를 부인하는 것이 아니다. 앞에서 이야기한 대로 하느님은 때때로 우리가 원하는 것을 주심으로써 당신께 대한 신뢰심을 키워주시고 우리가 필요한 것을 당신께 청하는 데 익숙해지게 하신다.

어떤 집단에서는 대중 신심을 비웃는 게 유행이지만 내가 가장 바람직하지 않게 여기는 것이 바로 그런 행위다. 내가 여러 해에 걸쳐 터득한 바로는 단순한 믿음이 대학원 수준의 신학 과정보다 훨씬 깊이가 있다. 그럼에도 일침을 가하지 않을 수 없을 정도로 많은 9일기도가 이메일을 통해 전달되기도 하고 그 복사본이 성당 뒤편에 나뒹굴기도 한다.

9일기도는 '반드시 이루어지는 9일기도'라는 소문을 퍼뜨리는 사람을 보면 심기가 불편하다. 물론 그 말에는 모든 9일기도는 확실히 이루어진다는 의미가 들어 있다. 하느님은 모든 기도를 들으시고, 모든 기도에 응답하시며, 또한 우리 마음에 가장 도움이 되는 기도에 응답하신다. 그렇지만 '반드시 이루어진다'라는 말은 어떤 면에서는 하느님이 조정당하거나 관리되실 수 있음을 암시한다. 9일기도를 자신이 원하는 방식대로 원하는 것을 얻을 수 있는 보증서라고 믿는 사람에게는 신앙의 위기가 찾아올 수 있다.

이미 2세기에 북아프리카의 저자 테르툴리아노는 기도를 이교도의 접근방식과 거의 다를 바 없는 미신으로 바꾸어 놓은 그리스도인에 대해 염려했다. 그런 사람은 하느님 뜻에 자신을 일치시키는 대신 기도를 하느님의 속성을 조정하는 방법으로 여겼다. 우리는 절대로 그런 식의 기도를 하지 않도록 조심하고, 신앙 교육이 미흡한 사람을 잘못 인도할 수 있는 기도를 장려하지 않아야 한다. '반드시 이루어진다'라는 말은 땅콩버터 퍼지(사탕의 일종) 조리법에서는 잘 지켜지겠지만 9일기도에서는 아니다.

마음에 새기기

사도행전은 우리에게 예수님 승천 이후를 상기시킵니다. 그때 사도들은 예수님의 명령에 따라 위층 방으로 돌아가 그곳에 머물며 예수님의 어머니와 초대교회 공동체의 첫 주역인 형제자매들과 함께 기도했습니다.(사도 1,12-14 참조)

해마다 예수님 승천 후 교회는 성령께 바치는 이 최초의 9일기도를 되새깁니다. 예수님의 어머니와 함께 위층 방에 모인 사도들은 부활하신 그리스도가 그들에게 "성령께서 너희에게 내리시면 너희는 힘을 받아, …나의 증인이 될 것이다."(사도 1,8)라고 하신 약속이 실현되도록 기도했습니다. 사도들이 성령께 바친 이 최초의 9일기도는 교회가 해마다 행하는 9일기도의 모델입니다.

교회는 '오소서, 성령님!'을 기도합니다.

오소서 성령님, 당신 백성의 영혼을 찾아주시어 당신이 창조하신 그 마음들을 은총으로 충만케 하소서.

나는 여러분과 세상 모든 교회가 함께 바치는 이 기도를 반복할 때 감동을 받습니다. …우리는 굳게 믿습니다, 성령이 이 세상의 모습을 새롭게 만들어 주실 것을!

– 교황 요한 바오로 2세, 20세기

3 하루의 삶

몸가짐 · 아침기도 · 화살기도

삼종기도 · 식사기도 · 양심성찰

몸가짐

내 친구 몬시뇰 조지 켈리Msgr. George Kelly는 자기 어머니를 자랑하곤 했다. 그의 어머니는 연세가 드셨을 때 다리에 질환이 생겨 수술을 받아야 했다. 의사가 자신이 선택할 수 있는 방법에 대해 간략히 이야기하며, 그로 인해 남게 될 고통과 움직임의 제약에 대해 설명하자 그녀는 눈에 띄게 조바심을 냈다. 그녀는 기회만 있으면 수술 결정을 내리는 데 있어 그녀가 바라는 유일한 현실적 기준을 의사에게 분명하게 제시했다. 곧 감실 앞을 지날 때 오른쪽 무릎을 잠깐 구부려 인사할 수 있을 정도로는 고쳐져야 한다는 것이었다.

켈리 부인은 시편 작가가 말했듯이 몸가짐이 중요함을 알고 있었다. "주님, 당신께서는 저를 살펴보시어 아십니다. 제가 앉거나 서거나 당신께서는 아시고 제 생각을 멀리서도 알아채십니다."(시편 139,1–2)

우리는 육체와 영혼으로 이루어져 있으며 로마노 과르디니의 표현처럼 '육체의 모든 부분은 영혼을 표현하는 도구이고, 영혼은 사람이 집에 거주하듯이 육체에 거처하지 아니하며 각 지체, 각 조직 속에서 살고 활동하면서 육체의 모든 태도와 외형과 움직임을 통해 자신을 드러낸다'.

따라서 영혼의 모습은 개인기도든 전례기도든 기도를 통해 드러나며, 우리의 말뿐 아니라 몸짓과 행동하는 방식을 통해서도 드러난다. 만일 우리가 백악관이나 버킹엄 궁전 만찬에 초대된다면 구부정한 자세로 서 있거나 손을 주머니에 넣고 서 있지는 않을 것이다. 우리 몸은 대통령 집무실이나 여왕의 관저에 대해 느끼는 바를 소통할 것이고 그에 합당한 존경을 드러낼 것이다.

성경은 서는 것, 무릎을 꿇는 것, 절하는 것, 엎드리는 것 등 여러 기도 자세에 대해 이야기한다. 교회는 이 모든 자세를 적절하게 활용한다.

엎드릴 때에는 바닥으로 얼굴을 향하고 몸과 팔을 완전히 펼친다. 엎드리는 자세는 주교나 사제 서품식, 성금요일 전례 때와 같이 가장 엄숙한 순간에 취한다. 첫 번째 경우는 수품자가 부르심 받은 그 직무에 부족함을 상징적으로 나타낸다. 두 번째 경우는 교황 베네딕토 16세가 추기경 시절에 시적으로 표현했듯이 '우리는 우리 죄로 인해 그리스도의 죽음에 책임이 있다는 사실에 교회가 받은 충격'을 드러낸다.

나는 동방 가톨릭교회에서 제대 봉사자들이 성찬의 기도 Anaphora를 바치는 동안 제대 앞에 엎드리는 것을 보았다. 그것은 참으로 성체 안에 현존하시는 예수님께 대한 깊은 경외심을 드러내는 상징적 행위였다.

개인기도를 할 때도 엎드릴 수 있다. 이 책 머리말에서 이야기한 그날 밤 내가 철 십자가 앞에서 했듯이 말이다. 그 자세는 내가 느끼던 무력함의 표현이었고, 예수님을 본받기 위한 노력이었다. 예수님은 당신 마음이 황폐함과 공허함에 휩싸이셨을 때 "얼굴을 땅에 대고"(마태 26,39) 기도하셨다.

무릎을 꿇는 것은 기도생활을 신체 언어에 반영하는 또 하나의 복음 실천이다. 신약성경에서 무릎을 꿇는 것은 어머니들, 지도자들, 나병환자들, 그리고 예수님의 기도 자세였다.(마태 8,2; 9,18; 15,25; 루카 22,41 참조) 성 바오로는 기꺼이 다음과 같이 말한다. "나는 아버지 앞에 무릎을 꿇습니다."(에페 3,14)

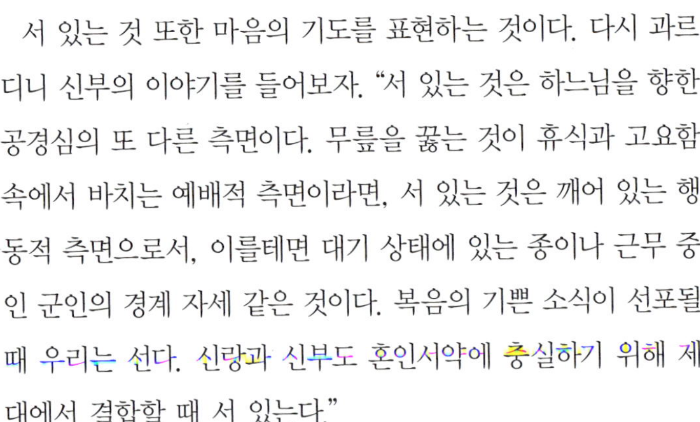

서 있는 것 또한 마음의 기도를 표현하는 것이다. 다시 과르디니 신부의 이야기를 들어보자. "서 있는 것은 하느님을 향한 공경심의 또 다른 측면이다. 무릎을 꿇는 것이 휴식과 고요함 속에서 바치는 예배적 측면이라면, 서 있는 것은 깨어 있는 행동적 측면으로서, 이를테면 대기 상태에 있는 종이나 근무 중인 군인의 경계 자세 같은 것이다. 복음의 기쁜 소식이 선포될 때 우리는 선다. 신랑과 신부도 혼인서약에 충실하기 위해 제대에서 결합할 때 서 있는다."

그렇지만 우리는 전례 시간 대부분을 무릎을 꿇거나 서 있거나 엎드리지 않은 채 보낸다. 예를 들어 독서가 봉독될 때 우리는 앉아 있다. 이 자세는 결코 이도저도 아닌 자세가 아니다. 앉아 있는 자세는 수용적 태도를 취하게 하여 하느님 말씀을 귀 기울여 듣고 받아들이게 한다.

기도할 때는 전통적인 모든 자세가 모든 몸가짐과 마찬가지로 풍부한 의미를 지닌다. 서로 손을 잡거나 두 손을 포개는 모습을 생각해 보라. 이런 몸가짐은 시대에 따라 변했고 장소에 따라 달라졌다. 그러나 각 변화에는 중요한 사실이 뒤따른다. 예를 들어 기사騎士가 두 손을 한데 모으는 자세는 스스로를 무력화시키는 것이어서 무기를 향해 손을 뻗을 수 없다. 그는 임금이나 재판관에게 가까이 갔을 때 그런 자세로 서 있었는데, 그것은 경의와 신뢰를 동시에 드러내는 표시였다.

우리도 하느님 앞에서 무력한 존재다. 어떤 무기로도 그분을 해할 수 없고 어떤 방어로도 그분을 막을 수 없기 때문이다. 그분은 지상의 어떤 임금보다 위대하시기에 우리는 그분께 경의를 표하며 따른다. 그분 홀로 전지전능하신 분이기 때문이다.

손바닥을 포개어 합장한 손은 하늘을 향한 뾰족한 불꽃과 비슷하다. 이에 적합한 이미지를 성 바오로의 권고에서 볼 수 있다. "여러분의 몸을 하느님 마음에 드는 거룩한 산 제물로 바치십시오. 이것이 바로 여러분이 드려야 하는 합당한 예배입니다."(로마 12,1)

장교들은 중대한 결과가 몸가짐에 의해 좌우된다는 사실을 잘 안다. 군인은 몸가짐을 취하는 방식에 따라 행동을 제대로 하거나 하지 못한다. 군인이 '차렷'할 때나 '쉬어'할 때 서 있는 방식에 엄격한 규칙이 있는 것은 이 때문이다. 나쁜 자세는 척추에 좋지 않을 뿐 아니라 자신감을 잃게 하여 결국 군대에 도덕적 해이를 가져온다. 나쁜 자세는 자신뿐 아니라 함께 있는 다른 사람(또는 하느님)에게도 무례를 범하게 한다.

반면에 몸가짐을 똑바로 하면 '가슴과 손과 목소리를' 한데 합쳐 기도할 수 있다. 물론 미사에서처럼 교회 공동체와 함께 기도할 때는 언제나 교회 공동체가 이끄는 대로 움직여야 한다. 곧 앉거나 서거나 절을 하거나 무릎을 꿇거나 가슴을 치거나 성호를 긋는 모든 것을 적절한 때에 해야 한다.

그리스도교 신자는 '기계 속 유령' 같은 존재가 아니다. 우리는 육신으로 구현된 영적 존재인 동시에 혼이 담긴 육적 존재다. 교황 요한 바오로 2세는 육신이 '인격적 인간 자체'를 표현한다는 전제에 근거하여 완전한 '몸의 신학'을 세웠다. 그것은 말할 필요도 없이 우리가 예배를 드리는 방식에 중대한 영향을 미친다. 기도는 마음의 문제만이 아니다. 마음먹기에 달린 것도 아니다. 기도는 하느님이 우리에게 주신 모든 것에 대해 모든 것으로 응답하는 것이다.

마음에 새기기

성찬의 전례에서 서고 앉고 무릎을 꿇는 자세는 마음가짐을 표현한다. 그리하여 공동체는 기누 중에 공동체 전체의 감정과 의향을 모두 모아 전한다.

서 있는 자세는 우리를 죄의 종살이에서 해방시키고 부활하신 그리스도가 우리에게 주신 자녀로서의 자유를 나타낸다. 앉아 있는 자세는 예수님 발치에서 그분 말씀에 귀 기울이던 마리아의 열린 마음의 수용적 태도를 나타낸다. 마지막으로 무릎을 꿇거나 낮게 고개 숙여 절하는 자세는 전능하신 주님 앞에서 우리의 미천함을 인정하는 것이다.(필리 2,10 참조)

사제와 신자들이 성체 앞에서 무릎을 꿇는 것은 예수 그리스도가 제대 위 성체 안에 실제로 현존하심에 대한 믿음을 표현하는 것이다.

우리는 천상 지성소에서 거행되는 전례를 서룩한 표징을 통해 이 지상에서 묵상함으로써 "어좌에 앉아 계신 분 앞에 엎드려, 영원무궁토록 살아 계신 그분께 경배"(묵시 4,10)하시는 천상 주인을 본받는다.

우리가 성찬 예식에서 '우리와 함께 우리를 위해' 계신 하느님을 흠숭한다면, 이런 영적 태도는 온종일 우리가 생각하고 행동하는 모든 것으로 이어져야 한다.

이 세상을 살아가면서 끊임없이 받게 되는 교활한 유혹은 하느님 앞에서만이 아니라 다른 우상들 앞에서도 무릎을 꿇으라는 것이다. 따라서 예수님이 광야에서 악마의 유혹을 거부하실 때 "주 너의 하느님께 경배하고 그분만을 섬겨라."(마태 4,10) 하신 그 말씀을 우리 자신의 생각과 말과 행위의 본보기로 삼아야 한다.

우리는 성체 앞에 무릎을 꿇고 당신과 함께 파스카 축제를 거행하도록 허락하시는 '어린양'을 흠숭할 때 사람이 만든 우상 앞에 고개 숙이지 않는 법을 배우게 되고 우리가 교회와 세상의 유일한 주님으로 인정하는 그분을 충성과 순명과 공경의 정신으로 따를 수 있다.

-교황청 경신성사성, 21세기

아침기도

인류는 창조의 순간에 사제직 소명을 받았다. 우리는 창세기에서 하느님이 에덴에 청정동산을 만드시고 아담이 그곳에 머물며 "일구고 돌보게 하셨다"(창세 2,15)는 사실을 접한다. '일구고 돌보다(히브리어로 *abodah*와 *shamar*)'라는 이 동사들은 인간의 최초 소명을 의미한다. 그런데 구약성경의 나머지 부분에서는 이 말들이 희생제물을 봉헌하고 이스라엘 백성의 지성소가 더럽혀지지 않도록 지키는 일을 했던 레위 지파의 사제직 임무를 묘사하는 대목에만 등장한다.(민수 3,7-8; 8,26; 18,5-6 참조)

히브리어로 된 그 책을 읽는 사람들에게 분명히 드러나는 저자의 의도는 세상은 하나의 성전이 되도록 창조되었으며 아담이 그 성전의 사제가 되도록 창조되었다는 것이다. 그러므로 아담의 직무가 세세대대로 전해져야 했는데 아담이 원죄를 범하는 바람에 상속권을 잃고 만 것이다.

창조의 이른 아침에 하느님은 인간 본성에 사제직을 부여하셨다. 우리는 사제직을 타고났기에 이를 이행하지 않는다면 성취감을 느끼지 못할 것이다. 그래서 우리의 최고 관심사는 성경이 말하는 사제직이 무엇인지 아는 것이다.

고대 사회에서 희생제물의 봉헌은 종교의 본질적 요소였고, 사제는 희생제물을 봉헌할 권리와 의무를 지닌 사람으로서 하느님과 사람의 중개자 역할을 했다. 성조 시대에는 종교가 가정의 문제였고 사제직은 아버지에서 맏아들로 이어졌다. 하느님은 이스라엘 민족을 이집트에서 이끌어 내시어 그들이 '사제들의 나라와 거룩한 민족'(탈출 19,6)이 될 것이라고 말씀하셨다. 그렇지만 이스라엘 민족은 금송아지를 숭배하는 잘못을 범함으로써 아담과 마찬가지로 그 직무를 잃었다. 나중에 사제직은 우상숭배를 거부한 레위 지파에게 맡겨졌다.

예수님 시대에 레위 지파 사람들은 예루살렘 성전에서 희생제물을 봉헌했다. 그들은 스물네 시간 내내 교대로 근무하며 도살된 동물·곡식·포도주·향 등의 제물을 봉헌했다. 하지만 가장 중요한 일은 그날의 첫 봉헌이었다. 사제들은 동이 트면 아침 제물봉헌을 시작했다. 하느님께 일 년 된 어린양을 통째로 번제물로 봉헌했는데, 그들은 그동안 계속해서 향을 새로운 것으로 바꿔가며 봉헌했다. 오직 완전하고 흠없는 어린양을 봉헌해야 했기에 사제들은 그 봉헌물을 한 번이 아니라 두 번씩 철저히 검사했다. 양의 피는 값비싼 금속으로 만들어진 그릇에 받아 오직 그 목적으로만 보존되었다. 그러고 나면 은나팔 소리에 맞춰 성전 문이 열렸다.

예루살렘 사제들은 이 모든 아침 의식을 통해 아담이 실패하고 이스라엘 백성이 광야에서 실패한 것과 달리 믿음에 충실하기 위한 상징적 노력을 기울였다. 그들은 하느님께 온전한 생명, 곧 한 점 흠없이 깨끗이 보존된 생명을 봉헌함으로써 하느님께 그날을 봉헌했다.

신약성경은 예수님을 새 아담(1코린 15,45), 새 대사제(히브 2–9장 참조), 흠없는 어린양(요한 19,36; 1코린 5,7)으로 묘사한다. 성 바오로는 예수님을 희생의 사제일 뿐 아니라 희생제물이라고 말했다.(에페 5,2 참조)

하지만 예수님은 당신의 사제직을 혼자 행하지 않으신다. 그분은 사제직을 가톨릭교회를 통해 인류에 되돌려 주셨다. 그분은 '우리가 한 나라를 이루어 당신의 아버지 하느님을 섬기는 사제가 되게 하셨다'(묵시 1,6; 5,10 참조). 그분은 우리를 '선택된 겨레, 임금의 사제단'(1베드 2,9)으로 만드셨다.

우리는 예수님이 하신 것처럼 우리 삶을 봉헌함으로써 아담은 실패했지만 성전 사제들이 상징적으로 예시한 역할을 계승하여 성취할 소명을 받았다. 우리는 그리스도의 사제직에 참여한다. 그분의 생명, 곧 그분의 신성뿐 아니라(2베드 1,4) 완전히 회복된 그분의 인성에도 참여하고 있기 때문이다. 우리는 그분 안에서 거룩하면서도 세속적인 최초의 사제직 소명을 성취할 수 있다. 우리는 현세의 질서를 '그리스도 안에서' 회복시킴으로써 거룩하게 하여 하느님께 봉헌할 수 있다. 우리가 그리스도 안에서 살기 때문이다.

우리는 우리가 다스려야 할 삶의 터전을 한 치가 됐든 한 자가 됐든 아주 조금씩 회복시킬 수 있다. 우리의 작업 공간, 삶의 공간이 우리의 왕직과 사제직을 수행하는 곳이다. 우리 제대는 우리의 책상 위, 사무실 책상, 고된 일터이며, 또한 우리가 파는 도랑, 갈아주는 기저귀, 휘젓는 냄비, 배우자와 나누는 침대다. 사도 바오로는 이렇게 말했다. "모든 것이 다 여러분의 것입니다. 그리고 여러분은 그리스도의 것이고 그리스도는 하느님의 것입니다."(1코린 3,21.23)

가톨릭 신자들이 이러한 사제직 소명을 실행하는 길은 날마다 잠에서 깨자마자 '아침기도'를 바치는 것이다.

예수님 시대에는 열심한 유다인들이 아침마다 바치던 기도가 있었다. 유다인들은 그 기도를 오늘날에도 바친다. 예수님도 그 기도를 외우셨다. 그리고 당신 말씀을 듣는 사람 모두가 그 기도와 친근한 것을 당연하게 여기셨다.

> 이스라엘아, 들어라. 주 우리 하느님은 한 분이신 주님이시다. 그러므로 너는 마음을 다하고 목숨을 다하고 힘을 다하여 주 너의 하느님을 사랑해야 한다.(마르 12,29–30; 신명 6,4–5 참조)

성전 사제들은 아침에 제물을 봉헌할 때 이 기도를 바쳤다. 또한 모든 유다인도 세상 어느 곳에서나 이 기도를 바쳐야 했다. 이것이 예루살렘 성전의 제물 봉헌에 실질적으로 참여하는 것이고, 아담이 봉헌하지 않은 것, 곧 온 마음과 온 영혼, 온 정신과 온 힘을 확실히 봉헌하는 것이었다.

19세기 중엽 이후 교회는 신자들에게 날마다 거룩한 미사성제에 일치하여 같은 종류의 사제적 봉헌을 하도록 촉구했다. 아침기도는 가장 먼저 예수회 회원에 의해 적극적으로 추진되었다. 마침내 그 기도는 매달 발표되는 교황의 기도 지향을 신자들에게 장려하기 위해 세워진 '기도의 사도직Apostleship of Prayer'이라는 기관의 영성의 주춧돌이 되었다.

2005년 주교 시노드는 이 사도직을 '성체성사의 영성과 세상의 성화'라고 했다. 따라서 새 아담인 그리스도 안에서 사제적 백성이 새로워진 세상 만물을 하느님께 봉헌한다. 온 세상이 다시 모든 인간이 사제들의 민족이 되는 지성소로 바뀐 것이다. "모든 그리스도교적 삶의 의미는 그리스도와의 일치다. 그리스도는 인류의 생명을 위해 당신 자신을 성부께 봉헌하신다. 이것이 '성체성사적 삶의 형태'이고 '기도의 사도직'이 가르치는 날마다의 봉헌의 아름다움이다. '기도의 사도직'은 신자들이 성체성사적 삶의 형태를 취하여 마리아와 함께 자신들의 삶을 인류를 위해 당신 자신을 봉헌하신 그리스도의 성심에 결합시키도록 권고한다."

아침기도에 이용할 수 있는 기도는 많다. 자신만의 기도를 만들 수도 있다. '사도직'이 권장한 기도문은 지난 한 세기 반에 걸쳐 발전해왔다. 짧지만 신학적으로 내용이 풍부한 기도다.

오 예수님, 당신의 지극히 거룩하신 뜻을 따르기 위해 온 세상에서 봉헌되는 미사성제의 거룩한 희생제물과 하나 되어 원죄 없으신 마리아의 성심을 통해 오늘 하루 제 모든 기도와 일과 기쁨과 고통을 당신께 봉헌하나이다. 또한 제 잘못을 보속하고 제 모든 친척과 친구들의 뜻을 따르고 특히 거룩하신 성부의 뜻을 따르기 위해 오늘 저의 하루를 봉헌하나이다.

오늘날 예루살렘 성전에서 했듯이 어렵게 하루를 시작할 필요는 없다. 우리 사제직에는 특별한 그릇이나 나팔이 필요치 않다. 우리 어린양은 이미 희생제물이 되셨다. 때가 찬 지금, 우리는 만물을 그리스도 안에서 회복시키는 일을 간단한 기도로 시작하면 된다.(에페 1,10 참조)

마음에 새기기

최고의 영원한 사제이신 예수 그리스도는 평신도를 통해서도 당신의 증거와 봉사를 계속하시고자 성령을 통해 그들에게 생명을 주시고 좋고 완전한 모든 일을 하도록 끊임없이 그들을 이끌어주신다.

그리스도는 그들을 당신 생명과 사명에 밀접히 결합시키시며 당신 사제직의 일부로 맡기시어, 그들로 하여금 하느님의 영광과 인류의 구원을 위해 영신적 예배를 드리게 하셨다. 평신도는 그리스도께 봉헌되고 성령으로 도유되었기에 그들 안에서 언제나 성령의 풍부한 결실을 내도록 그들을 부르시고 교육하시는 것이다.

그들이 모든 일, 기도, 사도적 활동, 결혼 생활, 가정생활, 일상 노동, 심신의 휴식 등을 성령 안에서 행하며 생활의 번민을 인내로이 참아 받는다면, 이 모든 것은 예수 그리스도를 통하여 하느님 뜻에 맞는 영적 제물이 될 것이며 미사 때 주의 몸과 함께 정성되이 성부께 봉헌될 것이다. 이와 같이 평신도도 어디서나 거룩한 생활로 예배를 드림으로써 이 세상을 하느님께 봉헌한다.

–제2차 바티칸 공의회, 20세기

화살기도

그리스도교 초기에 사막 수도자들과 은수자들은 엄격한 단식을 하는 가운데 하느님 말씀으로 영혼을 살찌웠다. 어떤 곳에서는 날마다 시편 전체를 기도했다. 어떤 대목은 수도자 자신의 생각(두려움·기쁨·좌절·원의 등)을 표현하는 것 같았기에 그는 이런 대목을 기억해 두었다가 낮에 육체노동을 할 때 끄집어내어 기도하곤 했다.

평범한 세상살이를 하는 사람이라면 날마다 시편 전체를 기도할 시간이 없을 것이다. 또 사막 교부들처럼 단식하면서 주의를 집중하여 노동할 수도 없을 것이다. 하지만 그들이 성경을 암송하며 풍부한 기도를 바치던 방식에서 많은 것을 배울 수 있다. 사실 교황 요한 바오로 2세는 교회 전체에 그들의 기도 방법을 제안하면서 시편에서 간단한 구절을 기억해 두었다가, 예를 들어 유혹에 맞설 때 불화살처럼 날려보내라고 권고했다.

그것은 유익한 일이다. 우리 앞에는 그 옛날의 수도자들과 마찬가지로 예수님이 설정해 놓으신 "낙심하지 말고 끊임없이 기도해야 한다."(루카 18,1)라는 중대한 과제가 놓여 있기 때문이다. 성 바오로는 그 과제를 "끊임없이 기도하십시오."(1테살 5,16)라며 권고했다.

그 과제는 불합리하고 불가능한 요구 같지만 그렇지 않다. 예수님도 성 바오로도 우리가 쉬지 않고 말로 기도해야 한다고 말하지 않기 때문이다. 그분들이 의도한 것은 우리가 '아침 기도'에서 하듯이 우리 삶, 곧 모든 기도와 노동과 기쁨과 고통을 기도로 만들라는 것이었다. 따라서 삶의 봉헌을 하루 내내 주기적으로 새롭게 하는 것이 우리에게 도움이 된다.

우리는 하느님과 우리 관계가 젊은 연인들처럼 되기를 바란다. 젊은 연인들은 함께 있을 때만이 아니라 메시지를 보낼 때나 전화를 할 때도 서로에 대해 생각한다. 그들의 사랑은 지속적이어서 관심을 쏟아야 하는 다른 일과 중에도 자주 서로를 떠올린다.

내 체험에 따르면, 남편들은 집을 떠나 여덟 시간 직장 일을 하는 동안 아내 생각을 자주 한다. 그리고 감사할 일, 감탄한 일, 놀라운 일들에 대해 생각한다. 물론 때로는 당혹스러운 일에 대해서도 생각한다. 이 모든 것이 하느님과 우리 관계에 그대로 적용될 수 있다.

우리는 기도하는 사람으로서, 젊은 연인들한테 배워야 한다. 412년경 성 아우구스티노는 대가족의 어머니가 된 젊은 과부에게 쓴 편지에서 그 내용에 대해 잘 말해 주었다. 그녀는 기도할 시간을 가질 수 있을지 의문이었다. 아우구스티노는 그녀에게 기도하며 오랜 시간을 보낸다는 것은 말을 많이 하며 기도하는 것이 아니라고 설명했다. 말이 많은 것과 오래 지속되는 열망은 다른 것이다.

기도가 불이라면 화살기도는 우리가 그 불 속에 하루 종일 집어넣는 통나무와 같다. 성 아우구스티노는 사막 교부들의 기도 방식을 과부 프로바에게 맞게 적용했다. "이집트에서는 수사들이 자주 기도를 한다고 합니다. 그러나 그 기도는 매우 짧습니다. 말하자면 돌발적인 기도입니다. …왜냐하면 대부분의 경우 기도가 이야기보다는 탄식으로, 말보다는 눈물로 이루어지기 때문입니다. 하느님은 우리의 눈물을 보십니다. 또 우리의 탄식을 모르지 않으십니다. 하느님은 당신 말씀으로 만물을 창조하신 분이고 인간의 말을 필요로 하지 않으시는 분이기 때문입니다."

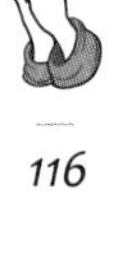

화살기도는 하루 중 비어 있는 순간, 예를 들어 신호등 앞에서 오래 머무를 때, 오랫동안 통화 대기 상태에 있을 때, 불면증으로 잠을 이루지 못할 때, 대기실에서 한동안 기다리게 될 때 같은 순간을 채울 수 있는 이상적인 기도다. 우리는 그런 순간을 좋은 기회로 삼거나 짜증나는 순간으로 여길 수 있다. 이를테면 그런 순간에 짜증을 증폭시킬 수도 있고 기도에 불을 붙일 수 있다. 선택은 우리의 몫이다. 그리고 선택해야만 한다. 자연은 진공상태를 싫어하기 때문이다. 만일 마음을 기도로 채우지 못한다면, 우리 마음은 분노와 근심, 유혹과 분노,

그리고 달갑지 않은 기억으로 가득 찰 것이다.

초기 그리스도인이 짧은 화살기도를 많이 했다는 증거는 신약성경 전반에 걸쳐 나타난다. 성 바오로가 기도한 히브리 민족의 "마라나 타!"(1코린 16,22)는 '저희의 주님, 오십시오!'라는 의미로 내가 가장 좋아하는 기도 중 하나다. 똑같은 구절이 1세기 교회의 교훈집 「디다케*Didache*」에도 나온다.

그다음 세대들에게는 신약성경 자체가 화살기도의 보고寶庫 역할을 했다.

> 주님, 주님께서는 모든 것을 아십니다. 제가 주님을 사랑하는 줄을 주님께서는 알고 계십니다.(요한 21,17)
> 제가 원하는 대로 하지 마시고 아버지께서 원하시는 대로 하십시오.(마태 26,39)
> 저는 믿습니다. 믿음이 없는 저를 도와주십시오.(마르 9,24)
> 다윗의 자손 예수님, 저에게 자비를 베풀어 주십시오.(마르 10,47)
> 하느님께는 모든 것이 가능하다.(마태 19,26)
> 그분은 커지셔야 하고 나는 작아져야 한다.(요한 3,30)

복음에 등장하는 인물들은 눈먼 거지든 단련받는 사도든 매우 간단한 말로 극한의 감정을 표현한다. 그리스도가 지나가고 계셨기 때문이다. 그들은 우리에게 핵심을 말하는 법을 가르쳐 주고, 나아가 화살통의 화살처럼 정곡을 찌르는 말을 제시해 주기도 한다. 그래서 시편이 있는 것이다. 시편은 사막 교부들이 알고 있었듯이 인간이 기도로 표현하고자 한 다양한 감정을 봉헌한다.

하느님, 어서 저를 구하소서. 주님, 어서 저를 도우소서.
(시편 70,1)
주님, 당신의 길을 제게 알려주소서.(시편 25,4)
하느님, 깨끗한 마음을 제게 만들어 주소서.(시편 51,12)
주님을 찬미하라. …마음이 부서진 이들을 고쳐주시는 분.
(시편 147,1.3)
제 영혼이 당신을 목말라합니다.(시편 63,2)

또한 전례도 흠숭과 찬미, 회개와 간청을 봉헌하는 데 사용할 수 있는 의미 깊은 구절을 제공한다. 성 프란치스코 살레시오는 여러 찬미가에서 마음에 드는 구절을 기도하라고 권했다. 찬미가들에는 우리의 마음과 입술에 담아둘 수 있는 멜로디가 주는 이점이 있다.

또한 성 프란치스코는 우리에게 공식적인 기도문의 말마디 하나하나에 얽매이지 말라고 경고했다. 우리는 자유롭게 기도할 수 있고 또 그렇게 해야 한다. 또한 처음부터 우리 자신의 열망이 담긴 기도를 할 수도 있다. “여러분에게 모든 풍요로움을 제공할 여러분의 내적 사랑에서 솟아나오는 것은 무엇이든 마음으로나 입으로 말하라!"

우리는 성인들이 그랬듯이 자연에서 힌트를 얻을 수 있다. 실로 세상이 하느님의 선성을 선포하기 때문이다. 우리는 보고 느끼고 듣는 것, 곧 새의 노랫소리, 휘몰아치는 바람, 떨어지는 빗방울, 한낮의 따사로운 태양을 창조주이신 하느님께 돌려드리는 습관을 길러야 한다.

4세기 시인이자 나지안조의 주교 성 그레고리오는 세상 만물을 자신의 영적 유익을 위해 이용하기를 원한다고 했다. 이제 우리가 천연자원을 개발하는 데 반드시 필요한 한 가지 방법이 있다면 바로 이것이다.

마음에 새기기

마음을 드높여 짧고 열렬하게 끊임없이 하느님께 간구하십시오. 그분의 탁월하심을 찬미하고 그분의 도우심을 구하며, 마음으로 여러분 자신을 그분의 십자가 아래 내려놓고 그분의 선성을 흠숭하며 여러분의 영혼 전체를 날마다 봉헌하십시오.

내면의 시선을 그분께 고정시키고, 마치 어린 아이가 아버지에게 하듯이 여러분의 손을 그분에게 뻗어 그분이 이끄시도록 하고, 그분을 마치 향기로운 꽃처럼 가슴에 품고, 여러분 영혼의 기준으로 들어 높이십시오. 가능한 모든 행위로 하느님께 대한 여러분의 사랑, 영혼의 천상 신랑을 향한 부드러우면서도 열정적인 갈망에 불을 붙이십시오.

…이것은 실천하기 어려운 일이 아니며, 우리의 모든 의무적인 활동과 아무런 문제없이 어우러질 수 있습니다. 제가 말한 영적 피정도, 이 같은 마음의 내적 고양高揚도 마음을 전혀 흐트러뜨리지 않고 어떤 방해를 일으키기는커녕 여러분이 하고 있는 일을 더 나은 방향으로 이끌어 줄 것이기 때문입니다.

세속적이고 본능적인 사랑으로 충만한 사람들이 사랑하는 사람을 늘 생각하고, 마음이 애정으로 넘쳐나며, 입술은 언제나 상대방을 칭찬할 준비가 되어 있고, 그 사람이 없을 때는 편지로 위안을 삼으며, 나무마다 소중한 그 사람의 이름을 새기듯이 하느님을 사랑하는 사람들도 그분에 대한 생각을 멈출 수 없고, 그분을 위해 살기를 멈출 수 없으며, 그분을 기리고 그분에 대한 이야기를 멈출 수 없습니다. …또한 바로 그러한 사랑의 분출을 만물이 우리에게 지시합니다. 곧 그분이 만드신 세상 만물은 하느님께 대한 찬미로 가득합니다. 그리하여 그 만물은 성 아우구스티노의 말처럼, 말없이 이야기하지만 하느님께 대한 자기들의 사랑 이야기를 하느님을 사랑하는 사람들에게 또렷이 해줌으로써 그들의 거룩한 원의를 자극하여 하느님께 대한 열망과 사랑의 외침을 분출하게 합니다.

– 성 프란치스코 살레시오, 17세기

삼종기도

모세는 극적인 순간으로 가득한 삶을 살았다. 가장 널리 알려진 이야기 가운데 하나는 이스라엘과 아말렉족의 대전투에서 그가 한 역할이다. 이미 상당히 연로한 모세는 가까운 언덕에서 그 싸움을 주시하고 있었다. '모세가 손을 들면(겸손한 기도의 표현) 이스라엘이 우세하고, 손을 내리면 아말렉이 우세했다.'(탈출 17,11) 싸움이 계속되는 도중에 지친 모세의 팔이 처지기 시작했다. 그래서 그의 형제 아론과 친구 후르가 그의 양옆에 서서 팔을 받쳐주었다. 그리하여 싸움이 끝날 때까지 그의 팔이 흔들리지 않았고 이스라엘은 승리했다.

모세의 위대함을 지니지 못한 우리는 하루하루 싸움을 하는 중에 지칠 수 있다. 그래서 시들해지는 노력을 기도로 새롭게 하기 위해 정오 무렵에 잠시 쉰다. 전통적으로 가톨릭교회가 정오에 바치는 기도를 삼종기도Angelus라고 한다. 그 기도는 두 사람 이상이 교송으로 이루어진 기도문과 각 응답 뒤에 성모송을 바치게 되어 있지만 혼자서도 할 수 있다.

그 기도문은 예수님의 수태 이야기에서 발췌한 것으로서 루카복음서(1,26–28; 1,38)와 요한복음서(1,14)에 담겨 있다. 따라서 우리는 하루의 전환점에서 인류 역사의 전환점을 떠올리게 된다. 곧 천사가 마리아라는 젊은 여인에게 나타나 그녀에게 세상을 구원할 메시아를 아기로 보내겠다는 하느님의 계획을 알려주던 순간을 떠올린다. 모든 역사와 창조 활동은 마리아의 동의에 의해 결정된 것이다. 라틴어로 된 이 기도의 첫 단어 Angelus는 '천사'라는 뜻이다. 삼종기도문은 다음과 같다.

○ 주님의 천사가 마리아께 아뢰니

● 성령으로 잉태하셨나이다.

(성모송)

○ 주님의 종이오니

● 그대로 제게 이루어지소서!

(성모송)

○ 이에 말씀이 사람이 되시어

● 저희 가운데 계시나이다.

(성모송)

○ 천주의 성모님, 저희를 위하여 빌어 주시어

● 그리스도께서 약속하신 영원한 생명을 얻게 하소서.

기도합시다. 하느님, 천사의 아룀으로 성자께서 사람이 되심을 알았으니 성자의 수난과 십자가로 부활의 영광에 이르는 은총을 저희에게 내려주소서. 우리 주 그리스도를 통하여 비나이다. 아멘.

삼종기도는 아침 6시와 정오, 저녁 6시에 바친다. 그 이유는 교회가 그 시간에 '종'을 치기 때문이다.(이런 이유로 중세에는 교회의 종에 가브리엘 천사의 이름을 새겨넣는 관습이 있었다.)

부활 주일부터 성령강림 주일까지 50일 동안은 같은 시간에 '부활 삼종기도'를 바친다.

○ 하늘의 모후님, 기뻐하소서. 알렐루야.

● 태중에 모시던 아드님께서, 알렐루야.

○ 말씀하신 대로 부활하셨나이다. 알렐루야.

● 저희를 위하여 하느님께 빌어주소서. 알렐루야.

○ 동정 마리아님, 기뻐하시며 즐거워하소서. 알렐루야.

● 주님께서 참으로 부활하셨나이다. 알렐루야.

기도합시다. 하느님, 성자 우리 주 예수 그리스도의 부활로 온 세상을 기쁘게 하셨으니, 성자의 어머니 동정 마리아의 도움으로 영생의 즐거움을 얻게 하소서. 우리 주 그리스도를 통하여 비나이다. 아멘.

그리스도인은 정오에 기도하기 위해 잠시 일을 쉬었는데, 사도 시대에는 일출에서 여섯 번째 되는 시각에 바치는 기도라고 해서 '육시경'이라고 했다. 성 베드로가 주님께 계시를 받았을 때도 정오 기도를 바치고 있을 때였다.(사도 10,9)

예수님이 십자가에 못 박히신 시간도 육시였다.(루카 23,44) 모세의 팔이 그랬듯이 예수님의 팔이 또 다른 언덕 꼭대기에서 펼쳐졌다. 그분은 기도로 죽음까지 견뎌내고 극복하셨다. 초기 그리스도인은 관습적으로 정오 기도를 봉헌할 때 이 성경적 사건과 선례를 기억했다. 일찍이 테르툴리아노도 2세기에 이런 사실을 기록했다.

우리는 정오 무렵 힘이 빠져 지쳐 있거나, 함께 일하는 사람이나 가족에게 화가 나 있거나, 또는 어려운 상황 때문에 낙담해 있을 경우 마리아께 도움을 청할 수 있다. 또한 천사의 도움에 의지할 수 있고 우리를 위한 계획을 갖고 계신 하느님의 섭리에 의지할 수 있다. 모세와 마찬가지로 우리는 초자연적 도움으로 기도를 새롭게 할 수 있고 남은 하루의 시간 내내 마음속에서 하느님의 승리를 체험할 수 있다.

마음에 새기기

삼종기도에 대해 이야기해야 할 것은 언제 어디서나 그 전통적인 기도를 계속하기 위해서는 단순하지만 간절한 호소가 되어야 한다는 것입니다. 삼종기도는 개정될 필요가 없습니다. 기도의 단순한 구조와 성경적 특징, 그리고 평화와 안전을 기원하는 그 기도와 관련된 역사적 근거, 또 하루에 여러 순간을 거룩하게 하는 준準전례적 리듬과 기도가 파스카 신비를 상기시키기 때문입니다. 우리는 그 신비 안에서 하느님 아드님의 강생을 상기하며 그분의 수난과 십자가를 통해 부활의 영광에 이를 수 있기를 기도합니다. 바로 이러한 요인이 삼종기도가 몇 세기를 지나면서도 그 가치를 그대로 보존하고 신선함을 잃지 않는 이유입니다.

삼종기도의 암송과 전통적인 어떤 관습이 현대생활의 어려움 때문에 사라지거나 지속될 수 없음은 사실입니다. 그러나 그런 것들은 핵심 요인이 되지 못합니다. 말씀의 강생의 신비에 대한 묵상, 동정녀 마리아께 대한 인사, 그녀의 자비로운 전구에 대한 의탁 등의 가치는 변하지 않고 그대로 있습니다. 또 시대적 상황이 변했음에도 많은 사람에게 활동 시간의 전환점이 되고 있으며, 기도하며 잠시 쉴 것을 권하는 아침·정오·저녁이라는 하루의 시간적 특성도 변하지 않고 그대로 남아 있습니다.

– 교황 바오로 6세, 21세기

식사기도

앞에서 창조 시대의 '성사'로서의 물에 대해 이야기했다. 자연 시대에는 물이 다가올 중요한 무언가를 상징하는 '자연적 성사'였다. 또한 은총의 시대에 물은 초자연적 성사, 곧 우리에게 초자연적 생명을 부여하는 세례성사다. 영광의 시대에 그 모든 표지가 상징하는 의미가 드러날 것이며, 우리는 하늘의 "생명수의 강"(묵시 22,1) 곧 성령의 은총을 알게 될 것이다.

물에 적용되는 의미는 우리가 먹는 '매일의 빵'에도 적용된다. 성 토마스 아퀴나스는 빵은 물과 마찬가지로 자연 질서 속에서 언제나 인간에게 필요한 영양을 제공하며, 또한 '자연적' 상태에서는 파스카 축제의 누룩 없는 빵과 광야에서 비처럼 내린 만나의 원형이 되었다고 했다. 따라서 이 모든 것은 예수님이 은총의 시대에 세우신 성체성사의 예표였다.

성 토마스는 이렇게 설명한다. "저마다 모두 영적 음식을 상징한다. 그러나 그것들은 서로 다르다. [만나]는 상징에 지나지 않지만, 그리스도인의 성체는 그것이 상징하는 내용, 곧 그리스도 자신을 담고 있기 때문이다."

고대 이스라엘에서 식사를 식사답게 만들어 주는 것은 빵이었다. 빵이 없는 식사는 완전한 식사가 아니었다. 실제로 대부분의 가정에서 빵은 모든 식사의 가장 본질적인 부분을 차지했다. 고기는 사치스러운 음식이었다. 그래서 관습적으로 식사 때 바치는 기도(우리가 식사기도라고 부르는 기도)를 당시에는 '빵에 대한 축복기도'라고 했다. 그것은 자연적인 일, 곧 음식 먹는 일을 거룩한 일로 변형시키는 축복기도였다.

고대 유다인의 식사 축복기도는 가톨릭 신자들에게 반향을 불러일으켰다. 미사전례문에 깊은 영향을 미쳤기 때문이다. 초창기 그리스도교 전례(아다이Addai와 마리Mari의 시리아 전례와 성 마르코의 이집트 전례)에 그 본문이 거의 손상되지 않은 상태로 포함되었다.

> 우주 만물의 임금이신 주님, 찬미 받으소서. 주님은 온 세상을 선하심과 뜨거운 사랑과 자비로 기르시나이다. 우주를 양육하시는 주님은 찬미받으소서. 우리 하느님이신 주님께 감사드리나이다.

당시에는 모든 식사가 하느님의 창조와 그분의 섭리에 대한 찬미였다. 모든 식사는 공동기도에 의해 선조들의 역사적인 식사, 곧 천상에서 온 세 방문자에 대한 아브라함의 환대(창세 18,1–8), 시온 산 위에서의 다윗 임금의 식탁(2사무 9,12), 빵과 술로 차려진 지혜의 잔칫상(잠언 9,1–5), 예언자 이사야에게서 실현된 잔치와 결합되었다. "만군의 주님께서는 이 산 위에서 모든 민족들을 위하여 살진 음식과 잘 익은 술로 잔치를, 살지고 기름진 음식과 잘 익고 잘 거른 술로 잔치를 베푸시리라. …너희는 축일을 거룩히 지내는 밤처럼 노래를 부르리라."(이사 25,6; 30,29) 주님께 대한 그 기도는 영원한 희생제물이 '하느님이 현존하시는 가운데 이루어진 식사'로 간주되던 예루살렘 성전에 대한 기억을 떠올리는 것이었다.

신약성경은 예수님이 이 모든 식사를 활기차게 실현시키시는 모습을 보여준다. 주석가들은 루카복음서의 극적 사건은 열 개의 식사 장면이 펼쳐지다가 엠마우스에서의 최후만찬과 성체성사에서 절정을 이룬다는 사실에 주목한다. 우리는 이미 이 신약의 식사가 어떻게 하느님 백성 사이에서뿐 아니라 하느님과 인간 사이에도 카부라chaburah 곧 친교를 이루었는지 알고 있다. 이제 그 식사는 하느님이 현존하시는 가운데 이루어진 식사 이상의 것이다. 그것은 그 식사의 실체인 하느님 자신과 함께 나눈 식사다.

이것은 은총의 시대에 성인들이 하늘에서 경험하는 잔치의 상징적 모습이다. 우리는 식사 전에(또는 후에) 기도할 때, 가정 식사(혼자서 하는 식사일지라도)를 하느님 잔치의 '성사'로 변형시킨다. 그 기도는 모든 식사가 반드시 갖추어야 할 중요한 품격을 부여한다. 아마도 이 점이 유다인이던 사도들이 개종하는 이교도에게 성찬의 경건함을 이해시키기 힘들었던 이유

일 것이다.(1코린 11장; 유다 12장 참조)

이런 사실은 가정 식사나 친구들과 함께 하는 식사가 딱딱하거나 즐거움이 없거나 불필요하게 형식적이라는 의미가 아니다. 오히려 즐거움을 더해 줄 것이다. 하느님 현존에 대한 깨달음은 주위에 있는 사람들을 훨씬 더 기분 좋게 사랑하도록 고취시킬 것이기 때문이다.(또한 온화하게 식사하도록 도와줄 것이다.)

때때로 공공장소나 그리스도인과 비그리스도인이 한데 어울려 식사할 때 식사기도를 해야 할지 말아야 할지 갈등이 생긴다. 내 생각에는 비록 작게 성호를 그으며 조용히 기도할지라도 하는 것이 좋을 것 같다. 이 단순한 몸짓은 때때로 옆에 있는 사람에게 깊은 영향을 미치고 나아가 그 몸짓을 목격한 사람들에게 개종의 시발점이 된다. 이러한 단순한 공적 증언의 힘을 평가절하해서는 안 된다. 때로는 조용한 몸짓이 거리 모퉁이에서 외쳐대는 몇천 마디의 말보다 더 크고 웅변적이다. 이는 그 몸짓이 참으로 성체성사와 거기에서 성취되는 신구약성경 속의 모든 식사를 암시할 때 특히 그렇다. '식사기도'는 강력한 은총의 전달일 수 있다!

큰 노력이 필요한 것이 아니다. 우리가 이용할 수 있는 기도는 많다. 뿐만 아니라 우리 자신의 기도를 만들 수도 있다. 가장 일반적인 식사 전 기도는 다음과 같다. "주님, 은혜로이 내려주신 이 음식과 저희에게 강복하소서. 우리 주 그리스도를 통하여 비나이다. 아멘." 또 가장 일반적인 식사 후 기도는 다음과 같다. "전능하신 하느님, 저희에게 베풀어 주신 모든 은혜에 감사하나이다. 아멘. 주님의 이름은 찬미를 받으소서. 이제와 영원히 받으소서. 세상을 떠난 모든 이가 하느님의 자비로 평화의 안식을 얻게 하소서. 아멘."

마음에 새기기

오, 주님. 당신은 천상에서 먹게 될 빵이시며, 생명을 주는 빵이시고, 실로 온 세상을 기르시는 음식이십니다. 당신은 천상에서 내려오시어 세상에 생명을 주셨으며 지금 이 세상에 계시며 저희를 인도하시나이다. 당신은 저희가 이 세상 삶을 끝낸 후 즐기게 될 또 다른 삶을 약속하셨나이다. 그러므로 저희의 음식과 음료를 축복해 주시고 저희가 죄를 범하지 않고 그것을 취할 수 있게 하소서. 당신께서 모든 은혜로운 선물을 저희에게 베풀어 주심에 감사드리며 당신께 영광을 드리나이다. 언제나 영예로운 당신 이름은 찬미와 영광 받으소서.

– 익명의 기도자, 고대 그리스 기도서

양심성찰

만일 여러분이 가계부를 쓴다면 회계와 관련된 사실 한 가지를 알아야 한다. 그것은 규칙적이어야 한다는 것이다. 식료품, 손님접대, 공공서비스에 얼마를 소비하는지 살펴야 하고, 만일 난방비가 너무 많이 나왔다면 그 달의 마지막 주간뿐 아니라 날마다 온도조절장치를 눈여겨보아야 한다. 사업도 마찬가지다. 회계는 사업의 생활양식이며, 사업의 세계는 영수증, 장부, 경비보고서, 계획된 감가상각비 등에 의해 결정된다.

구원사업에서도 우리가 해야 할 회계가 있다. 성 요한은 묵시록에서 생명의 책에 대해 이야기할 때 장부를 떠올리게 한다. 만일 우리가 날마다 회계를 하지 않는다면 매일 또는 매달의 사정을 개선하지 못할 것이고, 마지막 회계감사에 직면해서는 이익을 낼 가능성이 적다.

날마다의 영적 '회계'를 '양심성찰'이라고 할 수 있다. 그것은 그날 일어난 일과 우리의 생각과 말과 행위를 돌아보는 시간이다. 곧 그날을 하느님이 보시는 것처럼 보고 그분이 판단하시듯 우리 행위를 판단하려고 노력하는 시간이다. 그 시간은 우리의 현재 상태와 우리가 행동하는 것과 현재와 같이 행동하는 이유에 대해 자신에게 완전히 정직해지는 기회다. 우리는 성찰을 통해 우리의 발전이나 퇴보를 인식하고 현실에 초점을 맞춘다.

영적 저자들은 보통 양심성찰을 일반성찰과 특별성찰로 나눈다. 일반성찰은 그날 우리가 행동하고 생각하고 느끼고 말한 것 또는 하지 못한 것 등에 대해 전반적으로 돌아보는 것이고, 특별성찰은 우리가 특별한 싸움, 곧 어떤 죄를 물리치거나 덕행을 쌓는 일에 있어 어떻게 행동하고 있는지를 자세히 살피는 것이다.

성 호세마리아 에스크리바는 성찰에 대해 다음과 같이 표현했다. "일반성찰은 방어용 무기고 특별성찰은 공격용 무기다. 전자는 방패고 후자는 검이다." 대부분의 사람들은 잠자는 시간 직전에 일반성찰을 하며 그날을 마무리한다. 어떤 사람은 특별성찰을 정오에 삼종기도와 함께 함으로써 그날의 남은 시간을 위해 더욱 노력할 것을 결심한다.

성찰을 하는 가장 좋은 방법은 하느님의 현존 앞에서 자신을 되돌아보고, 그분이 우리와 함께 계시다는 것을 기억하고 나서 그분과 대화를 시작하는 것이다. 이렇게 하면 성찰에 있어 부정직하기가 대단히 어렵다는 사실을 깨닫게 될 것이다. 결국 우리는 누구를 속이고 있는가? 분명 하느님은 아니다. 그분은 모든 것을 아시고 모든 것을 보시는 분이기 때문이다.

그러므로 우리는 하느님께 빛을 청해야 한다. 그리고 우리의 하루를 그분이 보시는 것처럼, 우리가 마음으로 하루를 지내고자 한 대로가 아니라 실제로 생활한 대로 보기 위해 노력해야 한다. 아침에 일어나서부터 지금 이 순간까지의 하루를 시간대별로 살펴볼 수 있다. 또는 십계명을 하나하나 짚어가면서 그 계명을 얼마나 잘 지켰나를 살펴볼 수도 있다. 자기 성찰에 대한 물음이 담긴 기도서가 큰 도움이 될 수도 있다. 아니면 우리 자신이 배우자나 친구나 영적 지도자의 충고에 근거하여 질문 목록을 직접 작성할 수도 있다.

하루 전체를 살펴보는 데 3분이면 충분하다. 우리는 그날의 중요한 행위만이 아니라 모든 행위에 집중해야 한다. 만일 우리가 '사소한 일', 곧 '사소한' 선의의 거짓말, 폭음하거나 폭식한 '사소한' 일, 순간적이지만 의도적으로 옥외광고판의 나체 그림을 흘끗 쳐다본 일 등에 대해 변명을 늘어놓는다면, 우리는 하느님을 위한 큰일 또는 중간 정도의 일조차 하지 못하고 죄와 평범한 일에 얽매이게 될 것이다.

우리는 하루를 마무리하면서 하느님께 죄송하다고 말씀드리고 통회기도로 용서를 청해야 한다. 통회기도는 초등학교 때 배운 것을 할 수도 있고, 아니면 그저 '하느님의 아드님, 주 예수 그리스도시여, 죄인인 저에게 자비를 베푸소서.'와 같은 짤막한 화살기도를 바칠 수도 있다. 그런 다음에 다음 날을 위한 결심을 한다. 또한 그 결심을 적어두어 잠든 사이에 잊어버리지 않도록 한다.

이 같은 습관을 키워나갈 때 삶이 발전하게 될 것이다. 날마다 같은 죄에 직면하는 자신의 모습을 발견하더라도 실망하지 않아야 한다. 삶의 모습을 되돌아본다는 것은 사실상 앞으로 나아가고 있다는 표지이기 때문이다. 죄에 대한 거부감도 앞으로 나아가고 있다는 또 다른 표지다. 중요한 것은 그 표지로 무엇을 하느냐 하는 것이다.

절대 하지 말아야 할 한 가지는 포기다. 꾸준히 성찰을 계속하고 그 내용에 대해 주님과 이야기해야 한다. 그리고 주님께 도움을 구하라. 덕행을 쌓거나 죄의 습관을 버리기 위해서는 여러 해가 걸릴 수 있다. 하지만 하느님의 도우심으로 반드시 성취할 것이다.

쌓아야 할 덕행이나 버려야 할 악덕에 주의를 집중할 때 우리에게는 특별성찰을 할 재료가 주어진다. 그 재료는 구체적인 것이 좋고, 꾸준히 성취할 수 있는 목표를 설정하는 것이 좋다. 어떤 사람은 비관주의와 악습과 절망에 쉽게 빠진다. 그런 사람은 자신이 희망이라는 덕행을 얼마나 잘 생활하고 있는지, 곧 세상사나 일상적 업무 또는 재정 문제에 대해 이야기할 때 자신을 암울한 전망의 신봉자처럼 생각하는지, 아니면 자기 세계가 선하신 하느님 아버지에게 있음을 아는 하느님의 자녀들처럼 생각하는지 깊이 생각해 보는 것이 좋다.

어떤 사람은 자만심·오만·탐욕·거짓·질투심 같은 다른 죄에 정신을 집중할 필요가 있다. 아니 더욱 적극적으로 그런 죄에 대응하는 겸손·봉사·순수함·정직·관대함 같은 덕행에 정신을 집중해야 한다.

특별성찰은 영적 지도자의 충고를 이용할 적절한 자리다. 영적 지도자는 바로 지금 주의를 기울여야 할 결함에 집중하도록 돕는다. 지붕이 무너지려 하는데 선반의 먼지나 닦으며 한가하게 시간을 보낼 사람은 없다. 훌륭한 영적 지도자는 우리에게 지붕이 무너지고 있음을 알려줄 것이며 우리가 우리 기도에서조차 회피하던 죄를 지적해 줄 것이다.

성 토마스 아퀴나스는 정직한 기억은 다른 모든 덕행의 필수조건이라고 했다. 따라서 양심성찰의 중요성을 평가절하해서는 안 된다. 우리의 타락한 본성에는 자신을 속이려는 성향이 있다. 우리는 우리 자신과 행동과 의지에 대해 좋은 것만 생각하려 하고 우리가 생각하고 말하고 행한 불쾌한 것은 덮어버리려고 애쓰며 변명하거나 해명으로 모면하고자 한다. 가장 위험한 일은 우리가 우리 자신을 믿기 시작하는 것이다. 이러한 기억 조작은 가장 치명적인 적 가운데 하나로 지옥으로 가는 길의 표지판을 가려버린다.

얼마 동안 열심히 성찰하고 나면 그것이 일상에서 어떤 일보다 중요하다는 사실을 깨닫게 된다. 성찰은 하나의 습관, 곧 시간과 시간, 행동과 행동을 이어주는 삶의 일부가 된다. 우리는 생각과 행위의 모든 삶을 하느님이 보시는 관점에서 살고 있는지 더욱 분명히 보게 되고, 그 결과 행위 과정의 옳고 그름을 알 수 있다. 또 우리 대화, 우리 일, 우리 선택을 주님께 의탁하는 습관을 들이게 된다.

성 바오로는 성체를 영하기 전에 '각 사람은 자신을 돌이켜 보아야 한다.'고 주장했으며 자기 성찰을 느슨하게 하는 것은 자격을 갖추지 않은 채 예수님을 받아 모시는 것이라고 경고했다. "그래서 여러분 가운데에 몸이 약한 사람과 병든 사람이 많고, 또 이미 죽은 이들도 적지 않은 것입니다."(1코린 11,30) 우리는 그러한 일이 우리에게 일어나는 것을 바라지 않는다.

만일 규칙적으로 양심성찰을 하고 있다면 규칙적으로 고해성사를 보는 것이 자연스럽다는 것을 깨닫게 된다. 우리는 하느님께 죄를 고백함으로써 용서에 대한 그분의 보장을 받을 준비를 하게 된다. 고백은 성사이기 때문에 우리에게 풍부한 은총을 준다. 은총은 우리가 일반적으로 또 특별히 죄를 극복하는 데 필요한 힘이다.

마음에 새기기

1. 아침에 눈을 뜨자마자 고치고 싶은 결함에 빠지지 않도록 주의를 기울일 결심을 하라.
2. 낮 동안에라도 잘못한 것을 깨닫게 되면 곧바로 내적 기도를 통해 하느님께 용서를 청하라. 그리고 가슴에 손을 얹고 앞으로는 좀 더 조

심하겠다고 약속하라.

3. 일반성찰을 하는 저녁에는 모든 잘못을 살핀 후 한 가지 잘못에 특별한 주의를 기울여라.
4. 두 번째 날을 첫 번째 날과 비교하고 세 번째 날을 두 번째 날과 비교하라. 이런 식으로 계속하면 덕행이 발전하고 있는지, 또 특별성찰에서 좋은 결과를 얻고 있는지 어떤지를 알게 될 것이다.
5. 어떤 덕행을 특별성찰의 주제로 삼을 수도 있다. 낮 동안에는 물론 잠자리에 드는 저녁에도 특별성찰과 일반성찰을 하는 사람들은 더욱 짧은 시간 안에 덕행의 길을 따라 앞으로 나아가게 된다.

– 안젤로 론칼리(후일 교황 요한 23세), 20세기

4
삶의 수업

성경 공부 · 영적 독서 · 피정

성경 공부

우리는 가톨릭 신자로서 성경을 글로 쓰인 하느님 말씀이라고 믿는다. 성경은 "하느님의 영감으로"(2티모 3,16) 쓰인 것이며, 죽은 글이 아니라 '살아서 활동하는'(히브 4,12) 글이다. 성경은 '이루어져야 하고'(루카 22,37) '폐기될 수 없으며'(요한 10,35), 나아가 단순히 임의로 해석해서는 안 되고(2베드 1,20) 교회에 의해 식별되어야 한다. 사람들이 쉽게 성경을 '곡해하여 스스로 멸망을 불러올 수 있기'(2베드 3,16) 때문이다.

성경은 어떤 쌍날칼보다 더 날카롭다.(히브 4,12) 그렇기 때문에 조심스럽게 구체적으로 다뤄야 한다. 성경은 우리에게 성경 공부에 참여하기를 권고하고(1티모 4,13) '날마다 성경을 연구하는'(사도 17,11) 사람들을 칭찬한다.

우리가 살고 있는 이 시대는 전례 없는 성경 공부의 기회를 맞고 있다. 과거에는 지금처럼 성경에 몰두하는 사람이 많지 않았다. 그리스도교 역사를 돌아볼 때 대다수의 사람이 글을 읽을 수 없었고, 글을 읽을 수 있더라도 많은 사람이 책을 소유할 여유가 없었다. 인쇄기술이 발명되기(15세기) 전까지는 비용을 많이 들여가며 책을 어렵사리 손으로 베껴야 했다.

그렇지만 오늘날에는 가난한 신자들도 성경책을 가질 수 있다. 출판사들은 가방이나 주머니에 넣고 다닐 수 있을 만큼 작은 성경책을 만들어 낸다. 그래서 시간이 날 때 언제든 짬짬이 성경을 읽을 수 있다. 이해하기 힘든 부분을 만났을 때도 쉽게 도움을 받을 수 있다. 과거에는 그렇지 못했다. 온라인 성경의 발달로 옛 사람들은 상상도 못할 만큼 빠르고 정확하게 성경을 탐구할 수 있다. 그래서 우리는 교부들이 일생 동안 성취할 수 없었던 연구를 단번에 해낼 수 있게 되었다.

그러나 이런 모든 발전에도 여러 조사에 따르면 성경에 대한 지식이 쇠퇴하고 있으며, 성경을 읽는 면에서도 가톨릭 신자와 개신교 신자 사이에 별 차이가 없는 것 같다.

왜 성경에 대한 지식이 이처럼 전체적으로 쇠퇴하는 것일까? 내 생각엔 그리스도인이 '교회의 마음으로 성경을 읽는' 습관을 잃어버렸기 때문인 것 같다.

'교회의 마음으로 성경을 읽는다.'는 표현에는 깊은 뜻이 담겨 있다. 특히 우리가 성경을 가까이 대할 때 취해야 할 마음가짐을 암시한다. 우리는 하느님과 우리 어머니인 교회의 신뢰받는 자녀다. 우리는 어떤 지역 성경 공부 그룹보다도 훨씬 더 큰 공동체 안에서 성경을 읽고 있다. 우리의 '공부 그룹'은 가톨릭 전통의 대변자이며, 모든 역사의 증인 집단인 성인聖人과 친교를 이루는 공동체다. 우리 안내자는 주교와 교황을 통해 활동하시는 성령이다.

가장 중요한 것은 성경을 자연적·초자연적 환경에서 읽어야 하고, 또 전례의 빛에 비추어 읽어야 한다는 것이다.

성경과 전례는 서로를 위해 만들어졌다. 이는 사도들과 교부들에게 당연한 사실로 여겨졌을 것이다. 그들 시대에는 인쇄소도 없었고, 극소수의 사람들만이 필사본을 가질 수 있었다. 그래서 사람들은 성경을 많이 읽지 못하고 주로 미사에서 성경을 접했다. 미사 자체는 성경의 놀라운 요약으로서, 미사에는 길고 상세한 신구약성경의 독서가 담겨 있었다.

초대교회는 성경을 전례서로 여겼다. 사실 정경 곧 공식적인 성경 목록은 미사 독서로 사용할 성경을 제한하기 위해 작성되었다. 성경과 전례가 연관된 시기는 그보다 더 거슬러 올라간다. 성경 자체에서 미사의 상황이 추정된다. 사도들과 복음사가들은 마음속에 전례적 선포를 담고 성경을 쓴 것으로 보인다. 따라서 우리가 그들이 쓴 대로 성경을 읽는다면 교회의 마음으로 읽게 될 것이다. 그 마음은 성찬례의 마음이며 예수님의 마음이다.

1970년대에 가톨릭교회는 미사 독서Lectionary, 곧 미사를 위한 성경 독서 순서를 개정했다. 독서는 현재 3년 주기로 전개되며 신구약성경 거의 전체를 포함한다. 그 독서 체계는 하느님 말씀을 전달하는 데 매우 효과적이라는 것이 입증되어 많은 개신교 단체도 그 체계를 채택하여 자기들에게 맞게 개조하고 있다.

미사 독서가 중요한 것은 그것이 성경을 제시할 뿐 아니라 성경을 이해하는 방법도 가르쳐 주기 때문이다. 독서는 주일마다, 아니 거의 날마다 약속과 성취의 일관된 양상을 보여주는 구약에서 신약으로의 계시의 움직임을 제시한다. 신약은 구약에 감추어져 있고 구약은 신약에서 드러난다.

이것이 내가 가톨릭 성경 공부를 낙관하는 이유다. 미사를 통해 오랜 세월에 걸쳐 유효성이 검증된 방식에 따라 기초부터 튼튼하게 쌓아나갈 수 있기 때문이다.

많은 가톨릭 신자가 간헐적으로라도 그 프로그램을 접하고 있다. [주일]미사는 가톨릭 신자들에게 매주 그들의 삶 전체를 체험하게 하며, 성경은 그들이 미사를 드릴 때마다 듣게 되는 책이다.

주일과 축일 미사에는 보통 신구약 독서 3개에다 네 번째로 시편이 포함되어 있어 일반 신자들은 일 년에 15시간 정도 성경 공부에 집중하게 된다. 여기에 분명히 성경적인 미사의 다른 부분('거룩하시도다, 거룩하시도다, 거룩하시도다', '하느님의 어린 양', '주님, 자비를 베푸소서.' 등)을 포함시킨다면 성경을 공부하는 연중 평균 소비 시간은 두 배에서 세 배가 된다. 날마다 미사에 참여하는 가톨릭 신자라면 그 시간은 학자들이 성경을 읽는 시간과 맞먹을 정도다.

학자들은 성경을 충실히 읽는다는 것이 무엇을 뜻하는지 가르쳐 주려고 방대한 책을 썼고, 성인들은 이를 위해 많은 시간을 소비했다. 여기서 제2차 바티칸공의회에서 결정되고 「가톨릭교회 교리서」에 요약된 성경 해석에 대한 간단한 지침 세 가지를 제시한다.

1. '성경 전체의 내용과 단일성'에 유의할 것(112항)
2. '전체 교회의 살아 있는 성전'에 따라 성경을 읽을 것(113항)
3. '신앙의 유비'(로마 12,6 이하 참조)에 유의할 것(114항)

첫 번째 기준은 우리가 전후 맥락을 왜곡하는 것을 막음으로써 거룩한 성경 저자들이 의도한 의미에서 벗어나지 않도록 한다. 모든 성경 구절의 참된 배경은 그 구절이 나타나 있는 책뿐 아니라 성경이라는 책 전체다. 어떤 성경 구절의 완전한 문학적 배경은 창세기에서 요한묵시록에 이르기까지 모든 책을 포함한다. 성경은 단순히 서로 다른 책들의 총서가 아니라 통합된 하나의 책이기 때문이다.

두 번째 기준은 살아 있는 전승을 소중히 간직하는 공동체 안에 성경의 자리를 확고히 설정한다. 공동체는 성인들의 통공체通功體다. 우리는 우리 해석을 우리보다 앞서 간 해석자들의 전승傳承과 비교하여 검증한다. 체스터턴G.K. Chesterton은 이 기준을 '죽은 이들의 민주주의'라고 했다.

선조들에게는 배울 것이 많다. 그들의 권한은 행사되어야 한다. 그럼으로써 이제 막 인간적 지식과 식견의 정점에 도달했다고 여기는 오만함에서 우리를 지켜준다. 가톨릭 신자들은 과거를 통해 배우는 겸손을 지녀야 한다. 나아가 전승이 오늘날에도 여전히 성인들의 설교 속에, 교회의 가르침 속에 살아 있다는 사실을 깨달아야 한다. 학문적 유행은 지나가지만 진리는 변함없이 남는다.

세 번째 기준은 성경 본문을 충만한 가톨릭 신앙의 테두리 안에서 고찰하도록 한다. 성경을 하느님 영감에 따른 것이라고 믿는다면 성경이 가톨릭의 모든 가르침에 내면적으로 부합하고 일치한다는 사실도 믿어야 한다. 교회의 가르침은 성경에 추가된 것이 아니다. 교황 베네딕토 16세는 추기경 시절에 "교의는 본질적으로 성경 해석 외에 다른 것이 아니다."라고 했다. 교의는 성경에 대한 교회의 무류적 해석이다.

신앙에 충실한 가톨릭 신자보다 성경 공부를 위해 더 잘 준비된 사람은 없다. 성경 공부는 박사학위를 요구하지 않는다. 그렇지만 하느님은 성경 공부를 열심히 하기로 결심하는 충실한 가톨릭 신자를 축복하고 그 무리가 불어나게 해주실 것이다! 몇 세기가 흐르는 동안 수많은 성인은 여러분과 내가 오늘날 누리는 것보다 훨씬 부족한 상황에서 만족해야 했다. 그러나 우리는 지금 교회 안에서 성경을 이해하고 성인聖人의 길로 나아가는 데 필요한 모든 것을 누리고 있다.

마음에 새기기

나는 라트비아의 사제 빅토르Viktors를 떠올립니다. 그는 소비에트가 라트비아를 통치할 때 성경을 가지고 있다는 이유로 체포되었습니다. 소비에트 기관원들이 볼 때 성경은 반혁명적인 책이었습니다. 기관원들이 성경을 마룻바닥에 내던지고 그에게 그 위에 올라서라고 명령했을 때 그는 거부했습니다. 오히려 무릎을 꿇고 성경에 입을 맞추었습니다. 그러한 행동 때문에 그는 10년 동안 시베리아 중노동에 처해졌습니다.

형을 마친 후 그는 본당으로 돌아와 미사를 드리고 복음을 읽었습니다. 그때 그는 미사 독서책을 높이 들고 이렇게 말했습니다. "하느님의 말씀입니다." 이에 사람들은 큰 소리로 하느님께 감사드렸지만 감히 그에게 박수를 보내진 못했습니다. 또 다른 도발로 해석될까 두려웠기 때문입니다.

소비에트 통치 기간 동안 라트비아에서는 종교 서적이나 성경, 교리서의 인쇄가 허락되지 않았습니다. 인쇄된 하느님 말씀이 없으면 종교도 소멸

될 것이라고 여겼기 때문입니다. 그러나 라트비아 국민은 1세기 그리스도인처럼 성경 구절을 암기했습니다. 오늘날에도 라트비아에는 구두로 전해지는 성전聖傳이 있습니다.

우리는 순교자들의 어깨 위에 서서 하느님 말씀을 선포합니다. 손자들은 자신들의 신앙을 위해 돌아가신 할머니, 할아버지들을 기억합니다. 그리고 이번에는 그들 자신이 신앙의 영웅이 되고자 합니다.

라트비아에서 우리는 살아 있는 하느님 말씀을 선포합니다! 우리는 행렬을 하고 순례 여행을 하며 노래를 부르고 기도하며 말합니다. "이것이 하느님 말씀입니다."라고. 이를 위해 우리 할머니 할아버지 들이 목숨을 바쳤습니다. 라트비아에서는 미사를 드리는 데 한 시간 밖에 걸리지 않으면, 성찬례와 하느님 말씀 안에서 그분과 참되게 만나기 위한 준비운동에 지나지 않는다고 생각합니다.

– 안톤 유스트 주교, 21세기

영적 독서

4세기를 이끈 지도적 인물 가운데 성 에피파니오Epiphanius는 이렇게 말했다. "그리스도교 서적을 손안에 넣는 일은 그것을 이용할 수 있는 사람에게 반드시 필요하다. 단순히 그 책을 보는 것만으로 죄로 기우는 것을 줄일 수 있고 올바른 것을 더 확고히 믿게 되기 때문이다."

내게 그분은 힘을 실어주는 분이다. 나는 그분 책에 중독되었다. 그분 책으로 둘러싸인 내 집에서는 죄에 떨어질 수가 없다. 그리스도교 서적이 늘 시야에 들어오기 때문이다.

모든 사람이 다 나 같은 탐욕스런 독서가는 아닐 것이다. (그렇지만 여러분이 여기까지 읽었다면 상당한 독서가임에 틀림없다.) 그런데 나도 때로는 반드시 읽어야 할 것, 곧 연구에 필요한 책이나 논문, 가사 업무를 위한 책이나 내 모교 학장, 고백사제, 아내처럼 믿을 만한 사람이 권해 준 책을 읽고 싶지 않을 때가 있다. 그래서 독서에는 수련이 필요하다는 사실을 때때로 상기하게 된다. 특히 영적 독서는 하나의 수련이다.

영적 독서는 다른 책 읽기와 다르다. 영적 독서는 덕행과 교리지식과 하느님과의 일치 면에서 성장을 돕기 위해 영적 지도자의 요청에 따라 받아들이는 공부이기 때문이다. 사실 영적 독서는 오락을 위한 독서가 아니다. 교육을 위한 독서도 아니다. 그것은 기도로 이어져야 하며, 그 자체가 기도의 한 형태다.

카르투시오수도회 원장 귀고Guigo 2세는 영적 독서를 지금도 사용되는 고전적 표현으로 다음과 같이 요약했다. "독서에서 구하라. 그러면 묵상에서 얻을 것이다. 정신적 기도에서 두드려라. 그러면 관상에 의해 열릴 것이다." 이 전형적인 표현은 많은 기도를 요구한다. 그 기도는 충분한 독서를 바탕으로 하여 위로 올라가는 기도다. 귀고는 독서가 가치 없는 소재에 의해 낭비된다면 기도하기 어려워질 것이라고 경고한다.

그렇다면 어떤 것이 영적 독서에 가치 있는 것인가? 흔히 가장 훌륭한 저자로 성 아우구스티노, 성 토마스, 성 보나벤투라, 성 이냐시오, 성 알폰소처럼 '성' 자로 시작하는 이름을 든다. 그것은 오늘날도 마찬가지다. 교회가 어떤 사람을 성인으로 시성할 때 그 교령은 무류적無謬的 성격을 띤다. 그래서 우리는 그 사람이 천국에 있다고 인식한다. 천국은 우리의 목적지이기도 하기에, 성인들은 입증되고 신뢰할 수 있는 행로를 자세히 제시해 준다.

그러나 성인들은 그 행로를 기질과 방식과 양식에 따라 서로 다르게 제시한다. 따라서 그들의 다양한 색깔을 지닌 영성에 근거하여 하나의 영성을 만들어 내기가 매우 어렵다. 우리는 특별한 환경에 따라 각자에게 맞는 책을 찾을 수 있는 도움이 필요하다. 예를 들어 수도원의 일상을 핵심으로 다루는 책은 수도자에게는 무한한 지혜의 원천으로 사용될 수 있을지 모르나 평신도 가정에는 그다지 필요하지 않기 때문이다.

따라서 여러분과 내게 가장 좋은 책은 체험이 많은 영적 지도자나 고백사제가 지정해 주는 책일 것이다. 사실 나는 일생을 살아가는 데 도움을 주는 책 목록을 출판한 몇몇 사람을 안다. 그렇지만 그런 목록이 영적 지도자의 개인적인 돌봄을 대체할 수는 없다. 분명한 것은 영적 독서가 우리의 기분이나 흥미나 입맛에 따라 진행되지 않는다는 것이다. 예를 들어 삼위일체 신학에 대한 책이나 친절한 태도를 성장시키는 책을 읽고 싶지 않을 수 있다. 하지만 이런 책이 바로 우리가 읽어야 할, 그것도 당장 읽어야 할 책일 수 있다. 그 사정은 영적 지도자가 알 것이다.

읽을 과제를 받아들이는 것으로 '수련'이 끝나는 것이 아니다. 독서를 신중하게 시작하는 것이 중요하다.

영적 서적을 한꺼번에 많은 양을 탐욕스럽게 읽는 것은 좋지 않다. 그보다는 우리가 끼니마다 밥을 먹듯이 날마다 읽을 양을 정해 규칙적으로 읽는 것이 좋다. 또 천천히 읽음으로써 말마디에 동화되어야 한다. 적게 읽고, 기도하고, 섭취한 것을 소화시킬 시간을 가져야 한다. 독서를 한 만큼 묵상하는 침묵의 시간을 충분히 갖는 것이 좋다.

이야기 순서가 바뀌었지만, 영적 독서는 식사 때처럼 기도로 시작해야 한다. 내가 좋아하는 시작기도는 교회가 인준한 성령께 바치는 기도다. "오소서 성령이여, 믿는 이의 마음에 오시어 사랑의 불을 놓으소서. 당신의 영을 보내시어 그 마음이 창조되게 하시고 이 땅의 얼굴이 새로워지게 하소서." 자기가 좋아하는 다른 기도를 할 수도 있다. 내가 좋아하는 영성가 가운데 유진 보일런Eugene Boylan 신부는 다음과 같은 짤막한 화살기도를 제시했다. "예수님, 이 책을 통해 제게 당신을 내어 주소서."

또한 보일런 신부는 좋은 독서를 위한 안내가 필요함을 강조하면서 평신도들이 교리 공부를 몹시 싫어하는 것을 개탄했다. "평신도들은 흔히 신학서적을 참된 신앙심을 얻기 위한 교의적 관점에서보다 호교론적 논증의 관점에서 접근한다. 그러나 그 빈대가 되어야 한다." 하긴 나도 그랬다.

신학서적은 읽기가 어려울 수 있다. 그 분야에 맞는 독특한 사고방식을 요구하기 때문이다. 나와 같은 세대의 가톨릭 신자 대부분은 기본적인 교리를 받아들일 토양조차 훈련되어 있지 않다. 그런데 신학을 어찌 생각할 수 있으랴! 그런데도 보일런 신부는 "비록 가톨릭 신학에 대한 독서가 읽는 사람에게 신학에 대해 얼마나 모르고 있는가를 알려준다 할지라도 많은 것을 얻게 할 것이다."라고 했다.

독서는 규칙적이어야 한다. 날마다 읽어야 하지만, 결코 부담스런 일이 되어서는 안 된다. 그러므로 그 일을 하는 데 10분에서 20분이 넘지 않도록 한다. 하루에 다섯 시간 동안 힘들게 읽기보다는 30일 동안 날마다 10분씩 지속적으로 읽는 것이 더 낫다.

선정된 책에 흥미가 없더라도 꾸준히 읽어야 한다. 지도자들은 이런 문제에 대해 우리를 지도할 수 있는 '직분의 은총'을 지니고 있다.(「가톨릭교회 교리서」 2004항 참조) 기억하자. 우리는 심미적 기쁨을 위해 읽는 것이 아니라(그런 기쁨도 종종 충족되긴 하겠지만) 영적 양식을 얻기 위해 읽는 것이다.

우리 요구사항은 개인적 상황이나 삶의 시기에 따라 다양하다. 그렇기 때문에 독서 프로그램에서 어떤 의미를 느끼지 못한다고 해서 의아해할 필요는 없다. 나아가 관심을 끌거나 현재 필요하다고 생각하는 책에 대해서는 주저하지 말고 허락을 청해야 한다. 사실 우리가 보아야 하는 책의 범주는 그리스도론, 성인들의 삶, 형이상학, 천사론, 마리아론 교리 등 방대하다. 영적 지도자들은 우리에게 적합한 일반 서적도 영적 독서 목록에 추가할 수 있다.

보일런 신부는 규칙적으로 영적 독서를 하지 않으면 "영성생활이 발전할 수 없을 뿐 아니라 그 생활을 유지할 수 있을지도 매우 의심스러워진다."고 했다.

우리 모두는 성 아우구스티노가 귀 기울였던 부르심(Tolle, lege! Tolle, lege!: 집어 들어 읽어라! 집어 들어 읽어라!)에 귀 기울여야 한다. 그 부르심은 책에 중독되게 하려는 것이 아니라 매우 유익한 수련으로의 부르심이고, 그다지 부담스러운 일이 아니다.

마음에 새기기

당신에게 약속한 그리스도교적 희망에 대한 책을 보내드립니다. 그것은 당신에게 소중한 보물이 될 것입니다. 하지만 당신이 기대하는 모든 열매를 그 책에서 얻기를 원하신다면 읽고자 하는 열망을 자제하셔야 합니다. 또 어떤 결과를 얻을까 하는 호기심에 휘말리지 않으셔야 합니다.

규칙적으로 시간을 내어 읽으십시오. 남은 부분에 마음 쓰지 마시고 현재 읽고 있는 내용에 모든 정신을 집중하십시오. 무엇보다도 책이 이야기하는 위로와 순수한 진리의 의미에 공감하십시오. 그러나 추론적으로 사색하기보다는 실천적 방법으로 하십시오.

때때로 짧은 휴식을 가져 그 진리가 영혼 깊숙이 흘러들어가고 성령이 활동하실 수 있도록 시간을 드리십시오. 그러면 성령은 그 평화로운 휴식 시간에, 침묵 속에 정신을 집중하는 그 시간에 천상 진리를 마음에 새겨주십니다.

이 모든 것은 당신의 즐길 거리를 방해하거나 여러 생각을 억지로 막지 않고, 단순하게 그리고 조용히 그 진리가 당신의 생각보다는 마음에 공감을 불러일으키게 합니다.

당신에게 꼭 필요하고 중요한 내용이라고 느껴지는 구절은 시간이 있을 때 다시 볼 수 있도록 표시를 해놓으면 좋습니다.

당신에게 강력히 조언하고 싶은 것은 읽을거리와 외적으로 드러나는 실천적 행위 때문에 지나친 부담을 갖지 말라는 것입니다. 조금씩 읽고, 읽은 것을 소화시키는 것이 훨씬 좋습니다. 바로 지금 당신 영혼에 필요한 것은 일관성과 단순성입니다. 그래서 당신의 모든 읽을거리와 실천적 행위는 당신 내면에 묵상하는 마음가짐 형성하기라는 한 가지 목적만을 지향해야 합니다.

– 장 피에르 드코사드, 18세기

피정

성경은 그리스도교 전통에 보존된 기도 규범 가운데 몇 가지를 상당히 길게 이야기한다. 우리는 그 구절에 주목해야 하고, 그것을 실천에 옮기는 데 충실해야 한다. 거기서 영성생활에 대한 탁월한 조언을 발견할 수 있기 때문이다. 영성생활이 발전하기를 바란다면 먼저 피정을 해야 한다.

'영적 피정'은 외딴곳에서 조용히 충분한 시간을 가지고 지속적이고 집중적으로 하느님 뜻을 깊이 생각하며 기도하는 것이다. 성경 어디에서 그 실천적 내용을 볼 수 있을까? 여러 곳에서 볼 수 있다. 모세에 대해 생각해 보자. 그는 중요한 일을 하려 할 때마다 피정을 했다. 기도하는 데 충분한 시간을 할애하여 아무런 방해를 받지 않고 홀로 하느님과 함께하기 위해 길을 떠났다. "모세는 구름을 뚫고 산에 올라갔다. 모세는 밤낮으로 사십 일을 그 산에서 지냈다."(탈출 24,18)

모세의 피정은 하느님께 마음을 여는 시간이었다. 그는 계명을 받기 위해 준비하고 있었지만 그 준비는 단순히 수동적이지 않았다. 그는 하느님의 활동에 대비하여 스스로 수련을 행했다. 예를 들면 단식을 했다. "모세는 그곳에서 주님과 함께

밤낮으로 사십 일을 지내면서, 빵도 먹지 않고 물도 마시지 않았다."(탈출 34,28)

모세는 영적 피정을 한 구약의 성인 가운데 마지막 사람이 아니다. 예언자들은 주님의 말씀을 듣고자 할 때 잡다한 일상생활을 떠났다. 엘리야 예언자는 동굴로 들어가고 나서야 하느님의 "조용하고 부드러운 소리"(1열왕 19,12)를 식별할 수 있었다.

예언자들은 피정을 위한 시간을 가졌다. 하느님의 소리를 식별하는 데에는 시간이 걸리기 때문이다. 하느님은 어린 사무엘의 이름을 여러 번 부르셨으나 사무엘은 누가 부르는지 몰랐다. 바로 그때 사무엘은 우리가 피정할 때 마음에 간직해야 할 그 기도를 시작한다. "말씀하십시오. 당신 종이 듣고 있습니다."(1사무 3,10)

예수님의 피정은 우리에게 도움을 주기 위한 것이기에 그만큼 더 교육적이다. 예수님은 하느님 음성을 듣고 하느님 뜻을 알기 위해, 곧 하느님과 일치를 이루기 위해 애쓸 필요가 없으셨다. 그런데도 그분은 열심히 노력하셨다. '그때에 예수님은 성령의 인도로 광야에 나가시어… 그분은 사십 일을 밤낮으로 단식하셨다.'(마태 4,1-2) 또한 열두 제자를 뽑는 일 같은 중요한 일을 앞두었을 때 모세처럼 피정을 하셨다. 때로는 하느님 앞에 슬픔을 토로하러 가셨다. 그것은 그분의 의도적인 삶의 모습이다. "예수님께서는 외딴곳으로 물러가 기도하셨다."(루카 5,16) "예수님께서는 거기에서 배를 타시고 따로 외딴곳으로 물러가셨다."(마태 14,13) "그 무렵에 예수님께서는 기도하시려고 산으로 나가시어, 밤을 새우며 하느님께 기도하셨다."(루카 6,12)

예수님이 최후만찬 때 당신 행위에 대해 하신 말씀은 그분이 하신 피정과 잘 들어맞는다. "내가 너희에게 한 것처럼 너희도 하라고, 내가 본을 보여준 것이다."(요한 13,15) 제자들도 예수님의 인도하심을 따랐다. 사실 그분은 제자들의 첫 번째 피정을 직접 지도하셨다. "예수님께서 베드로와 야고보와 그의 동생 요한만 따로 데리고 높은 산에 오르셨다."(마태 17,1)

이렇게 별도의 시간에 별도의 장소에서 하는 피정이 자리를 잘 잡았기 때문에 성 바오로도 그의 회개 때 피정을 당연한 것으로 받아들였다. 그는 단식하며 시간을 보냈고(사도 9,9) 아라비아 사막으로 떠났다(갈라 1,17). 어떤 때는 '피정'이 사도들에게 투옥이나 귀양의 형태로 주어지기도 했다. 성 요한은 파트모스 섬에 유배되었을 때, 기도 중에 묵시록에 기록된 계시를 받았다.(묵시 1,9 참조)

성경에서 보게 되는 선조들의 피정의 결실은 다양하다. 예언자들과 사도들은 광야에서 홀로 보낸 삶에서 확고한 영성과 강력한 사명감을 얻었고, 모세와 요한의 경우 그들의 새로운 통찰은 하느님 계시로 인정되었다.

피정의 결실은 우리 경우에도 분명 다양할 것이다. 이상적으로 말하면 일 년에 한 번 정도 피정 계획을 세워야 하고 그 시간을 아낌없이 할애해야 한다. 내 자녀들이 분명히 입증하듯이, 가족과 오붓한 시간을 가지려면 우선 함께하는 시간이 충분해야 한다. 마찬가지로 피정 때도 하느님이 바라시는 대화를 위해서는 충분한 시간을 가져야 한다. 사랑하는 친구와 대화할 때처럼 처음에는 이런저런 '한담'을 나눌 시간이 필요하다. 내 삶에서 어떤 일이 진행되고 있는지 파악하고 일상의 과제를 멀리하는 시간을 가져야 한다. 어쩌면 피정 첫날에는 하루 종일 시계를 흘끗거리면서 일상적 생활을 하는 날처럼 지낼지도 모른다. 침묵 속에 하루를 보내고 나서야 비로소 하느님의 현존 안에서 편히 쉴 수 있고 어린 사무엘이 바친 기도를 봉헌할 수 있을 것이다. "말씀하십시오. 주님, 당신 종이 듣고 있습니다." 그런 다음에야 여전히 작은 그분의 음성에 귀 기울일 수 있다.

어째서 예수님과 성 바오로가 하셨던 그런 피정이 필요할까? 우리를 근본적으로 다른 사고방식에 적응시켜야 하기 때문이다. 오직 그렇게 할 때 하느님의 뜻을 식별할 수 있고 삶을 그분의 기준에 따라 정직하게 판단할 수 있기 때문이다. 주님이 말씀하신다. "내 생각은 너희 생각과 같지 않고 너희 길은 내 길과 같지 않다. …하늘이 땅 위에 드높이 있듯이 내 길은 너희 길 위에, 내 생각은 너희 생각 위에 드높이 있다."(이사 55,8-9)

하느님처럼 생각한다는 것은 은총이다. 그리고 그 은총에 일치하기 위해서는 예수님이 보여주신 것처럼 노력이 필요하다. 노력에는 시간이 필요하다. 피정은 우리에게 노력을 기울일 시간과 은총을 가까이할 시간을 제공한다. 교회는 많은 영적 가족을 통해 다양한 피정, 곧 개인피정, 단체피정, 부부피정, 가족피정, 침묵피정, 대화피정, 성령피정, 묵상피정 등의 기회를 제공한다. 그 피정들은 수도원, 야영지, 호텔뿐 아니라 피정에만 제공되는 특별한 장소에서 갖게 된다.

나는 침묵기도를 할 충분한 시간과 개인 면담이 가능한 지도자가 있는 피정이 좋다. 또 지난해를 돌아보고 새해를 위한 결심을 하는 피정을 좋아한다. 돌아봄과 결심은 내 영적 성장에 유익하고 정확한 척도로 이용되기 때문이다. 오직 좋은 피정을 할 때 나는 자신 있게 앞으로 나아갈 수 있다.

마음에 새기기

나는 여러 번 피정을 했습니다. 맨 처음 피정을 했을 때는 이것이 바로 그리스도교적 삶의 신비, 곧 우리 모두에 대한 하느님 계획을 해석하기 위해 내가 찾던 것이구나 하는 충격을 받았습니다. 나는 이제까지 불투명한 유리를 통해 희미하게 보아오던 사물 전체를, 말로 설명하기 어려울 만큼 즐겁고 기쁘고 들뜬 마음으로 온전히 보았습니다.

이것이 바로 내가 가톨릭 신자가 되었을 때, 그리고 내 모든 독서를 통해 영성생활의 가르침과 지도 방식에서 기대했던 것입니다.

나는 초자연적 삶에 대한 지식이 늘었다는 생각과 믿음·희망·사랑이 성장했다는 느낌, 그리고 복음의 어려운 가르침으로 충족되었으며, 마침내 어떤 광야에서든 사십 일을 버틸 수 있는 음식을 가지고 여행을 계속할 준비가 되어 있다는 생각이 들었습니다. 또한 광야와 지하터널에, 감각과 영혼의 어둔 밤에 대한 준비도 되어 있다고 느꼈습니다.

그러나 나는 이 강한 빛이 몇 달 뒤에는 희미해질 것임을 압니다. 그래서 시각을 우리 앞에 놓인 활활 타오르는 진리에 맞추고 다시 한 번 사물을 정확하게 파악하기 위해 다음해에 다시 피정을 해야 한다는 것을 압니다.

– 도로시 데이, 20세기

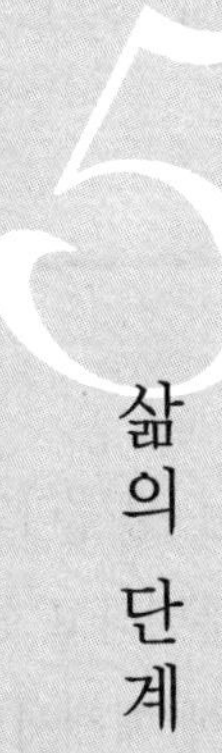

5 삶의 단계

견진성사 · 혼인 · 사제직 · 병자성사

견진성사

견진성사는 '신학을 탐구하는 성사'라고 한다. 어떤 성인은 성령을 '알 수 없는 위대하신 분'이라고 했다. 그런데 우리의 교리와 신심이 우리가 받은 선물에 대해서도, 또 그 선물을 주시는 분에 대해서도 모를 만큼 수준이 낮아서야 되겠는가?

여러분을 위해서도 나를 위해서도 그래서는 안 된다. 성령을 소홀히 하고 견진성사의 은총을 잊는다면 구원받아야 하는 이유를 잃어버리게 되기 때문이다. 하느님은 우리를 무언가(우리의 죄)에서 구원하시기 위해서뿐 아니라 무언가(하느님 자녀로 사는 것)를 위해 구원하시려고 사람이 되셨다. 구원된다는 것은 곧 하느님 본성에 참여하는 것이다.

우리가 하느님 본성에 참여할 수 있는 것은 성령의 선물 때문이다. 예수님은 사도들에게 성령이 "나에게서 받아 너희에게 알려주실 것"(요한 16,14)이라고 말씀하셨다. 그때 거룩하신 성삼 안에서 우리에게 생명을 주시는 분은 성령이다. 성자의 생명을 우리에게 주시는 분이 성령이기 때문이다.

성령을 보내시는 것이 예수님이 하실 일이었다. 그분은 사도들에게 말씀하셨다. "내가 떠나는 것이 너희에게 이롭다. 내가 떠나지 않으면 보호자께서 너희에게 오지 않으신다. 그러나 내가 가면 그분을 너희에게 보내겠다. …진리의 영께서 오시면 너희를 모든 진리 안으로 이끌어 주실 것이다."(요한 16,7.13)

예수님은 약속하신 대로 사도들에게 나타나시어 "그들에게 숨을 불어넣으며 말씀하셨다. '성령을 받아라.'"(요한 20,22) 교회가 맞은 첫 오순절에 성령이 온 교회에 임하셨다.(사도 2장) 이 사건은 메시아 시대에 대한 구약의 여러 예언에서 예시되었다.(이사 44,3; 59,21; 에제 11,19; 36,25–27 참조) 확실히 그 선물의 위대함은 모든 예상을 뛰어넘었다.

선물은 어떤 것이 아니라 어떤 분 곧 성령이다.

사도행전에 따르면 오순절은 어떤 특권층이 아닌 교회 전체를 위한 행사였고 단 하루를 위한 행사가 아니었다. 그 행사는 시간이 흐르면서 성사에 의해 확대되고 제도화되었다. 성령의 선물은 세례와 함께 주어졌으나 어떤 점에서는 다른 의식에 의해 완성되었다.

"예루살렘에 있는 사도들은 사마리아 사람들이 하느님의 말씀을 받아들였다는 소식을 듣고, 베드로와 요한을 그들에게 보냈다. 베드로와 요한은 내려가서 그들이 성령을 받도록 기도하였다. 그들이 주 예수님의 이름으로 세례를 받았을 뿐, 그들 가운데 아직 아무에게도 성령께서 내리지 않으셨기 때문이다. 그때에 사도들이 그들에게 안수하자 그들이 성령을 받았다."(사도 8,14–17)

전승은 견진성사를 성령의 '증표'로 묘사한다. 고대사회에서 어떤 사람의 증표를 지니거나 착용하는 것은 신분에 대한 확인, 곧 그 사람의 자녀이거나 하인임을 알리기 위한 것이었다. 견진성사는 우리를 하느님의 자녀로 만들어 준다. 그것은 우리에게 성숙함을 부여하여 우리가 믿음을 증거하고 신앙을 옹호하며 교회 안에서 책임 있게 살아갈 힘을 갖게 한다. 이 모든 것은 하느님에게서 오는 은총이며 개인의 힘이나 기량에 달린 것이 아니다.

견진성사를 받는 연령은 지역에 따라 다르다. 일부 동방교회에서는 하느님 선물의 무상성을 강조하여 유아에게 세례 후 곧바로 베푼다. 어떤 서방교회에서는 견진성사가 성숙과 교회 안에서 성인成人이 된다는 표지임을 강조하여 고등학교 입학이나 졸업까지로 미룬다. 교회는 견진성사를 언제 받든 그것이 세례를 '완성시킨다'고 가르친다.

견진성사를 받는 시기는 선택할 수 있다. 은총을 받기 위해 일찍 받을 수도 있고 이해가 성숙하기를 기다려 조금 늦게 받을 수도 있다. 그러나 정말로 중요한 핵심은 그것이 아니다. 우리에게 필요한 것은 견진성사가 일생에 한 번 주어지는 선물이며 은총을 우리가 살아가는 동안 날마다 구할 수 있음을 인식하는 것이다. 이렇듯 우리는 영적 성숙에 이르는 데 필요한 모든 것을 받고 있다.

우리는 그리스도교 전승이 '성령의 선물'이라고 부르는 것,

곧 슬기·통달·의견·시식·굳셈·효경·주님을 두려워함의 은총을 받는다. 또한 사랑·기쁨·평화·인내·친절·선함·관용·온유·성실·겸손·절제·순결 등과 같은 성령의 열매도 받는다.

우리는 교회 안에서 의견 차이나 투명하지 못함, 또는 무지에 따른 고집스런 태도 때문에 분열이 일어날 때 성령의 필요성을 느낀다. 그때는 어두움을 불평하기보다 삼위이신 성령께 간구해야 한다.

또한 성령께 대한 신심과 견진성사를 받은 날에 대해 깊이 성찰해야 한다. 성부와 성자께 기도하듯이 성령께 기도하는가? 성령께 직접 기도하는가? 그분은 하나의 위격이지 어떤 힘이나 작용이나 도구가 아니다.

견진성사를 받으면 성령이 우리 안에 거하신다. 우리는 그분의 성전이다.(1코린 6,19) 우리는 그분을 알기 위해 멀리 갈 필요가 없다. 그리스도는 우리에게 성령을 주시려고 이 세상에 오셨다. 그리고 성령이 교회에 내려오게 하시려고 성부께 올라가셨다. 이러한 하느님의 활동과 구원 역사 속에서 하느님의 거룩한 발현이 드러났다. 역사 속에 성자를 보내신 성부는 성자를 영원히 낳으시는 성부의 표상表象이다. 성령이 성령강림 대축일에 교회에 내려오심은 성부와 성자에게서 영원히 발현하심의 표상이다.

그러므로 성삼위 안에서의 성령의 삶이나 성령 안에서의 우리 삶을 무시하거나 과소평가해서는 안 된다. 성령의 본질적 활동은 그리스도의 생명·고난·죽음·부활을 우리 안에 재창출하는 것이다. 따라서 우리가 성령을 무시한다면 그리스도도 무시하는 것이다.

마음에 새기기

여러분은 '그리스도와 하나 되는 세례를 받고' 또 '그리스도를 입었으므로' 하느님의 아드님과 일치하게 되었습니다.(갈라 3,27; 로마 8,29) 하느님이 '우리를 당신 자녀로 삼으시기로 미리 정하셨기 때문입니다'(에페 1,5).

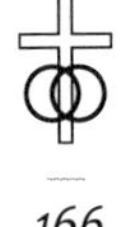

따라서 여러분은 '그리스도의 동료이기에'(히브 3,14) 여러분을 그리스도 또는 기름부음받은이라 부르는 것은 당연합니다. 여러분은 성령의 징표를 받음으로써 기름부음받은이가 된 것입니다. 여러분은 그리스도의 모상이기에 여러분에게 행해진 모든 의식은 상징적 의미를 갖습니다.

그리스도는 요르단 강에서 몸을 씻으심으로써 그 물에 당신의 거룩하신 몸의 현존을 부여하고 그 물에서 나오셨습니다. 그러자 성령이 마치 그 물 위에 쉬러 오시는 것처럼 실제적 형태로 방문하셨습니다.

마찬가지로 여러분이 거룩한 물에서 나올 때 여러분은 그리스도가 기름부음 받으심과 일치를 이루는 방식으로 기름부음을 받았습니다. 그 기름을 부어주시는 분이 성령입니다. 그분에 대해 이사야 예언자는 주님의 위격 안에서 예언할 때 다음과 같이 말했습니다. "주님께서 나에게 기름을 부어주시니 주 하느님의 영이 내 위에 내리셨다."(이사 61,1)

그러나 도유식을 단순히 기름을 바르는 행위로만 간주하는 것은 분명 아닙니다. 성령 청원기도 후 성체성사의 빵이 더 이상 빵이 아니라 그리스도의 몸인 것처럼, 성령 청원기도 후의 그 거룩한 도유식은 더 이상 평범한 기름 바름이 아니라 거룩하신 성령의 현존을 통해 그분의 신성을 우리 안에 스며들게 하는 그리스도의 은총을 바르는 행위입니다.

– 예루살렘의 성 치릴로, 4세기

혼인

나는 성경을 인류에 대한 하느님의 사랑 이야기라고 말하는 첫 번째 사람이 아니다. 성경이 하느님 사랑을 기술했다는 점을 강조하려는 듯 교회는 성경을 혼인으로 시작해 혼인으로 끝나도록 배치했다. 창세기에서 창조사화의 절정은 하느님이 남자와 여자, 곧 한 몸이 되는 최초의 두 사람 아담과 하와를 만드신 장면이다.(창세 2,23-24 참조) 그리고 요한묵시록에는 그 절정이 가장 마지막, 하늘에 대한 예언자의 환시에 있는데, 천사는 그 환시를 "어린양의 혼인 잔치"(묵시 19,9)인 그리스도와 교회의 친교 거행으로 묘사한다.

그 두 사건 안에서 사랑 이야기가 전개된다. 하느님은 예언자들을 통해 말씀하실 때 이스라엘 백성과 당신의 계약을 혼인으로 묘사하셨다. 하느님은 당신 백성을 신부로 맞는 신랑으로 오시는 분, 더 정확히 말하면 메시아에 대해 말씀하셨다.(호세 2,16-24; 예레 2,2; 이사 54,4-8 참조) 이스라엘 민족에게 인간의 혼인은 하느님의 영원한 사랑을 상징하는 세속적 이미지였다.

어떤 사람은 이스라엘의 종교를 율법주의적 종교로 잘못 생각한다. 그것은 단순히 율법에만 강조점을 두기 때문이다. 그러나 현대 유다인 학자 존 레벤슨John Levenson은 분명히 말한다. "그것은 율법이냐 사랑이냐의 문제가 아니다. 율법은 사랑 안에서 이해되고 사랑은 율법 안에서 표현된다. 그 둘은 하나다." 그는 계속해서 혼인 개념을 멀리해서는 구약성경을 이해할 수 없다고 설명한다. "고대에 산 위에서 일어났던 일은 하느님이 신랑이고 이스라엘 백성이 신부인 혼인의 완성이었다." 따라서 혼인은 하느님과 그분이 선택하신 백성의 결합이라는 의미를 갖는다. 그것은 계약(히브리어로 베리트*berît*), 곧 가족계약family bond이었다.

그 기쁨은 이스라엘 백성만을 위한 것이 아니었다. 모든 창조가 하늘과 땅의 혼인식 거행으로 이해되었기 때문이다. 하느님은 예언자 호세아를 통해 이렇게 약속하신다. "그날에 나는 그들을 위하여 들짐승과 하늘의 새와 땅바닥을 기어다니는 것들과 계약을 맺고 활과 칼과 전쟁을 이 땅에서 없애버려 그들이 편안히 자리에 누울 수 있게 하리라. 나는 너를 영원히 아내로 삼으리라. 정의와 공정으로써, 신의와 자비로써 너를 아내로 삼으리라. 또 진실로써 너를 아내로 삼으리니 그러면 네가 주님을 알게 되리라."(호세 2,20-22)

레벤슨은 이렇게 결론을 맺는다. "호세아 예언의 마지막 구절(2,23-25 참조)에서는 모든 창조물이 그 혼인식에 참여한다. 하늘이 땅에 응답하고 땅은 풍부한 결실을 냄으로써 응답한다. …온 우주가 하느님과 이스라엘 백성의 그 거룩한 재혼에 참여한다."

호세아서에서 예레미야서에 이르기까지 혼인에 대한 비유적 묘사를 추적한(예레 2,2; 3,1 참조) 라삐 마이클 피쉬베인Michael Fishbane은 다음과 같이 기술했다. "하느님과 이스라엘 백성 사이의 계약적 사랑이라는 주제는 아가에 대한 고전적 라삐식 해석에서 유명한 표현이 되었다." 어떤 그리스도인이 말을 덧붙였을지도 모르는 이러한 전승이 성 히폴리토와 니사의 성 그레고리오에서 클레르보의 성 베르나르도와 성 토마스 아퀴나스를 거쳐 교황 요한 바오로 2세에 이르기까지 교회의 성인들과 학자들로 이어지는 연장선에서 발견된다.

예언자들은 하느님과 아담, 하느님과 인류, 하느님과 모든 피조물이 맺은 최초의 계약을 갱신할, 영원히 지속될 새로운 계약을 예언했다. 사실 그 계약은 '새로운 창조'라고 할 만큼 모든 것을 아우른다. 따라서 예수 그리스도가 이용하신 예언자들의 비유적 묘사도 혼약과 혼인에 대한 것이었다. 그래서 예수님은 당신 자신을 '신랑'이라고 하셨다. 세례 안에서 그분과 결합된 사람들은 '신부'라 불렸다.(요한 3,29; 마르 2,19; 마태 22,1-14; 25,1-13; 1코린 6,15-17; 2코린 11,2 참조)

창세기를 혼인의 차원에서 가장 먼저 해석하신 분은 예수님이다. '혼인'이라는 말이 아담과 하와 이야기에 직접 나타나지는 않지만 우리는 그 이야기가 혼인에 대한 이야기라는 것을 안다. 예수님이 그렇게 말씀하셨기 때문이다.(마르 10,2–16 참조) 예수님은 창세기 사화가 '창조 때부터'의 하느님 뜻을 반영하고 있으며 '하느님이 맺어주신 것을 사람이 갈라놓아서는 안 된다.'고 말씀하셨다.

신약성경을 따라 좀 더 나아가면, 성 바오로가 깊은 신비적 해석을 제시하고 있음을 보게 된다. 그는 에페소 신자들에게 보낸 서간에서 창세기를 인용하며 그 동산에서의 혼인 계약은 '그리스도와 교회' 사이의 계약이라고 설명했다.(에페 5,21–33 참조) 바오로는 아담과 하와가 한 몸이 됨을 암시하는 장면을 이용하여 아담의 임무와 실패도 밝힌다. 그는 아담이 자기 신부를 위해 필요할 때 '자신을 내어 주지 않았으며' 오히려 뱀의 위협에 굴복한 반면, 그리스도는 당신의 신부인 교회를 위해 자신을 내어 주신다는 사실을 깨닫도록 도와준다. 첫 번째 아담은 실패하여 끔찍한 결과를 낳았지만 새 아담은 성공하여 구원을 이루었다.

바오로가 창세기의 자의적 의미를 없애지도 않고 또한 창세기의 내용이 현실 세계의 남편과 아내에 대한 것이 아니라고 말하지도 않음에 주목하라. 사실 그는 남편과 아내가 나누는 사랑에 대해 아름다운 가르침을 준다. 또한 혼인을 훨씬 더 큰 신비, 곧 그리스도가 당신의 신부인 교회에 대해 지니신 사랑, 하느님이 당신 백성에 대해 지니신 사랑의 상징이라고 이야기한다.

이 신비는 성경의 마지막 책인 요한묵시록Apocalypse에서 가장 분명히 드러난다. 아포칼립스는 그리스어 아포칼립시스 *apokalypsis*에서 유래한 말로 '베일을 걷어내는 것'을 의미한다. 묵시록은 아담과 하와의 이야기처럼 혼인적인 동시에 사제적인 여러 상징적 이미지를 떠올린다. 지금과 마찬가지로 베일은 그 당시 신부 의상의 일부였으며, 일주일 동안 이어지는 유다인의 전통 혼인 축제의 절정에 그 베일을 벗었다. 따라서 베일을 걷는 행위는 혼인 생활의 육체적 친교, 혼인 계약의 물리적 완성이 이루어지는 최초의 순간과 연관된다.

하느님의 지성소도 신부처럼 오직 새 계약의 완성과 더불어 모습을 드러내기 위해 베일로 가려져 있었다.(마르 15,38 참조) 예루살렘의 지성소는 순금으로 입힌 정사각형 방이었다.(1열왕 6,19–20 참조) 그것은 천장에서부터 바닥까지 닿는 휘장, 곧 동물과 꽃무늬로 장식된 커튼으로 볼 수 없도록 가려져 있었다. (따라서 자연 그 자체가 더욱 위대한 실체의 상징적 휘장으로 나타났다.) 그 휘장은 십자가 위에서 당신 자신을 내어 주는 사랑의 행위로 그리스도의 몸이 찢겼을 때 상징적으로 찢어졌다. 우리는 그리스도의 자기 봉헌을 통해, 곧 예수님의 피 덕분에 성소에 들어간다는 확신을 가지고 있다. 그분은 휘장을 관통하는 새롭고도 살아 있는 길을 열어주셨다. 곧 당신의 몸을 통하여 그리해 주셨다.(히브 10,19–20 참조)

베일에 싸인 것은 거룩하며, 오직 사랑의 계약 안에서만 그 베일이 벗겨진다. 묵시록의 베일은 역사의 마지막 완성인 그리스도와 신부인 교회의 혼인이 이루어질 때 벗겨진다.(묵시 19,9; 21,9; 22,17 참조) 교회는 "신랑을 위하여 단장한 신부처럼 차리고 하늘로부터 하느님에게서 내려오는"(묵시 21,2) 거룩한 도성, 새 예루살렘이다. 지성소처럼 그리스도의 신부는 견고하게 순금으로 찬란히 빛난다.(묵시 21,16-18)

사제이신 신랑이 교회의 베일을 벗기심으로써 당신 사랑의 선물을 성령의 '영광과 아름다움' 속에서 당신의 신부 새 예루살렘에게 드러내신다.(탈출 28,2 참조) 그 혼인으로 새 창조 곧 "새 하늘과 새 땅"(묵시 21,1)이 시작되고, 창세기를 여는 장章들이 재연된다. 3세기 학자 오리게네스는 요한묵시록이 요한복음서를 해석하는 열쇠라고 주장했다. 사실 요한복음서를 새 창세기, 새 창조, 하느님의 어린양의 종말론적 '혼인 잔치'를 묘사하는 것으로 이해할 때 가나 혼인 잔치의 이해하기 힘든 여러 관점이 분명해진다.

첫 번째 계약에서 우리는 아담과 하와라는 한 남자와 한 여자의 혼인 결합을 보았다.(창세 2,23-24 참조) 새 계약에서는 새로운 한 남자와 한 여자가 혼인 축제에 있는 것을 본다. 사실 마리아는 예수님의 어머니이지 그분의 신부는 아니다. 요한이 여기서 의도하는 성경적·상징적 의미의 초자연적 깊이를 이해하기 위해 우리에게 필요한 것은 우리의 '원래' 독서법을 제쳐 놓는 것이다. 마리아는 새로운 '여자'로서 다수의 성경적 상징과 기대의 중심이 된다. 마리아는 이스라엘의 딸인 동시에 새로운 하느님 백성의 어머니며 하느님의 신부다.

카나에서 예수님은 새 창조의 맏이인 새 아담으로 나타나신다. 요한이 의미하는 내용은 그 밖의 여러 신약성경에서 분명해진다. 바오로는 예수님을 아담의 한 '유형'이며(로마 5,14 참조) 새 아담인 동시에 마지막 아담이라고 한다(1코린 15,21-22; 45-49 참조). 카나에서 마리아는 새 하와이며 새 아담의 신부인 동시에 새 창조의 어머니다.

카나에서는 물이 술로 변하는 실체 변화가 이루어지는데, 이는 신약의 예수님의 식사, 곧 하느님과 교회가 맺은 계약의 유형적 완성인 성체성사를 예시한다. 예수님은 성체성사 안에서 우리에게 당신 몸을 음식으로 주시고(요한 6,26-58) 그로써 하느님의 자녀인 우리는 '살과 피를 나눈다'(히브 2,14). 성체성사 안에서 예수님은 온 인류를 어린양의 혼인 잔치로 이끄신다. 성체성사 안에서 그리스도는 아담이 하와를 바라보았듯이 교회를 바라보시며 말씀하실 것이다. "이야말로 내 뼈에서 나온 뼈요 내 살에서 나온 살이로구나!"(창세 2,23)

예수님이 비유에서 '나의 연회'라고 하신 '혼인 잔치'의 상석에 앉아 있는 우리는 성체성사에서 그 혼인식의 일원이 된다. 성체성사에서 우리는 하느님이 각 사람을 대상으로 하시는 사랑의 친교에 깊이 참여하며 각자 '그리스도와 약혼한다'(2코린 11,2). 모든 성체성사는 우리의 혼인 잔치다.

아우구스티노는 "모든 의식이 혼인에 대한 찬양이다. 교회의 혼인식이 거행되는 것이다. 임금의 아드님이 혼인하려고 한다. …그 혼인식에 자주 참여하는 손님들이 신부다. …교회 전체가 그리스도의 신부이기 때문이다."라고 했다.

이것이 성전에 대한 진실이고 신부에 대한 진실이다. 그 연결은 예수님의 모국어를 보면 분명해진다. '거룩함'이라는 말은 히브리어로 키두신*kiddushin*이며, 이 말은 유다식 혼인축제와 혼인에 사용되었다.

나는 혼인하는 날 사랑하는 킴벌리를 보았을 때 베일을 쓴 그녀의 아름다움에 쓰러질 뻔했다. 그것은 내가 기대했던 것 이상의 신비스러운 무엇이었다. 혼인식은 내게 하나의 계시였다. 나는 그것이 시작이고 탄생이고 새 창조이며 새 계약이었음을 알지 못했다.

마음에 새기기

혼인을 만드신 분은 하느님이십니다. 혼인은 태초부터 하느님 아드님의 육화에 대한 예표였습니다. 혼인 안에는 외적인 것이 아니라 내재적인 것, 사람에게서 비롯된 것이 아니라 본성적으로 지닌 거룩하고 종교적인 무언가가 있습니다.

– 교황 레오 13세, 19세기

사제직

나는 가톨릭 신자가 아니었을 때 가톨릭교회를 반대하는 사람이었다. 고등학교 때는 가톨릭 신앙을 성경적으로 반대할 멤버를 훈련시키는 초교회超教會 단체에서 활동했다. 나는 예수님이 “이 세상 누구도 아버지라고 부르지 마라.”(마태 23,9)고 하신 그 말씀을 가지고 자주 가톨릭 신자들과 논쟁을 벌였다. 그때 나는 이렇게 묻곤 했다. 가톨릭 신자들은 어째서 사제들을 ‘아버지[神父]’라고 부르는가? 지금 내가 부끄럽게 여기는 것은 가톨릭 신앙에 대한 오해보다 성경에 대한 내 오해다.

여러 해 동안 연구하고 기도하고 난 뒤에야 나는 성경이 실제로 하느님의 사제들을 아버지로 제시하고 있음을 분명히 알게 되었다. 성경적 신앙 안에서 사제는 아버지이고, 나아가 여러분이나 내가 ‘아빠’라고 부르는 우리를 낳아준 분보다 오히려 더 큰 의미를 지닌 ‘아버지’다.

처음부터 살펴보자. 우리는 구약성경을 공부할 때 사제직의 역사를 성조聖祖 시대와 레위 시대로 나눈다. 성조 시대는 창세기에서 볼 수 있고, 레위 시대는 탈출기에서 시작하여 예수님이 오실 때까지다.

성조 시대의 종교는 모세가 시나이 산에서 십계명을 받은 뒤 이스라엘 민족에 의해 실행된 종교와 판이하게 달랐다. 성조 시대의 종교는 그 근거를 자연적 가족 질서, 그중에서도 특히 아버지에게서 아들(특히 맏아들)에게 '축복'의 형태로 전해지는 권위에 두었다.(창세 27장 참조)

창세기에는 사제 제도와 계급 제도가 분리되지 않아 성전이 희생제사를 바치는 장소로 따로 마련되어 있지 않았다. 따라서 가장들이 제단을 만들고 그들이 택한 장소와 시간에 따라 제물을 봉헌했다.(창세 4,3-4; 8,20-21; 12,7-8 참조) 아버지들이 사제의 권한을 받은 것이다.

직무와 관련된 예복도 있었다. 레베카가 맏아들 에사우의 의복을 가져다 야곱에게 준 것은(창세 27,15 참조), 사제 직무를 상징적으로 전해 준 것이다. 그와 똑같은 사제직의 의미를 한 세대 뒤 야곱이 아들 요셉에게 준 '긴 저고리'에서 발견할 수 있다.(창세 37, 3-4 참조) 이를 통해 어째서 요셉의 배다른 형제들이 질투심으로 가득 찼었는지를 이해하게 된다.

사제직의 원초적 근거는 부권父權이다. 사제직의 의미 자체는 가정에서 가족을 대표하고, 영적 권위를 가지며, 종교의식을 거행하는 아버지에게로 거슬러 올라간다. 맏아들은 아버지를 계승할 권한이 있는 상속자로서 가족 안에서 아버지의 권위와 사제직을 계승할 준비를 한다. 사제직은 처음부터 아버지와 그의 축복을 받은 아들의 차지였다.

그러한 양상은 탈출기로 이어져 하느님은 모세에게 "이스라엘은 나의 맏아들이다."(탈출 4,22)라고 선언하셨다. 세상의 수많은 민족 가운데 이스라엘 백성이 하느님의 상속자요 사제라는 말이다. 파스카 때 모든 맏아들은 파스카 어린양의 피로 구원되고 이스라엘 열두 지파를 이루어 사제로 봉사하도록 성별되었다.(탈출 19,22-24 참조) 하느님은 이스라엘 백성에게 '거룩한 민족이 되고 충성스런 사제직'을 수행할 소명, 모든 민족의 맏형이 될 특별한 소명을 부여하셨다. 맏아들이 집안에서 사제가 되어야 했던 것처럼 이스라엘 백성은 모든 민족 가운데 하느님의 맏아들 역할을 해야 했다.

다만 조건이 있었다. 이스라엘 백성의 신원은 "너희가 내 말을 듣고 내 계약을 지키면"(탈출 19,5)이라는 역사상 가장 중대한 '조건'에 달려 있었다. 그들은 그 '조건'을 지키지 못했다. 이스라엘 지파들은 금송아지를 숭배한 것 때문에 사제직 축복권을 레위 지파에게 넘겨주어야 했다.(탈출 32,25-29) 레위인들은 우상숭배에 대한 유혹을 물리쳤기 때문이다.

이렇게 해서 이스라엘의 사제직은 문화적 집단에 유보된 세습 직무가 되었으며 가정은 더 이상 사제직과 희생제사의 주된 장소가 되지 못했다. 하느님은 본질적으로 다른 지파의 성직을 박탈하셨다. 그들이 불충실했기 때문이다. 그 뒤 예수님이 오실 때까지 수세기 동안 레위 지파만이 이스라엘의 사제직을 독점적으로 유지했다.

그렇지만 우리는 이스라엘 민족이 여전히 사제직을 부권과 연관시킨 사실을 판관기에서 볼 수 있다. 판관기 17장에서 우리는 미카를 만나게 되는데 그는 자기 가문의 성지에서 예배드릴 목적으로 아들을 사제로 축성한다. 그뿐만 아니라 한 레위인이 미카의 집에 나타났을 때 그 사람에게 간청한다. "나와 함께 살면서 나에게 아버지와 사제가 되어주시오."(판관 17,10) 그다음 장에서는 미카의 간청이 단 지파에 의해 그대로 되풀이된다. 그들은 레위 사람에게 자기네 지파 전체의 사제가 되어 달라고 청한다. "우리를 따라 나서시오. 그리고 우리에게 아버지와 사제가 되어주시오."(판관 18,19)

이러한 요구에서 주목할 것은 그들의 주장이 아니라 그들이 당연한 것으로 여기는 내용이다. 간단히 말해 미카는 우리에게 이스라엘 백성의 흔치 않은 과도기의 모습을 엿보게 해준다. 아버지들은 여전히 그의 아들들을 가족 지성소의 사제로 세웠고, 그것은 앞 세대에서 전해 내려온 관습이었다. 그렇지만 그들은 미카 아들의 사제직보다 레위인의 사제직을 더 따랐고 그것은 곧 새로이 생겨날 성직에 대한 암시였다.

우리는 미카와 단 지파 사람들이 반복한 말에서 사제직이 가족 구조를 벗어난 후에도 여전히 부권을 사제 직무의 본질적 속성으로 여겼음을 발견할 수 있다. 그런 토막 정보들이 판관기에 나타난다. 고대 이스라엘인의 뿌리까지 거슬러 올라가는 우리 종교 역사에는 이러한 사제의 영적 부성父性의 포괄적 실체가 깊이 뿌리박혀 있다.

때가 차자 하느님 아버지는 예수님을 충실한 맏아들로(히브 1,6 참조), 사제로(히브 10,21 참조) 보내시어 자연적 사제직을 회복시키셨을 뿐 아니라 교회라는 거룩한 가정 안에 초자연적 사제직을 세우셨다.

예수님과 더불어 아버지들의 사제직이 회복되었고 신약의 사제들의 아버지 성직이 제정되었다. 히브리인들에게 보낸 서간에 따르면 하느님의 충실한 맏아들로서(히브 1,6 참조) 예수님의 역할과 신원은 아버지이신 하느님과 형제자매인 우리 사이에 완벽한 중개자로 있는 것이다. 그리스도께 우리는 '하느님이 주신 자녀들이고'(히브 2,12 참조), "많은 자녀들"(히브 2,10 참조)이며, "형제들"(히브 2,12 참조)이고, 새로운 "아브라함의 후손들"(히브 2,16)로서 하느님의 '가족/집안'을 함께 형성한다. 그 집안을 예수님이 세우시고(히브 3,3 참조) 아드님으로서 다스리신다(히브 3,6 참조). 모든 그리스도인이 그리스도와 동일시 되기에 교회는 "맏아들들의 모임"(히브 12,23)이다.

성 베드로는 교회에 대해 이야기하면서 이스라엘 백성이 광야에서 잃어버린 신원에 대해 다시 이야기한다. "여러분은 선택된 겨레고 임금의 사제단이며 거룩한 민족이고 그분의 소유가 된 백성입니다."(1베드 2,9)

이제 사제들은 다시 '하느님의 보편적 가정'(「가톨릭교회 교리서」 1항과 1655항 참조)이 된 교회 안에서 아버지들이다. 그리스도의 첫 사제들인 사도들은 아버지 역할을 분명히 깨달았다. 성 바오로는 자신의 영적 아버지 자격을 명확히 주장한다. "여러분을 그리스도 안에서 이끌어 주는 인도자가 수없이 많다 하여도 아버지는 많지 않습니다. 그리스도 예수님 안에서 내가 복음을 통하여 여러분의 아버지가 되었습니다."(1코린 4,15; 필리 2,22; 1티모 1,2; 1,18; 2티모 1,2; 티토 1,4; 필레 10 참조)

바오로가 아버지인 것은 결혼을 하여 가정을 이루고 자녀들을 양육했기 때문이 아니다. 그가 결혼하지 않았으나 아버지였던 것은 사제였기 때문에, 곧 '복음을 전하는 사제직을 수행하는 사람'(로마 15,16)이었기 때문이다.

성 아우구스티노도 사도들에게 물려받은 자신의 주교직에 대해 똑같은 생각을 했다. "사도들은 아버지로서 파견되었다. 그 사도들을 대신하기 위해 아들들이 여러분에게서 태어나 주교들이 되었나. …교회는 그들을 아버지라 부른다. 교회는 그들을 낳았으며, 그들을 아버지의 위치에 올려놓았다. …그것이 가톨릭교회다. 가톨릭교회는 아들들을 낳아 그들이 온 세상에서 교회의 첫 아버지들(사제들)의 일을 계속하게 했다."

이것이 참된 성경적 가르침이다. 사제들은 관리자나 기능직 직원이 아니다. 그들은 아버지들이다. 성사적 사제직은 의식儀式적 기능이라기보다 가족 관계다. 따라서 사목자는 대가족의 아버지다. 그는 하느님 앞에서 많은 사람에 대한 책임을 져야 한다. 그의 부권父權은 단순히 비유적인 것이 아니며 참된 부권은 삶의 친교를 필요로 한다.

나는 한 가정의 아버지로서 생물학적 인간 생명을 전하지만 사제는 세례성사와 성체성사 안에서 예수 그리스도의 거룩한 생명과 인성을 전한다.

수품된 사제는 그의 영적 부권 때문에 공경을 받는다. 모든 사제는 그들의 나약함과 죄에도 불구하고 존중되어야 한다. 하느님이 '네 아버지와 어머니를 공경하라.'고 말씀하셨을 때, 그분은 그 십계명에 어떤 단서나 예외를 두지 않으셨다.

그러므로 어떤 사람이 사제직 수행을 잘못한다면 우리는 그를 위해 기도하고, 염려하는 마음으로 그를 대해야 하며, 다른 증인들과 더불어 대면해야 한다. 그런데도 그를 위한 노력이 실패한다면 주교에게 그 문제를 가져가되 그러는 중에도 내내 그와 그의 사제직, 아버지로서의 자격을 공경해야 한다. 이것이 자녀들이 아버지에 대해 가져야 할 도리다.(창세 9,22-27 참조)

마음에 새기기

하느님을 사랑하는 옛날 남자들이 자녀를 낳아 아버지가 되려고 했던 까닭이 더 이상 언급되지 않는 이유는, 자녀를 낳아 아버지가 되는 것이 더 이상 그때와 같은 의미를 갖지 않기 때문입니다.

우리는 수많은 민족이 어떻게 하느님의 도우심을 받아 도시와 시골과 들판에서 한데 모이고 복음적 가르침을 통한 거룩한 교육에 참여하는지를 목격할 수 있습니다.

이제 하느님의 참된 예배를 가르치고 전하는 사람들이 생계유지와 일상적 걱정거리의 사슬에서 자유로워져야 합니다. 지금 그들에게는 더욱 중요한 일에 헌신할 수 있도록 단호히 혼인을 멀리하라는 명령이 내려져 있습니다.

이제 그들의 관심은 육체적 자손이 아닌 거룩한 자손들을 얻는 일에 있습니다. 따라서 그들은 한두 명의 자녀가 아니라 무수한 자녀를 동시에 낳아, 하느님을 기쁘게 해드리는 교육을 시키고 일심직으로 보살피는 일을 맡고 있습니다.

– 체사레아의 에우세비오, 4세기

병자성사

예수님이 열두 제자에게 사명을 부여하시자 그들은 세상으로 나아갔고 곧바로 성과를 볼 수 있었다. 마르코복음서는 그들이 "많은 병자에게 기름을 부어 병을 고쳐주었다."(마르 6,13)고 전한다. 분명 그들은 자신들을 통해 흘러나간 능력에 놀랐을 것이다. 하지만 그것은 그들 앞에 놓인 책무에 대한 단순한 암시일 뿐이다. 예수님이 마르코복음서에서 분명히 언급하셨듯이 중병에 걸린 사람들을 고쳐주는 것보다 죄를 용서하는 것이 더 큰 일이기 때문이다.(마르 2,9 참조)

예수님이 중병이나 장애가 있는 사람들을 고쳐주신 것은 영적 치유의 표징이었다. "이제 사람의 아들이 땅에서 죄를 용서하는 권한을 가지고 있음을 너희가 알게 해주겠다."(마르 2,10) 육체적 표징은 영적 실체를 위한 것이었으며 인간적 나약함에 대한 대응책이었다.

예수님은 사도들에게 많은 기적을 보여주신 후에 "그보다 더 큰 일"(요한 14,12)을 하게 될 것이라고 확실하게 말씀하셨다. 직무 초기에 사도들은 예수님처럼 육체적 건강을 회복시켜 줄 수 있었는데, 그것은 그들이 성령강림 후 교회를 통해 성취하게 될 더욱 의미 깊은 치유의 표징이었다.

야고보 서간에서 교회의 영적 치유 직무에 대한 내용을 엿볼 수 있다. "여러분 가운데 앓는 사람이 있습니까? 그런 사람은 교회의 원로들을 부르십시오. 원로들은 그를 위하여 기도하고, 주님의 이름으로 그에게 기름을 바르십시오. 그러면 믿음의 기도가 그 아픈 사람을 구원하고, 주님께서는 그를 일으켜 주실 것입니다. 또 그가 죄를 지었으면 용서를 받을 것입니다."(야고 5,14-15)

이것이 오늘날 우리가 병자성사로 알고 있는 내용이다.

그런데 어떻게 육체적 질병이 영적 치유를 위한 기회가 되는가? 당연한 물음이지만 그럴 만한 이유는 충분하다. 극심한 육체적 고통은 어려운 영적 시련을 동반하기 때문이다. 상황이 급박할 때는 하느님의 선성과 능력, 나아가 그분의 존재까지도 의심하게 되는 유혹에 빠지기 쉽다. 욥의 아내는 절망에 빠진 욥이 '하느님을 저주할 것'(욥 2,9)을 기대했다.

성사적 도유는 우리에게 시련에 맞서는 데 필요한 은총을 준다. 기름이 초기 그리스도인에게 어떤 상징적 의미가 있었는지 생각해 보라. 기름은 병을 낫게 할 뿐 아니라 힘을 북돋아 주었다. 기름은 많은 약의 주성분이었으며 경기장에서는 운동선수의 몸에 바르는 약이기도 했다. 올리브기름은 시합에 나서는 레슬링 선수들의 몸을 강화하고 상대편이 몸을 잘 잡을 수 없도록 미끄럽게 하는 구실을 했다.

이 모든 현세적 가치는 그리스도인에게 도유의 영적 가치를 상징한다. 도유는 우리를 영적으로 치유하고 영적 힘을 강화시켜 악마의 손아귀에서 벗어나게 하고, 악마와의 싸움을 견디게 한다. '우리를 사랑해 주신 분의 도움에 힘입어 모든 것을 이겨내고도 남게 한다.'(로마 8,37) 더욱이 도유는 예수님이 마르코복음서에서 암시하신 큰 기적, 곧 죄를 용서하는 기적을 일으킨다. 그러므로 우리는 죽음이 영원한 생명에 이르는 길이 되리라는 희망 속에서 어떤 죽음도 평온한 마음과 평화로운 양심으로 맞을 수 있다.

육체적 치유가 영혼 구원에 도움이 되는 경우, 성사적 도유를 통해 초래되기도 한다. 그런 일은 매우 좋은 일이지만 흔한 일은 아니다. 실제로 성사의 통상적 효과보다 훨씬 미미하다. 도유는 우리에게 필요한 것을 훨씬 더 많이 준다. 곧 우리 고통을 그리스도의 고통과 일치시키고 특히 자신의 죄를 속죄하는 의미에서 겸손하게 받아들이게 한다. 도유는 육체적 고통을 더 깊이 치유하고 진실로 구원에 이르게 하는 것으로 변화시키도록 돕는다.

도유는 그리스도가 고통 받는 당신 백성에게 주시는 커다란 선물로서 당신 생명에 더욱 완전하게 참여하게 한다. 초대교회는 그 선물을 알아보고 엄청난 감사의 마음을 드러냈다. 시리아어를 사용하는 그리스도인 가운데 위대한 선구자였던 성 아프라핫Aphrahat과 이집트의 성 아타나시오의 동료 성 세라

피온이 이 성사를 높이 찬미했다. 교황 인노첸시아 1세는 로마교회의 성직자들에게 그 성사의 예식에 대해 상세히 설명해 주었다.

예수님은 구원salvation을 가져다주시기 위해 오셨다. salvation이라는 낱말은 고대 언어에서 '건강health'과 동의어다. 예수님이 베푸신 육체적 치료는 더욱 깊이 있고 오래 지속되는 영적 치유를 외적으로 드러내는 표징이었다. 추측하건대 그분이 활동하실 때 치유하신 모든 사람은 평범한 죽음을 맞았을 것이다. 아마도 당시의 육체적 치유는 육신의 죽음까지도 이겨내는 영적 치유라는 지속적인 치유에 비해 부차적인 문제였을 것이다.

예수님의 치유는 주로 영적인 것이었지만 그분도 그 치유를 육체적 방법으로 행하셨다. 예를 들면 어떤 사람에게는 진흙과 침을 바름으로써 치유하셨다.(요한 9,6-7 참조) 하느님은 어째서 당신의 권능을 그런 보잘것없는 세속적 방법으로 드러내셨는가? 우리를 만드신 그분은 우리 인간이 감각적 표징과 성사를 통해 배운다는 것을 잘 아셨기 때문이다.

그뿐만 아니라 그분의 일이 그 짧은 활동 기간 동안 땅에서 만나게 되는 얼마 안 되는 사람들만을 위한 것이 아니었기에 당신의 육화(당신의 치유, 당신의 구원)를 시공을 통해 확장하시고자 지상에 교회를 세우신 것이다.

마음에 새기기

구약성경과 신약성경은 질병과 치유를 중요한 주제로 다룸으로써 그 두 실체가 구원의 질서와 맺고 있는 관계를 깨닫게 합니다. 질병은 죄와 악마와 연관되어 있습니다. 하느님이 육신을 치유하실 때는 영혼도 돌보시는 것입니다. 병자를 치유하시는 것은 악마에게 사로잡힌 사람들을 자유롭게 하는 동시에 메시아 왕국을 상징하는 표징입니다.

질병의 고통과 지루하고 고된 일에 의한 고통, 출산의 고통이 죽음과 더불어 이 세상에 들어오게 된 것은 죄 때문입니다.(창세 3,15-19) 비록 질병이 아담과 하와가 받은 저주 속에 명백히 언급되지는 않지만 신학적 전승은 그것이 당연히 포함되는 것으로 여겨왔습니다.

그리스도는 병자를 치유하고 당신 교회에 질병에 대한 권한을 부여하셨지만 질병 자체는 없애지 않으셨습니다. 또한 죽음도 고통도 지루하고 고된 일도 없애지 않으셨습니다.

천상 예루살렘에서는 죽음과 마찬가지로 질병

이 정복되었고 메시아 시대가 완선히 이루어졌으므로 질병이 설 자리가 없지만, 지상에는 여전히 존재하고 있습니다. 그러나 그리스도는 죄와 죄의 원인인 사탄을 정복하셨기에 질병은 저주가 아닙니다. 오히려 질병은 구원적 요소가 되어 그리스도인이 자신의 고통을 통해 그리스도처럼 되는 동시에 자신 안에서 부활하신 그리스도의 권능을 증거할 수 있습니다.

바오로가 자신의 육신을 공격한 고통에서 구해달라고 빌었을 때 주님은 이렇게 대답하셨습니다. "나의 힘은 약한 데에서 완전히 드러난다."(2코린 12,9) 바오로는 교회를 위해 자신의 육신으로 "그리스도의 환난에서 모자란 부분을"(콜로 1,24) 채웠습니다.

"우리는 언제나 예수님의 죽음을 몸에 짊어지고 다닙니다. 우리 몸에서 예수님의 생명도 드러나게 하려는 것입니다."(2코린 4,10)

– 애메 조지 마르티몰트, 20세기

6 삶의 맛

향 · 초 · 성화상 · 성해 · 단식과 금욕

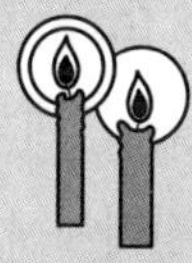

향

가톨릭을 이따금 '종소리와 향'의 종교라고 한다. 우리 전통은 전인적全人的 인간을 포용한다. 하느님은 우리를 육신과 영혼의 결합체로 창조하셨으므로 우리는 예배드릴 때 그분께 우리 자신을 온전히 봉헌한다. 우리는 그분께 영과 진리 안에서 예배를 드리며(요한 4,24 참조), 영적 예배 안에서 '우리의 몸을' 또한 '산 제물로' 바친다(로마 12,1 참조).

교회의 예배는 우리를 있는 그대로, 곧 우리의 육체적·정신적 감각을 모두 포용한다. 전례에서 우리는 복음을 묵상한다. 그러나 그것이 전부가 아니다. 우리는 그것을 듣고, 보고, 느끼고, 맛보고, 냄새 맡는다. 또한 주님의 현현을 알리기 위해 종을 치고, 그분의 제단 앞에 향을 피운다.

내가 처음으로 비잔틴 신학교에서 가톨릭 전례에 참석한 저녁기도 시간이 생각난다. 칼뱅교가 배경이던 내게 그때 체험한 향과 성화, 무릎 꿇음과 절, 성가와 종소리 등은 매우 생소했으나 내 모든 감각은 그 모든 것 안으로 빨려들었다. 나중에 한 신학생이 "어떠셨습니까?" 하고 물었을 때 나는 이렇게 말할 수밖에 없었다.

"이제야 저는 하느님께서 제게 육신을 주신 이유를 알았습니다. 제 몸은 전례에서 주님 백성과 함께 주님께 예배를 드리기 위한 것입니다."

예배는 단순히 선하고 참되기만 한 것이 아니다. 그것은 아름답다. 예배는 하느님을 위한 것이기에 아름답게 만들어야 한다. 한두 세대 전에는 일반적으로 미사에서 향을 많이 사용했다. 처음 체험한 분향의 매력에 이끌렸다고 고백하는 개종자는 나만이 아니다. 그것은 기분 좋고 아름다운 체험이었다. 비가톨릭인들이 가톨릭 신자들을 종소리와 향과 연관시키는 이유는 종소리와 향의 강한 인상 때문이다.

어떤 사람은 분향이 참된 예배를 방해하지 않을까 걱정하기도 한다. 그는 분향이 전례를 다만 심미적 체험으로 격하시키거나, 참된 내적 생활보다는 외적인 것에 치우치는 종교로 격하시키지나 않을까 염려한 것이다.

하느님은 이스라엘 백성에게 그러한 화려함에 대해 경고하셨다. 곧 예언자 이사야를 통해 그들에게 이렇게까지 말씀하셨다. "더 이상 헛된 제물을 가져오지 마라. 분향 연기도 나에게는 역겹다."(이사 1,13)

하지만 하느님은 예배의 외적 형태를 폐지하지 않으셨다. 그분은 당신 백성이 예배의 내적 성향을 소홀히 하지 않기를 바라셨다. 실제로 하느님은 예언자 말라키를 통해 '해 뜨는 곳에서 해 지는 곳까지… 곳곳에서 당신 이름에 향과 정결한 제물을 바치는'(말라 1,11) 날을 예언하셨다.

실제로 분향은 성경적 신앙의 중요한 부분이다. 그래서 그것이 그대로 남아 있는 것이다. 하느님이 그렇게 하기를 바라셨다. 분향은 구약 시대 사제들의 본질적 의무였으며, 고대의 율법은 향·향로·의식 규정에 특별히 신경을 썼다.(탈출 30장 참조) 하느님은 대사제 아론에 대해 말씀하셨다. "나는 너의 조상을 이스라엘의 모든 지파 가운데에서 내 사제로 선택하여, 내 제단에 올라와 향을 피우고 내 앞에서 에폿을 걸치게 하였다."(1사무 2,28)

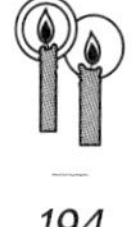

그래서 사제들은 모세 시대부터 예수님 시대를 거쳐 현대까지 그렇게 해왔다. 예수님의 친척 즈카르야는 천사 가브리엘이 그에게 나타났을 때 성전에서 분향하는 의무를 수행하고 있었다. 그것은 '분향하는 동안' 가까이서 기도하려는 '온 백성의 무리'를 위한 일상적인 관습 행위였다.(루카 1,9–11 참조)

분향은 가장 상징적인 형태의 예배가 되었다. 향가루가 빨갛게 타오르는 향로에 떨어지면 하늘로 향기로운 연기가 피어오른다. 그것은 진실한 기도의 내적 신비를 외적으로 상징하는 것이다. 시편 작가는 "저의 기도 당신 면전의 분향으로 여기시고"(시편 141,2)라고 했다. 성 바오로도 같은 내용의 비유를 사용했다.(필리 4,18 참조)

1세기 유다 신학자 알렉산드리아의 필론은 향로에서 하늘을 향해 피어오르는 향 연기의 자유로움을 하느님의 모상에 따라 만들어진 인간의 영직·이성적 특성의 상징으로 보았다. 그는 제물인 동물과 함께 향을 봉헌하는 것은 하느님께 봉헌된 인간의 본성과 육신과 영혼 전부를 상징한다고 보았다.

예언자들에게 향은 예배와 밀접히 연결되어 있었다. 그래서 우상에게 분향하는 것은 바로 하느님께 대한 불신앙의 이미지였다. "내가 그들을 거슬러, 그들이 나를 저버리고 다른 신들에게 분향을 하였으며[제사를 바치며], 자기네 손으로 만든 것들을 섬긴 모든 죄악에 대하여 심판의 말을 내리겠다." (예레 1,16)

그러한 이미지는 로마법이 모든 시민에게 황제의 수호신 앞에서 분향하기를 요구했던 초세기 그리스도교에서도 똑같이 작용했다. 어떤 그리스도인은 소량의 향을 봉헌함으로써 일시적으로 생명을 구했으나 배교라는 중죄를 범했다. 그들은 거짓 예배를 위해 참된 예배를 포기함으로써 스스로 교회 공동체를 떠났다. 충실하게 남아 있던 그리스도인은 그런 배반자들을 '향로잡이' 곧 향 피우는 사람이라고 불렀다.

고대 사람들에게 향을 피우는 것은 예배를 풍성하게 봉헌하는 상징적 행위였다. 성 요한은 천사들의 천상 예배를 묘사할 때 그 예배에서 많은 향 연기가 피어오른다고 했다.(묵시 5,8 참조) 그리고 지상에서 성도들이 바치는 기도는 향 연기처럼 하늘로 올라간다고 말했다.(묵시 8,3-4 참조)

분향은 예배에 속한다. 분향은 반드시 필요한 것은 아니지만, 거룩한 예배를 아름답게 표현하고 가치 있게 한다. 하느님은 율법에 그것을 규정하셨는데, 당신 자신을 위해서가 아니라 우리를 위해 그렇게 하셨다. 그 결과 그 상징적 표징을 통해 예배의 아름다움을 볼 수 있다.

예수님 시대에는 성전에서뿐 아니라 앞에서 언급한 카부라 chaburah 곧 '친교'의 식사에서도 분향을 했다. 라삐들은 이러한 가정家庭 의식에서 향을 적절히 사용하는 문제에 대해 오랫동안 논쟁을 벌였다.

우리는 미사, 신약의 친교의 식사에 이 향기로운 표징을 반영하기 위해 좀 더 많은 신경을 써야 할 것이다.

초기 그리스도교 문헌(「디다케」, 성 유스티노와 성 이레네오의 저술)은 말라키서 1장 11절에 언급된 예언을 성체성사에 적용했다. 그것은 거룩한 미사를 이스라엘의 하느님께 언제 어디서나 향을 봉헌하는 순수한 봉헌이라고 했다. 성 바오로는 이를 다음과 같이 잘 표현했다.

"우리는 하느님께 감사드립니다. 그분께서는 늘 그리스도의 개선 행진에 우리를 데리고 다니시면서, 그리스도를 아는 지식의 향내가 우리를 통하여 곳곳에 퍼지게 하십니다. 구원받을 사람들에게나… 하느님께 피어오르는 그리스도의 향기입니다. …생명으로 이끄는 생명의 향내입니다."(2코린 2,14-16)

마음에 새기기

아무 죄 없이 십자가 위에서 당신 자신을 하느님 아버지께 희생제물로 봉헌하신, 하느님 말씀이신 주권자 주 예수 그리스도님, 당신은 이중의 본성을 지닌 숯이 되시고, 부젓가락으로 예언자의 입술을 건드리시어 그의 죄를 사하셨으니, 우리 죄인들의 마음도 건드리시어 모든 더러움을 깨끗이 없애주시고, 우리가 당신의 거룩한 제단 옆에 머물며 당신께 찬미의 제물을 봉헌하게 하소서.

아무 쓸모없는 당신의 종인 우리가 봉헌하는 이 향내를 달콤하고 부드러운 향기로 받아주시어 우리의 영혼과 육신이 풍기는 악취를 향기로운 냄새로 만들어 주시고 지극히 거룩하신 당신 영의 성화聖化 능력으로 우리를 정화시켜 주소서.

…죄인인 우리가 봉헌하는 이 향을 아벨과 노아, 아론과 사무엘, 그리고 다른 모든 성인의 봉헌을 받아들이셨듯이 받아주시어 우리를 모든 악에서 지켜주시고, 우리가 끊임없이 당신을 기쁘게 해드리고 당신을 흠숭하며 당신의 영광을 찬양하게 하소서.

…우리는 만물의 구원자시요 하느님이신 당신과, 당신께서 우리에게 베풀어 주신 모든 것, 당신의 거룩하고 순수한 신비의 친교에 대해 감사드리나이다. 우리는 이 향을 당신께 봉헌하며 기도하나이다. 우리를 당신 날개 그늘 아래 품어주시어 우리가 마지막 숨이 다하는 순간까지 우리의 영혼과 육신의 성화를 위한 당신의 거룩한 예식에 참여하여 천상왕국의 상속자로서 합당한 자격을 갖추게 하소서.

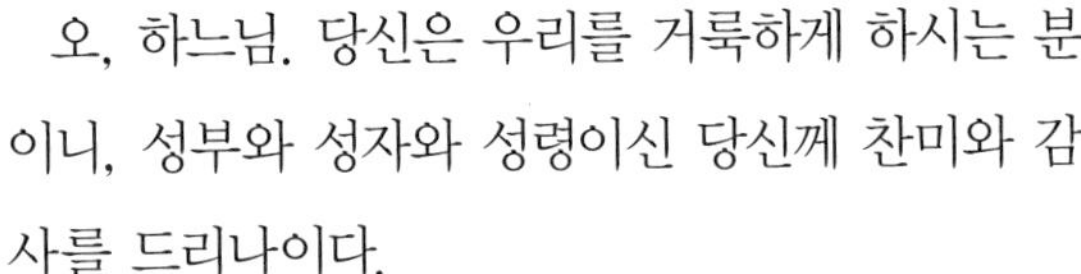

오, 하느님. 당신은 우리를 거룩하게 하시는 분이니, 성부와 성자와 성령이신 당신께 찬미와 감사를 드리나이다.

– 성 야고보의 거룩한 전례 가운데 분향기도,
4세기 또는 그 이전

초

구약성경에서 이스라엘 백성은 예배를 많은 불빛 가운데서 봉헌했다. "솔로몬은… 안쪽 성소 앞 오른쪽에 다섯 개, 왼쪽에 다섯 개씩 두는 순금 등잔대들"(1열왕 7,48-49)을 만들었다. 그래서 촛대 가운데 예루살렘 성전의 메노라(menorah: 유다교 의식에 사용되는 일곱 갈래로 된 촛대-옮긴이)는 유다교의 가장 중요한 상징물이 될 만큼 매우 중요했다. 고대의 동전, 부적, 집에서 쓰는 등잔에서 메노라의 상징이 나타난다. 로마 황제 티토는 자신의 예루살렘 정복을 기념하고자 메노라를 자신의 군대 상징물로 쓸어갔다.

사도들은 성찬례를 예루살렘 성전 예배의 계속으로 인식했다. 사실 성찬례 자체는 예루살렘 성전 예배의 완성이다. 이런 사실은 사도 시대 교부들이 사용한 종교의식의 언어(희생·봉헌·제단)에서 분명히 나타나며, 그리스도교 성경학자는 물론 유다교 성경학자도 인정한다.

바루크 러바인Baruch Levine은 레위기 주석서에 다음과 같이 썼다. "전통적 미사 형태의 그리스도교 예배는 독실한 신자들에게 희생과 친교의 체험을 제공하고 하느님이 현존하신다는 사실을 선포한다. 그리스도교회가 바로 그 성전이다."

사도들의 세대는 그 연속성을 여러 방법으로 관찰하면서 예전에 예루살렘 성전 예배와 연관되었던 많은 것을 전례에 사용했다. 이 같은 사실은 등불과 등잔에 대한 신약성경의 해석에도 분명히 나타난다. 그리스도교 전례에 대한 초기 기술 중에서 우리는 사람들로 가득 찬 방에서 설교하는 성 바오로의 모습을 발견한다. 성 루카는 "우리가 모여 있던 위층 방에는 등불이 많이 켜져 있었다."(사도 20,8)라고 전한다. 그 작은 공간에서 그토록 많은 등불을 사용한 것이 예식의 목적이 아닌 실용적 목적이라면 엄청난 낭비일 것이다.

신약성경을 끝맺는 묵시록에서, 성 요한은 우리에게 지상의 예배를 반영하는 상징적 이미지로 천상 예배를 보여준다. 곳곳에 등잔대가 있고 교회의 생명을 상징하는 등불이 밝게 빛난다. 요한은 교회의 신앙이 추락한다면 하느님은 교회의 등잔대를 치워버리실 것이라고 경고한다.(묵시 2,5 참조) 눈부시게 아름다운 전례의 영상 속에 그리스도가 사제의 복장을 하고 많은 등잔불 한가운데 나타나신다.(묵시 1,12-13) 이것은 '그리스도의 모습으로'(2코린 2,10: 그리스도 앞에서) 전례를 봉헌한 그리스도교 성직자의 친근한 이미지였다.

등잔은 예수 그리스도를 상징했다. 그분은 일관되게 복음에 대해 이야기하셨고, 나아가 빛의 관점에서 당신 자신에 대해 말씀하셨다. "나는 세상의 빛이다. 나를 따르는 이는 어둠 속을 걷지 않고 생명의 빛을 얻을 것이다."(요한 8,12) '조명'(때때로 '깨달음'을 뜻함)은 초대교회가 '세례'의 동의어로 가장 일반적으로 사용한 단어였다.(히브 10,32 참조) 오늘날에도 부활성야 때 세례예식에서 사제는 파스카 초를 높이 들어올리고 '그리스도 우리의 빛!'이라고 세 번 외친다.

등잔은 우리 가운데 하느님이 현존하심을 나타내는 그리스도의 상징이자, 그 이상의 의미를 지닌다. 그리스도는 우리의 길을 밝혀주기 위해서만 오신 것이 아니라 당신의 빛을 우리에게 주기 위해 오셨다. 당신 자신을 세상의 빛으로 드러내신 하느님이며 인간이신 그분은 제자들에게 말씀하셨다. "너희는 세상의 빛이다."(마태 5,14)

그리스도인은 그리스도와 밀접히 연관되어 있으며, 그분의 비추심을 통해 빛이 된다. 우리는 하느님의 빛에 참여하고 있으며(2베드 1,4) 그 빛은 은총에 의해 우리의 본성이 된다. 우리는 진심으로 이렇게 노래한다. "이 작은 나의 빛, 그 빛을 빛나게 하리라."

초대교회 교부들은 그리스도교 예배에서 빛이 지닌 단순한 기능적 역할을 넘어 빛의 풍부한 사용을 증언한다. 고대의 최고 성경학자 성 예로니모는 "복음을 읽을 때마다, 여명이 하늘을 붉게 물들이고 있더라도 어둠을 흩어버리기 위해서가 아니라 우리의 기쁨을 드러내 보이기 위해 촛불을 밝히는" 교회 관습에 큰 기쁨을 느꼈다.

또한 초는 그리스도의 빛을 의미하며, 그 빛은 그리스도가 당신이 선택하신 백성과 성인들과 함께 나누신 빛이다. 예로니모는 예수님이 세례자 요한을 "타오르며 빛을 내는 등불"(요한 5,35)이라고 하신 말씀에 주목한다. 오늘날 그리스도인이 성인들의 소성당 제단에 촛불을 밝히는 것은 예수님의 모범을 따르는 것이다. 예로니모는 많은 주교가 촛불을 들고 참석한 성 바울라의 장례식을 상기한다. 또한 순교자들의 기념 성지에서 태워진 무수한 초의 심지에 대해 설명한다. 오늘날에도 성인들의 기념 성지에서 촛불을 밝힌다. 이는 우리 기도를 그들의 기도에 결합시키는 것이다.

알렉산드리아의 성 아타나시오는 봉헌초를 밝히는 것을 신자들의 '봉헌'이라고 했다. 수많은 봉헌초를 예수님과 성모님, 성인들의 성상 앞에 환히 타오르게 하는 것은 당신의 영광을 우리와 함께 나누신 하느님께 크나큰 영광을 드리는 것이다. 놀라Nola의 성 바울리노는 4세기 말 그러한 성지의 모습을 다음과 같이 묘사했다. "수많은 등불로 제단은 빛나는 왕관을 쓰고 있고, 밀납초들이 향기를 뿜어내며, 향기로운 심지에서는 향내 나는 빛줄기가 은은히 발산되어 밤을 기쁘게 하고 밝은 낮까지도 기쁘게 한다. …끝없이 밝게 타오르는 무수한 등불들."

성 예로니모는 "우리가 시편에서 읽은 빛에 대한 내용, 곧 '당신 말씀은 제 발에 등불, 저의 길에 빛입니다.'(시편 119,105)

가 물질적인 빛의 형상으로 재현되고 있다."고 했다. 그 빛은 바로 그리스도시다. 그 빛은 은총에 의한 성인들이기도 하다. 그 빛은 여러분이기도 하고 또한 나이기도 하다.

그 빛을 빛나게 하소서, 그 빛을 빛나게 하소서, 그 빛을 빛나게 하소서!

마음에 새기기

여러분이 밝히는 등불은 조명(세례)의 성사입니다. 우리는 그 성사를 통해 밝게 빛나는 순수한 영혼들로서 밝게 빛나는 신앙의 등불을 들고 잠드는 일 없이 신랑을 만날 것입니다. 우리는 그분이 언제 오시든 기름을 채우지 않아 불을 켜지 못하거나 선한 일을 하지 않아 그분을 놓치는 일이 없을 것이며 신방에서 쫓겨나는 일도 없을 것입니다.(마태 25,1-13 참조)

만일 그런 일이 일어난다면 얼마나 가엾을까요! 그분은 만남을 간절히 요구할 때 오실 것이고, 지혜로운 사람은 연료가 풍부히 마련된 밝게 타오르는 등불을 들고 그분을 만나게 될 것입니다.

– 나지안조의 성 그레고리오, 4세기

성화상

워싱턴 디시에 있는 성모무염시태 대성당 천장은 〈옥좌의 그리스도〉라는 거대한 모자이크로 뒤덮여 있다. 그 모자이크는 예수님과 예수님의 수난을 절제된 비잔틴 양식으로 강렬하게 보여준다.

〈옥좌의 그리스도〉는 여러 면에서 내게 감동을 주었다. 내가 그리스도인으로서 초년 시절, 곧 십 대와 대학 시절, 그리고 장로교 목사가 되기 위한 신학교 시절 내내 받은 교육은 하느님의 통치권과 심판을 강조하는 전통적인 프로테스탄트의 칼뱅이즘이었다. 이사야 예언자는 "정녕 주님은 우리의 통치자, 주님은 우리의 지도자, 주님은 우리의 임금님"(이사 33,22)이라고 했다. 그 대성당에서 드러나는 예수님 모습도 그랬다.

아이러니한 일은 내 칼뱅주의적 배경이 그리스도에 대한 내 생각을 그렇게 준비시켰음에도 나는 그분을 – 적어도 이 세상에서– 그런 식으로 볼 수 없었다는 사실이다. 개혁가 존 칼뱅John Calvin은 성화상聖畵像을 강력히 반대한 사람으로 교회의 벽과 십자가에 아무런 장식을 하지 않는 것을 좋아했다. 그는 모든 성화상, 심지어 그리스도의 성화상까지도 최고 주권자이며 초월자이신 주님 대신에 세속적 징표를 숭배하는 우상숭배로 유혹한다고 주장했다.

이제 나는 가톨릭 신자가 된 지 20년이 넘었다. 그 위압적인 성화상 밑에서 무릎을 꿇을 때마다 하느님의 절대 주권에 대한 표현에 전율을 느낀다. 그것이 내 내면에 흔적만 남은 칼뱅주의 때문인지, 아니면 가톨릭 신자로서 성화상 앞에서 느끼게 되는 전율인지 의문이 든다.

몇 년 전 어떤 수필가가 이콘icon에 '무서운 예수님'이라는 별명을 붙인 것처럼 조금 무서운 것도 사실이다. 그것은 분명 그리스도교의 축하카드 산업의 원칙을 벗어난 것으로 보인다. 현대의 그리스도교 성화상은 우리에게 고등학교 2군 축구 경기에서 골키퍼에게 도움을 주시거나 학년 말 댄스파티 날 밤 십대들을 안아주시는 주님을 상상하게 한다. 현대의 성화상에서 예수님은 종종 『세터데이 이브닝 포스트*Saturday Evening Post*』지誌 표지에서 어찌어찌하여 모습을 감춘 멋진 사내 노먼 록웰Norman Rockwell처럼 보인다. '무서운 예수님'은 이제 시대의 흐름에 들어맞지 않는다.

〈옥좌의 그리스도〉에는 인간의 마음을 불안하게 하는 역설적 상황이 존재한다. 그 모자이크는 묵시록에서 만나는 심판하시는 그리스도의 모습을 묘사한다. 하지만 묵시록은 그리스도를 살해된 것처럼 보일 만큼 온화한 모습의 어린양으로 표현하기도 한다.(묵시 5,6 참조) 말씀은 맞서 싸우는 사람이 아니라 온유한 이들을 축복하는 사람으로 강생하지 않으셨던가?

그 이콘은 우리에게 '우리 주님은 공정한 심판관이시며 강력한 복수자로서 그분의 분노는 무거운 죄를 지은 자들을 지옥으로 몰아넣으실 수 있다. 하지만 자비가 넘치는 분이시고 막 태어난 소박한 농가의 가축만큼이나 온유하신 분'이라는, 겉으로 보기에 모순인 듯한 그리스도교 신앙과 맞닥뜨리게 한다.

어떤 사람은 이러한 이미지를 연속적으로 이어 붙여 조화시키려 하면서, 예수님이 처음 오셨을 때는 관대하고 부드러우셨지만 두 번째 오실 때는 싸울 준비를 갖추셨을 것이므로 더는 관대한 분이 아니실 거라고 한다.

그런데 이런 이야기는 다음 몇 가지 이유에서 문제가 된다. 무엇보다도 복음서는 예수님이 지상 생활을 하시는 동안 사악한 사람들에게 실제로 분노를 드러내셨음을 보여주고, 묵시록은 인류 역사가 끝나는 종말에 주님이 어린양이 되심을 보여주기 때문이다.

그렇다면 우리는 어떤 모습을 받아들여야 할까? 어떤 모습을 묵상해야 할까? 심판관인가 어린양인가? 두려운 분이신가 관대한 분이신가? 어느 것이 참된 주님이신 그리스도의 모습인가?

우리는 선택할 필요가 없다는 것이 교의적 진리다. 강생의 신비는 우리에게 겉으로 보기에 양립할 수 없는 많은 사실의 완전한 조화, 곧 유한이 무한을 포함하고, 영원이 시간 속으로 들어가며, 이런 희생양이 분노의 날을 주관한다는 사실을 받아들일 것을 요구한다.

이것은 신학자들에게 유보된 난해한 문제가 아니다. 교회의 탄생 이후 부두노동자, 맹수 사육사, 세탁부洗濯婦, 여재봉사 등 많은 이가 이 사실을 알았다. 글을 읽지 못하는 그리스도인도 〈옥좌의 그리스도〉 같은 성화를 통해 그리스도에 대한 진리를 알아들었다.

8세기에 동방교회에서 종교적인 그림을 멀리하는 운동이 일어났다. 그 운동은 엘리트, 곧 지식인·신학자·황제들이 벌인 운동이었다. 그들은 성화상이 그림으로 묘사할 수 없는 하느님의 영광과 위엄을 모욕한다고 생각했다. 또한 초월자이신 하느님은 오직 지성으로만 숭배해야 한다고 했다. 그들은 황제에게서 교회의 성화상을 파괴할 수 있다는 허락을 받았기에 '성화상 파괴자들iconoclasts'이라는 명칭을 얻었다.

그러나 열심한 신자들이 이 엘리트들의 주장에 반대하여 승리했다. 그들은 자신들을 '성화상 공경자들iconodules'이라고 부르며, 하느님이 황송하게도 인간의 육신을 취하셨기에 평범한 사람들이 사람이 되신 그분을 묵상할 권리를 갖게 되었다고 주장했다. 그들 가운데 가장 뛰어난 인물인 스투디온의 성 테오도로Theodore of Studion는 다음과 같은 글을 썼다. 그리스도는 "비물질적이고 제한될 수 없는 당신 신성의 드높은 실체를 버리지 않으셨다. 그렇지만 이제 당신의 영광이 당신의 육신

안에 제한되는 숭고한 방법을 택하시어 우리 수준에까지 당신 자신을 낮추신다. 그리스도는 물질 곧 육신이 되셨고 존재하는 모든 것을 유지하는 분이 되셨으며, 당신이 취하신 것이 되시고 그렇게 불리는 것을 전혀 부끄럽게 여기지 않으신다".

인간 예수님이 1세기에 당신의 지상 생활을 통해 드러내 보이셨던 모습을 오늘날 성화상이 보여준다. 어떤 그림이 그리스도를 통치자와 심판자로 묘사할 때조차 그 그림은 그분을 인간으로 묘사하며, 그분의 겸손이 나약함을 지닌 인간적 조건에 기꺼이 참여하신다는 사실을 상기시킨다.

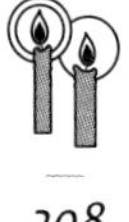

역사가 흐르는 동안 어떤 사람들은 하느님이 예수 그리스도 안에서 인간의 육신을 취하고 피 흘리며 돌아가셨다는 사실에 충격을 받았다. 그들은 그분이 순수한 신적 존재로서 안전하게 천상으로 돌아가시기를 바랐다. 그러나 그렇게 될 수는 없었다. 요한복음서가 우리에게 상기시키듯이 말씀이 사람이 되시어 우리 가운데 거하셨으며 아직도 그분은 육신을 지니고 계시기 때문이다.

그분은 돌아가셨을 때 뱀이 허물을 벗듯 육신을 버리지 않으셨다. 그분은 육신을 영광스럽게 하셨으며 마침내 그것을 성부께 대한 사랑으로 봉헌하셨다. 이런 이미지에 물의가 빚어지는 것은 모든 역설적 내용을 지닌 강생 때문이다.

마음에 새기기

어떤 사람들이 우리가 구세주와 성모님, 성인들과 그리스도의 종들의 성화상을 숭배하고 공경하는 것을 비난한다고 하니 그들에게 태초에 하느님이 당신 모상에 따라 인간을 창조하셨다(창세 1,26)는 사실을 상기시켜 주십시오. 만일 우리가 하느님 모상에 따라 창조되지 않았다면 우리는 어떤 배경에서 서로 존경해야 합니까?

대단히 조예 깊은 성물 해설자 바질Basil이 이야기하듯, 성화상에 바치는 공경은 그것이 성화상의 원형原型으로 넘어가기 때문입니다.

…모세의 백성이 천상의 것들, 더 정확히 말하면 창조 전체의 이미지와 형태를 지닌 성막을 공경한 이유가(탈출 33,10) 무엇입니까? 사실 하느님은 모세에게 말씀하셨습니다. "자, 내가 이 산에서 너에게 보여준 모형대로 만들어라."(탈출 25,40) 권좌를 보호하는 커룹들도 인간의 손으로 만든 작품이 아닙니까?(탈출 25,18) 더 나아가 그 유명한 예루살렘 성전은 무엇입니까? 그것도 인간의 손으로 만들고 인간의 기술로 만든 것이 아

닙니까?(1열왕 8장)

…하느님은 당신의 깊은 연민의 정 때문에 우리 구원을 위해 참 인간이 되셨습니다. …그분은 땅 위에 사셨으며 사람들 가운데 거하셨고(바룩 3,38) 기적을 행하고 수난을 당하고 십자가에 못 박히셨으며, 부활하시어 천상으로 돌아가셨습니다. 이 모든 일은 실제로 일어났고 사람들이 목격했으며 그 시대에 살지 않은 우리에게 상기시키고 가르치기 위해 그 일들이 글로 쓰였습니다. 그리하여 우리는 보지는 못했지만 여전히 듣고 믿음으로써 주님의 복을 받을 수 있습니다.

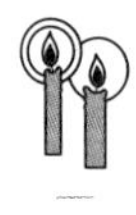

그러나 모든 사람이 다 읽지는 못합니다. 또 모든 사람이 다 읽을 시간이 있는 것도 아닙니다. 그래서 교부들은 그 사건들을 그림으로 그리는 것을 허락하여 그것이 압축된 기억의 형태로 만들어지게 했습니다.

우리는 평소에 주님의 수난을 생각하지 못하다가도 십자가의 그리스도의 모습을 볼 때 그분의 구원적 수난에 대한 기억을 떠올리게 됩니다. 그리고 엎드려 성상 자체가 아니라 그것이 묘사하는 내용을 기립니다. 우리는 복음서가 만들어진 재료나 십자가의 재료를 숭배하는 것이 아니라 그것들이 상징하는 내용을 흠숭하는 것입니다. 주님의 어머니 경우도 똑같습니다. 우리가 그분께 드리는 공경은 그분에게서 육신을 취하신 주님과 관련되기 때문입니다.

…성화상에 바치는 공경은 그 성화상의 원형原型으로 넘어갑니다.

– 다마스쿠스의 성 요한, 8세기

성해

성인들은 하느님의 은총에 완전히 일치함으로써 육신의 생명이 끝난 후에도 천여 년 이상 그들의 뼈는 은총의 통로가 된다. 그리스도가 오시기 오래전 예언자 에제키엘은 마른 뼈들로 가득한 들판의 광경을 보았는데 주 하느님은 다음과 같이 말씀하셨다. "나 이제 너희에게 숨을 불어넣어 너희가 살아나게 하겠다."(에제 37,5) 주 하느님이 뼈들에다 숨을 불어넣으시자 실제로 그 뼈들이 살아났다. 그런데 하느님의 숨결은 그 이상의 것을 성취한다. 곧 그분이 선택하신 백성의 뼈들을 살아나게 할 뿐 아니라 참된 생명을 부여하신다.

예언자 시대의 또 다른 이야기를 들어보자. "한번은 사람들이 주검을 묻으려다가 그 약탈대를 보고는, 주검을 엘리사의 무덤 속에 던지고 가버렸다. 그런데 그 주검이 엘리사의 뼈에 닿자 다시 살아나서 제 발로 일어섰다."(2열왕 13,21) 예언자 엘리사의 죽은 뼈에 닿은 것만으로 죽은 사람의 시신에 생명이 돌아온 것이다. 이렇게 하느님의 은총은 성인들의 육신을 통해 작용할 만큼 크다.

그러한 원칙은 신약에서는 물론 구약에서도 이루어졌다. 예언지 엘리사는 살아 있을 당시 그 사실을 이해했다. 언젠가 그가 강을 건너야 했을 때, 강물을 그의 스승 엘리야의 겉옷으로 치자 강물이 그 앞에서 갈라지는 경험을 한 것이다.(2열왕 2,14 참조)

예수님 시대에는 신자들이 성해聖骸에 대한 교의를 당연한 것으로 여겼다. 우리는 복음서에서 '12년 동안 혈루증으로 고통을 당한' 여자를 만난다. 그녀는 의사에게 건 희망조차 포기했지만, 거룩한 분의 옷깃만 건드려도 병이 나으리라는 은총의 작용을 믿어 예수님이 지나가실 때 "내가 저분의 옷에 손을 대기만 하여도 구원을 받겠지." 하고 생각했다.(마태 9,20-21) 그녀는 생각한 대로 병이 나았다.

예수님은 승천하시기 전에 교회에 숨을 불어넣으셨으며(요한 20,22) 생명을 주는 당신의 성령을 주셨다. 그로써 그분의 치유의 직무가 제자들에게 넘어갔다. 신약성경은 그들이 치유의 직무로 바빴다는 사실을 입증한다.

"주님을 믿는 남녀 신자들의 무리가 더욱더 늘어났다. 그리하여 사람들은 병자들을 한길까지 데려다가 침상이나 들것에 눕혀 놓고, 베드로가 지나갈 때에 그의 그림자만이라도 누구에겐가 드리워지기를 바랐다. 예루살렘 주변의 여러 고을에서도 많은 사람들이 병자들과 또 더러운 영에게 시달리는 이들을 데리고 몰려들었는데, 그들도 모두 병이 나았다."(사도 5,14-16)

몇십 년이 지났지만 여전히 "하느님께서는 바오로를 통하여 비범한 기적들을 일으키셨다. 그의 살갗에 닿았던 수건이나 앞치마를 병자들에게 대기만 해도, 그들에게서 질병이 사라지고 악령들이 물러갔다"(사도 19,11-12).

병자들에게 필요한 일은 사도의 몸을 스치거나 그가 걸친 수건이나 앞치마, 심지어 그의 그림자를 건드리는 것이 전부였다!

초기 그리스도인이 성인들의 유해에 커다란 믿음을 둔 것이 놀랄 만한 일일까? 고고학자들은 이러한 신심이 성 베드로와 성 바오로가 로마에서 사망했을 당시 널리 퍼져 있었다는 많은 증거를 찾아냈다. 신자들은 사도들의 유물을 잘 보존했으며 후세의 순례자들은 그것을 공경하고 만지기 위해 로마로 밀려들었다. 교회는 그러한 공경을 사도들의 유해에만 한정하지 않았다.

초기 그리스도인은 순교자들의 무덤 위에 많은 교회를 세웠다. 이것은 로마인과 유다인 전통과의 명백한 결별이었다. (대부분의 고대인과 마찬가지로) 로마인과 유다인은 인간의 주검을 생명을 주기보다는 또 다른 죽음을 가져오는 더럽고 불결한 것으로 여겼기 때문이다.

하지만 그리스도인은 놀라운 변화가 일어날 것을 믿었다. 곧 그리스도가 우리와 같이 되셨기에 우리도 그분과 같이 될 수 있다는 것이다. 그분은 우리의 육신과 영혼, 살과 뼈와 피에 신성을 부여하기 위해 오셨다. 그리고 이제는 성인들의 몸이 그분의 생명을 세상에 전하는 것이다.

그리스도인은 그 사실을 대단히 기쁘고 엄숙하게 기념하여 거행했다. 특히 성 베드로 대성당과 성 바오로 대성당 같은 큰 성당은 성해 보관 성당으로서 묘지 위에 세워졌다. 4세기 말 로마제국의 이교도화를 주도했던 율리아노 황제는 그리스도인의 성해 공경 의식을 혐오했다. 그는 "너희는 온 세상을 무덤과 유해 안치소로 가득 채웠다."고 비난했다.

대성당 내부의 제대는 사도들과 순교자들의 관 위에 설치되었다. 오랜 기간에 걸쳐 모든 가톨릭 성당의 제대에 성인들의 유해 일부를 넣어 봉인하는 것이 서서히 관습으로 굳어졌다. 따라서 지상의 모든 교회는 성 요한이 천상으로 들어올려져 잠시 보았던 영적 예배를 실용적이고 편한 방법으로 추구할 수 있게 되었다.

"어린양이 다섯째 봉인을 뜯으셨을 때, 나는 하느님의 말씀과 자기들이 한 증언 때문에 살해된 이들의 영혼이 제단 아래에 있는 것을 보았습니다."(묵시 6,9)

그렇지만 교회의 가장 귀중한 유해는 예수님의 삶과 직무와 수난과 죽음과 연관된 것이다. 그리스도교 전체가 예수님이 지상 생활을 하신 성지 보호에 힘을 모으고 있다. 예수 성탄 성당이 그분이 출생하셨다고 하는 장소에 세워졌고, 주님 무덤 성당은 예수님의 무덤 위에 세워졌다.

4세기 것으로 추정되는 교회문서들은 실제 십자가 나무에 대한 그리스도인의 깊은 신심을 입증한다. 때로는 사람들이 그러한 신심에 지나치게 휩쓸리기도 했다. 고대에는 성주간에 예루살렘의 주교가 관습에 따라 신자들에게 남아 있는 실제 십자가 나무에 입 맞추게 했는데, 어떤 해에는 한 남자가 십자가를 한입 베어 물고 도망친 일도 있었다.

여기서 내가 강조하고자 하는 것은 성해에 대한 교의가 선포되기 이전에 이미 그 사실을 매우 분명하게 이해하고 있었다는 것이다.

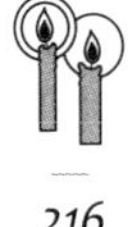

고대 교회가 그랬듯이 오늘날에도 성해를 공경하는 것은 분명 그리스도교의 특징이다.

마음에 새기기

• 성해 공경을 거부한 이단자 비질란시오를 향한 연설 •

당신의 신성모독에 대한 규제가 풀릴 수 있도록, 당신이 어떤 의미로 그것을 '작은 용기 속 값비싼 천에 싸여 있는 한 줌의 가루'라고 했는지 좀 더 분명히 말해 보십시오.

넝마나 모직 천에 싸여 쓰레기장에 버려지지 않고 값비싼 베일에 싸여 모셔지는 것을 보기가 괴로워 비질란시오가 오직 술에 취해 잠이 들어야 공경할 수 있을지 모르겠다던 그것은 다름 아닌 순교자의 유해입니다.

그렇다면 우리는 사도들의 대성당에 들어갈 때 신성모독죄를 범하는 것입니까? 황제 콘스탄시오 1세가 안드레아·루카·티모테오의 성해를 콘스탄티노플로 옮긴 것은 신성모독죄를 범한 것입니까? 그들이 있는 곳에서는 더러운 영들이 소리치며 나가고(사도 8,7; 5,16) 비질란시오 안에 사는 더러운 영들은 성인들의 압박을 느낀다고 고백합니다.

또 아주 오랜 시간이 지난 후 복자 사무엘의 뼈를 유다에서 트라키아로 옮긴 아르카디오 황제도 신성모독죄를 범한 것입니까? 모든 주교가 그 가치 없는 물건인 잿가루를 금그릇에 담아 비단으로 싸서 보존했기 때문에 신성모독죄를 범했을 뿐 아니라 어리석은 사람들로 여겨져야 한다는 말입니까? 모든 교회의 사람들이 성해를 보러 오고 성해를 마치 그들 한가운데 살아 있는 예언자를 보듯이 큰 기쁨으로 환영했기에 팔레스티나에서 칼케돈에 이르기까지 그리스도를 찬미하는 사람들의 거대한 물결로 덮였는데 그 사람들이 다 어리석다는 말입니까?

당신은 불신을 보이고 있습니다. 당신은 오직 죽은 몸만 생각함으로써 신성모독을 하고 있습니다. 복음을 읽어보십시오. 아브라함의 하느님, 이사악의 하느님, 야곱의 하느님은 죽은 이들의 하느님이 아니라 산 이들의 하느님이십니다.(마태 22,32) 따라서 그들이 살아 있다면 그들은, 당신의 표현을 빌리자면, 계속해서 공경을 받아야 합니다.

– 성 예로니모, 5세기

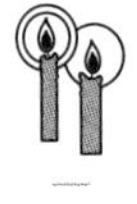

단식과 금욕

이따금 사람들은 단식과 육체적 금욕을 '시대에 뒤떨어진' 가톨릭 영성이라고 한다. 그러나 그것은 사실이 아니다. 우리가 그리스도를 따르는 한 육체가 원하는 것을 자제해야 한다. 예수님은 말씀하셨다. "누구든지 내 뒤를 따라오려면, 자신을 버리고 제 십자가를 지고 나를 따라야 한다."(마태 16,24) 성 바오로는 그 내용을 콜로새 신자들에게 더 강한 어조로 이렇게 이야기했다. "그러므로 여러분 안에 있는 현세적인 것들을 죽이십시오."(콜로 3,5)

지상의 모든 것은 좋은 것이다. 하느님이 만드셨기 때문이다. 그러나 그 많은 것에 대한 우리의 욕구가 고장 나 있다는 것은 의심할 여지가 없다. 우리는 기회만 있으면 몸이 필요로 하는 것보다 더 많이 먹는다. 그것은 우리의 몸보다도 정신에 더 좋지 않다. 우리를 피조물과 피조물이 주는 쾌락에 더 집착하게 하여 언젠가는 영적 선보다 쾌락을 선택하게 만들기 때문이다. 또 우리는 묵주기도를 하기보다는 낮잠을 자거나 시트콤을 시청하고, 라디오 토크쇼 진행자가 정치인을 깎아내릴 때 관용을 거스르는 죄에 빠진다는 것을 알면서도 우리를 즐겁게 하는 그의 말에 귀 기울인다. 우리는 건강을 최우선으로 삼고 있으면서도 의사들과 고해 사제들이 그토록 경고하는 과음을 한다.

성 아우구스티노는 죄는 하느님에게 등을 돌리고 선으로 향하려는 열의가 약화될 때 시작된다고 했다. 죄를 짓는다는 것은 악을 선택하는 것이 아니라 하느님과 그분의 뜻보다 못한 것을 선택하는 것이다.

우리 육신은 우리를 그런 성향으로 기울어지게 한다. 원조元祖가 죄를 지은 이후 우리의 신체적 욕구는 무질서해졌다. 그래서 우리는 육체를 지니고 있는 한 그것을 단련해야 한다. 육체는 필요 이상을 원하기 때문에 육체가 원하는 대로 해서는 안 된다.

어떻게 그렇게 할 수 있는가? 바로 우리가 현세적 목적을 달성하기 위해 사용하는 방법과 같다. 우리는 건강을 위해 어떻게 하는가? 운동을 하고 다이어트를 한다. 힘들지만 노력한 만큼 좋은 결과를 얻는다는 것을 알기 때문에 어려움을 참아낸다. 또 세상에서 출세하고 부자가 되기를 바란다면 어떻게 하는가? 자기 시간을 쾌락보다는 출세하고 부자가 되기 위해 쏟고, 힘들게 일하면서도 그것을 당연하게 생각한다. '수고가 없으면 이득도 없다.'는 것이 세상 이치다. 내가 아는 회계사는 '데이트를 하지 않고 늦게까지 일하자.'가 자신의 좌우명이라고 했다.

현세적 목적이나 천상적 목적을 위해 우리는 육체를 단련해야 한다. 육체는 이성을 따라야 한다. 그렇지 않으면 질서가 뒤집혀 이성이 육체의 지배를 받게 될 것이다. 초기 그리스도인은 이런 사실을 잘 알았기에 자주 단식했다. 성 바오로는 한 걸음 더 나아가 이렇게 말했다. "나는 내 몸을 단련하여 복종시킵니다."(1코린 9,27)

우리는 단식할 때 언행이 일치된 성경적 모델을 따른다. 모세와 엘리야는 하느님이 계신 곳으로 들어가기 전에 단식했다.(탈출 34,28; 1열왕 19,8) 그리고 예언자 한나는 메시아의 오심에 대한 준비로 단식했다.(루카 2,37) 예수님은 정화가 필요하지 않으셨음에도 단식하셨는데(마태 4,2), 그것은 우리가 본받게 하려는 것이다. 그분은 우리가 당신의 모범을 따르리라 여기고 말씀하셨다. "너희는 단식할 때에 위선자들처럼 침통한 표정을 짓지 마라."(마태 6,16) 그분은 '단식한다면'이 아니라 '단식할 때'라고 하셨다.

교회는 우리에게 절제를 요구한다. 우리는 영성체 전에 한 시간 동안 단식해야 한다. 그것은 작은 희생으로서 우리 내면에 '성사적 갈망'을 불러일으킨다. 그뿐만 아니라 영적 실체를 향한 신체적 표지인 갈망, 곧 주님과 하나 되고 싶다는 갈망을 불러일으킨다. 이것이 사도들이 전례를 준비할 때 단식한 이유다.(사도 13,2-3 참조)

우리는 일 년에 이틀 단식을 하게 된다. 재의 수요일과 성금요일인데, 이때 우리는 오직 한 끼니만 충분한 식사를 하되 다른 두 끼니를 합한 것보다 많아서는 안 된다. 또 그 이틀과 사순 시기의 모든 금요일에는 고기를 먹지 말아야 한다.(실제로 교회는 우리가 모든 금요일에 육식을 자제하거나 희생을 하기를 권한다.)

이것은 우리가 삶의 다른 영역, 곧 학교·직장·육아·스포츠 등에서 하는 희생에 비하면 결코 큰 것이 아니다. 그러나 이런 작은 포기에 충실함으로써 예수님이 우리에게 요구하시는 하루하루의 극기에 지속적으로 충실해야 한다. 우리는 그 같은 극기에 습관을 들여야 한다. 무엇보다 다른 사람을 행복하게 해주는 희생을 해야 한다. 예를 들면 내가 좋아하는 것보다 배우자가 보고 싶어하는 영화를 선택하거나 마지막 남은 간식을 아이들에게 양보하는 것이다.

우리는 자발적 극기를 통해 하느님께 하느님의 것을 돌려드림으로써 영적 선익을 우선시한다는 것을 드러낸다. 때가 되면 우리는 좋은 것을 하나씩 잃어갈 것인데, 그런 것을 사랑을 위해 미리 자발적으로 포기한다면 얼마나 좋을까? 극기가 습관이 되어 있다면 세월이 우리에게서 즐거운 것을 앗아갈 때라도 그다지 괴롭지 않을 것이다. 그때는 우리가 허락하지 않아도 분명히 올 것이다.

가톨릭 작가 호르헤 루이스 보르헤스Jorge Luis Borges는 관능적 쾌락의 한계를 상징적으로 묘사한 작품을 썼다. 그 이야기에 등장하는 노인은 우리가 즐기는 현세적 쾌락이 운명적으로 정해진 숫자로 제한되어 있다는 꿈을 꾼다. "너는 생강처럼 [겸손하고 소박하게] 살면 계속해서 살 것이고, 매끈한 수정처럼 [휘황찬란하게] 살면 얼마 살지 못할 것이다."

우리는 모두 죽음을 맞을 것이다. 어떤 이는 죽음을 평온하게 맞고 나아가 성취와 상급을 기대하며 기쁘게 받아들일 것이다. 그러나 어떤 이는 상실감에 빠져 비참하게 죽음을 맞을 것이다.

삶은 죽음의 순간에 대한 준비임을 알 때 날마다 극기하라는 예수님의 권고를 잘 이해하게 된다. "이처럼 너희도 지금은 근심에 싸여 있다. 그러나 내가 너희를 다시 보게 되면 너희 마음이 기뻐할 것이고 그 기쁨을 아무도 너희에게서 빼앗지 못할 것이다."(요한 16,22)

예수님은 단식할 때 침통한 표정을 짓지 말라고 하셨다. 단식을 하는 우리에게는 오로지 기뻐할 이유만 있기 때문이다. 이런 식으로 살 때 그리스도를 닮게 된다. 그 누구도 그리스도한테서는 아무것도 빼앗을 수 없었기에 그분은 완전한 자유를 누리셨다. 그분은 스스로 당신 자신을 내어 주셨다.(요한 10,17 참조)

그분을 닮는 데에는 제한이 없다. 그분을 더 많이 닮아야 하고 그분의 삶과 거룩한 구원사업에 동참해야 한다. 우리는 사랑의 행위로써 극기의 열매를 다른 사람에게 전할 수 있다. 그

때 우리는 성 바오로처럼 말할 수 있다.

"이제 나는 여러분을 위하여 고난을 겪으며 기뻐합니다. 그리스도의 환난에서 모자란 부분을 내가 이렇게 그분의 몸인 교회를 위하여 내 육신으로 채우고 있습니다."(콜로 1,24)

마음에 새기기

때를 맞춰 단식하고 기도하고 자선을 베풀어 우리가 취한 것을 하느님께 바칩시다. 악마가 우리 마음에 땅과 재산을 쌓아두라고 하더라도 그것을 오래도록 쌓아둘 수 없다는 사실을 기억합시다. 또 악마가 우리에게 고향을 떠나 뜨내기 생활을 하게 될 것을 염려하게 한다면, 우리는 한 장소에 뿌리내린 나무와 달리 드넓은 세상에 태어났으며 우리가 가는 곳 어디든 하느님이 함께 가실 것임을 기억합시다.

– 성 토마스 모어, 16세기

7 풍요로운 삶

고해성사 · 대사 · 성인들의 전구 · 순례 여행
하느님 현존 · 자선

고해성사

고해성사는 하느님 백성이 언제나 실천해 온 회개와 치유와 화해의 방법이다. 성경의 첫 장을 읽어보자. 하느님이 아담에게 물으시는 내용이 나온다. "너 어디 있느냐?" 또 하느님은 살인자 카인에게 물으신다. "네 아우는 어디 있느냐?" 이는 전능하신 하느님이 어떤 정보를 물으신 것이 아니다. 그분은 이미 다 알고 계셨다. 그분이 기다리시는 것은 아담이나 카인이 했어야 했는데 하지 않은 것, 곧 완전한 고백이다. 하느님은 그들을 위해, 그들이 다시 진실 안에서 살 수 있도록 그들이 고백하기를 바라셨다. 그러나 불행히도 그들은 진실을 기꺼이 말하지 않았다.

구약성경의 다른 부분을 살펴보면 하느님은 이스라엘 백성에게 자기네 죄를 고백하고 그에 대해 희생제물과 속죄제, 번제 등으로 보속하는 여러 방법을 가르치셨음을 알 수 있다. 그 방법은 힘들고 값비싸고 피를 흘리는 일이었다. 참회자는 스스로 동물을 사서 제단으로 끌고가 도살해야 했다. 그렇지만 그가 고백을 하고 하느님이 요구하시는 참회를 마쳤을 때 확실하게 마음의 평화를 얻어 돌아갈 수 있었다.

고백에 대한 인간적 욕구는 예수님의 오심으로 사라지지 않았다. 그러나 더 산뜻하고 간편하고 힘 있는 방법으로 충족되었다. 예수님이 교회 안에 참회의 직무와 성사를 세우심으로써 완벽하게 대응하신 것이다.

고해성사를 바라보는 관점은 다양하며 나름대로 모두 타당성을 지닌다. 하느님의 심판이 이루어지는 법정으로 볼 수도 있고, 빚을 계산하는 것으로 볼 수도 있다. 나는 그것을 치유 곧 치료로 보는 것이 가장 도움이 된다고 생각한다. 고해성사는 의사, 식이요법사, 물리치료사, 약사가 육신을 치료하듯이 영혼을 위해 하는 것이다.

신체를 원활히 움직이게 하기 위해 우리가 하는 모든 행위에 대해 생각해 보라. 우리는 건강을 위해 정기검진을 받는다. 또 아무도 우리에게 이를 닦으라거나 샤워를 하라거나 아프면 약을 먹으라고 할 필요가 없다. 이 모든 것은 살아가는 데 필수적인 것이므로 누가 충고하지 않아도 스스로 한다.

자, 우리가 몸을 돌보는 데 이처럼 많은 노력을 기울인다면, 영혼을 돌보는 데는 더 많은 시간을 투자해야 하지 않겠는가? 우리 몸은 곧 사라져 없어지겠지만 영혼은 영원히 살 것이기 때문이다.

더욱 중요한 것은 영적 건강과 정신 건강에 대한 우리의 결심이 주위 사람들에게 놀라운 영향을 미친다는 사실이다. 깨끗한 영혼과 훌륭한 고해 사제의 충고만큼 가정생활과 직장 생활에 활력을 불어넣는 것은 없다. 반면에 죄와 죄의식만큼 인간관계와 정신 건강을 해치는 것은 없다. 고해성사는 무료 치료이고 무료 생명보험이다. 그리스도는 '하느님' 의사시다. 그분은 '인간' 의사와 달리 우리에게 매번 완치를 보장해 주신다. 그분은 우리에게 불사불멸을 보장해 주실 수 있다. 그 모든 것을 다 할 수 있는 의사가 세상에 있다면 사람들은 그의 진료실 앞에 길게 늘어설 것이다. 우리에게 용기 있게 고백할 수 있도록 하는 것은 예수 그리스도와 그분이 우리를 위해 하실 수 있는 것에 대한 강한 믿음이다.

몸을 다치면 의사를 찾아가야 한다. 그러나 의사를 찾아가고 싶지 않을 수 있고, 간다 해도 마지못해 갈 수도 있다. 어쩌면 의사의 진료실에 대한 뿌리 깊은 공포심이 있을지도 모른다. 하지만 의사만이 부러진 팔다리를 고쳐줄 것이며, 몸의 질병을 없애주거나 피 흐르는 상처를 아물게 해줄 것이다. 그런데 엉뚱하게도 회계사나 자동차 정비공을 찾아간다면 아무런 도움이 되지 않는다.

신약의 의식儀式은 구약의 의식과 다르다. 지금은 하느님이 친히 대사제로서 봉사하시기 때문이다. 율법 학자들과 바리사이들이 예수님께 던진 다음과 같은 물음은 어쩌면 당연한 것이다. "하느님 한 분 외에 누가 죄를 용서할 수 있단 말인가?"(마르 2,7) 그들이 믿으려 하지 않았던 것은 예수님이 하느님의 아들이라는 사실이었다. 그러나 오직 예수님만이 권위 있게 말씀

하실 수 있다. "얘야, 너는 죄를 용서받았다."(마르 2,5)

예수님은 당신이 선택하신 성직자, 곧 사도들에게 죄를 용서하는 능력을 나누어 주는 권한을 지니셨다. 그리고 그 일을 바로 부활하신 날 행하셨다. "그들에게 숨을 불어넣으며 말씀하셨다. '성령을 받아라. 너희가 누구의 죄든지 용서해 주면 그가 용서를 받을 것이고, 그대로 두면 그대로 남아 있을 것이다.'"(요한 20,22–23)

예수님은 이스라엘 사제들의 권한보다 더 큰 권한을 사도들에게 부여하셨다. 라삐들은 이 오래된 사제적 권한에 대해 '맺고 푼다'는 관점에서 이야기했다. 예수님도 바로 그 '맺고 푼다'는 표현을 당신이 제자들에게 부여하신 권한을 묘사하는 데 사용하셨다. 라삐들에게 맺고 푼다는 것은 어떤 사람을 선택된 백성에 합류시킬 것인지, 아니면 선택된 백성의 삶과 전례에서 제외시킬 것인지를 판단하는 것을 의미했다.

예수님은 이런 오래된 직무를 수행하는 데에 새로운 차원을 첨가하셨다. 그 권한은 현세적 형벌만 선고하는 것이 아니다. 교회는 육화하신 하느님의 권한을 나누어 받음으로써 하느님의 권한에 이르기까지 그 권한이 확장되었기 때문이다. "내가 진실로 너희에게 말한다. 너희가 무엇이든지 땅에서 매면 하늘에서도 매일 것이고, 너희가 무엇이든지 땅에서 풀면 하늘에서도 풀릴 것이다."(마태 18,18)

교회는 하느님의 이름으로 죄를 용서할 수도 있고, 죄에 합당한 벌을 덜어주거나 면제할 수도 있다.

하지만 그 모든 것은 고백을 전제로 한다. 사도들은 자신들의 권한을 사람들에게 행사하기에 앞서 먼저 큰 소리로 고백하는 죄를 들어야 한다. 그렇지 않으면 무엇을 맺고 또 무엇을 풀어야 할지 알 수 없을 것이다.

사도들은 이 같은 권한을 행사했고 첫 그리스도인에게 고백하라고 가르쳤다. "우리가 우리 죄를 고백하면, 그분은 성실하시고 의로우신 분이시므로 우리의 죄를 용서하시고 우리를 모든 불의에서 깨끗하게 해주십니다."(1요한 1,9)

성 바오로는 '고백'이 마음이나 생각으로가 아니라 '입으로 고백하는' 것임을 명백히 한다.(로마 10,10 참조) 그는 자신의 사명을 "화해의 직분"(2코린 5,18)으로 여겼으며, 또한 구약 시대에 예루살렘 성전에서 사제들이 속죄제를 통해 죄를 용서해주던 역할로 여겼다.

성 야고보는 고백의 문제를 성직자의 성사적 의무에 대한 이야기 끝에 다루었다. 그가 성직자들에 대해 사용한 용어는 그리스어 *presbuterous*이다. 이 용어는 자의적으로 '원로들'을 의미하지만 영어 priest의 어원이다.

야고보는 다음과 같이 이야기한다. "여러분 가운데에 앓는 사람이 있습니까? 그런 사람은 교회의 원로들을 부르십시오. 원로들은 그를 위하여 기도하고, 주님의 이름으로 그에게 기름을 바르십시오. 그러면 믿음의 기도가 그 아픈 사람을 구원하고, 주님께서는 그를 일으켜 주실 것입니다. 또 그가 죄를 지었으면 용서를 받을 것입니다. 그러므로 서로 죄를 고백하고 서로 남을 위하여 기도하십시오. 그러면 여러분의 병이 낫게 될 것입니다."(야고 5,14-16)

야고보는 고백의 실천을 사제의 치유 직무와 분명히 연관시키고 있다. 사제는 치유자이므로 육체적으로 아플 때 그들을 불러 몸에 기름을 바르게 하고, 똑같은 원리로 영혼이 죄로 인해 병들었을 때는 용서의 치유 성사를 위해 더욱 열심히 그들을 찾아가는 것이다.

야고보가 자기 공동체 사람들에게 오직 예수님께만 죄를 고백하라거나, 조용히 마음으로만 고백하라고 하지 않은 점을 주목하라. 어쩌면 그들은 모두 그렇게 하고 있어서 칭찬받을 만한지 모르지만, 자신들의 죄를 다른 사람, 특히 사제presbyter에게 큰 소리로 고백하기 전까지는 야고보가 권고한 하느님 말씀에 충실하게 사는 것이 아니다.

이 모든 것은 초대교회에서 분명한 사실이었으며, 우리가 성경 외에 가지고 있는 가장 오래된 교회문서 「디다케」에서도 볼 수 있는 가르침이다. 거기에는 이런 말이 있다. "당신은 교회 안에서 당신의 잘못을 고백해야 하고 악한 양심을 지니고 기도하지 말아야 한다." 좀 더 뒷부분에서는 영성체하기 전 고백의 중요성에 대해 이야기한다. "주일에 함께 모여 빵을 나누고 감사드리되(그리스어로 *eucharistesate*) 그에 앞서 죄를 고백하여 당신 제물이 깨끗해지게 하라."

고백은 언제나 개인적이어야 하고 말로 이루어져야 하고 구체적이어야 한다. 교회는 공동 참회 예식을 허락한다. 하지만 그 예식은 신자 개개인이 개별 고백을 하도록 이끌어야 한다. 비록 전쟁터에서 일괄 사죄를 받았다 할지라도 전쟁의 위험에서 벗어나면 가능한 한 빨리 사제에게 가서 고백해야 할 의무가 있다.

최근까지 매주 고해성사를 보는 것은 열심한 신자들의 좋은 관습이었다. 토요일에는 그 줄이 매우 길었다. 성인들은 적어도 한 달에 한 번은 고해성사를 보라고 권고했다.

그런데 어째서 최근에는 고해성사를 보는 사람들이 줄어들고, 어떤 본당은 그 성사를 '약속된 시간에만' 볼 수 있게 하는가? 최근의 교황들은 이러한 쇠퇴의 탓을 죄의식의 상실로 보았다. 그것이 사실이라는 생각이 든다. 우리 문화는 무과실無過失 문화다. 무과실 보험이 있는가 하면 협의 이혼이 있다. 삶에서 어떤 선택을 하든 '내가 괜찮고, 네가 괜찮으면' 된다는 식이다.

하지만 사실 우리는 괜찮지 않다. 우리 모두가 죄를 짓고, 우리 모두가 자신의 죄와 다른 사람의 죄로 고통 받기 때문이다. 그 결과 우리는 우리를 만드신 하느님과 일치하지 못하고 하느님이 우리를 위해 만드신 세상과 일치하지 못한다. 물론 하느님은 우리를 있는 그대로 사랑하시고 또 우리를 그대로 내버려 두실 수 없을 만큼 너무도 사랑하신다. 우리는 그분의 용서를 체험해야 한다. 그럼으로써 우리는 치유될 수 있고 성장할 수 있고 우리 자신의 용서를 실천할 수 있다.

우리는 건전한 죄의식을 다시 발견해야 한다. 그래야 영적 건강을 되찾을 수 있다.

마음에 새기기

마음을 굳게 닫기보다 우리 죄를 고백하는 것이 좋습니다.

– 교황 성 클레멘스 1세, 1세기

대사

여러분이 친구에게 백만 원을 빌려주었다고 하자. 그런데 그 친구가 찾아와서 "너무나 어처구니없는 일이 생겼네. 내가 쇼핑몰에서 그 돈을 잃어버렸지 뭔가. 그래서 적어도 여섯 달 동안은 돈을 갚을 수가 없네."라고 했다면 여러분은 그 친구와 불편한 관계가 될 것이다.

그런데 다른 착한 친구가 나타나 "나는 자네에게 빚진 사람을 위해 기도했네. 미안하지만 그 빚을 좀 탕감해 줄 수 없겠나?" 하고 말했다고 하자. 백만 원이라는 돈이 내게 그렇듯 여러분에게도 큰돈이라면 여러분은 어이가 없을 것이다. 그런 제안에 반발하게 되는 것은 당연하다.

어떤 사람은 대사大赦를 그런 식으로, 곧 영적 영역의 빚을 탕감하는 것으로 표현하려 한다. 그러나 대사는 빚의 탕감이 아니라 그 빚을 '갚는' 것이다. 이를테면 누군가가 나타나 빚진 그 친구를 대신해 여러분에게 돈을 갚아주는 것이다.

대사는 그리스도가 마리아와 성인들에게 우리가 빚진 것을 대신 갚을 권한을 부여하시는 것이고, 또 우리에게도 다른 사람을 위해, 심지어 이미 세상을 떠나 연옥에 있는 사람을 위해 대신 빚을 갚을 권한을 부여하시는 것이다.

우리가 대사를 얻을 때, 교회는 그리스도와 성인들의 무한한 공로의 보고寶庫에서 꺼낸 공로를 우리에게 적용하는데, 그때 교회는 우리가 이미 은총의 상태(중죄를 짓지 않은 상태)에 있고 다른 조건(고해성사, 영성체, 교황을 위한 기도)을 채웠다고 전제한다. 대사에는 우리 죄에 해당하는 벌을 모두 사해 주는 전대사와 부분적으로 사해 주는 부분대사가 있다.

대사는 성경적 신앙만큼이나 오래된 개념이고 언제나 성경적 신앙의 한 부분이었다. 고대 라삐들과 교부들이 그 사실을 증언한다. 구약성경에 나타나는 대목을 고찰해 보자.

아브라함은 믿음으로 산 의로운 사람이었다. 그의 믿음은 여러 행동으로 드러났다. 하느님은 그를 거듭 시험하셨고, 그는 변함없이 충실한 순종으로 응답했다. 아브라함은 창세기 22장에서 마지막 시험에 직면한다. 하느님이 그에게 사랑하는 아들 이사악을 제물로 봉헌하라고 명하신 것이다. 이번에도 아브라함은 기꺼이 응답하고 이사악과 함께 모리야 산으로 갔다. 그러자 하느님은 이사악을 내어 주시고 상급으로 하늘의 별처럼 많은 후손을 약속하셨다.

그런데 그의 후손들은 끔찍한 악행으로 그 축복을 잃고 말았다. 금송아지를 만들어 우상으로 섬긴 것이다. 그것은 이스라엘 백성을 놀라운 방식으로 이집트 종살이에서 구해 주신 하느님께 크나큰 죄를 짓는 것이며 그들을 파멸에 이르게 할 만큼 배은망덕한 행위였다. 이스라엘 백성은 죽음을 당해야 마땅했다.

모세는 그들이 받아야 마땅한 벌에서 그들을 어떻게 구했는가? 그들을 구하기 위해 모세는 조상들의 공로를 떠올리고 주님께 말씀드렸다. "당신 자신을 걸고 '너희 후손들을 하늘의 별처럼 많게 하고, 내가 약속한 이 땅을 모두 너희 후손들에게 주어, 상속 재산으로 길이 차지하게 하겠다.' 하며 맹세하신 당신의 종 아브라함과 이사악과 이스라엘을 기억해 주십시오."(탈출 32,13)

모세는 그들이 위대한 성조들의 후손이라는 사실 외에는 다른 명분을 찾지 않았다. 이 이야기에서 처벌에 대한 일시적 사면이 이루어진 것을 볼 수 있다. 하느님은 모세의 기도를 받아들여 이스라엘 백성을 멸하시려던 계획을 거두신다. 하느님의 용서를 끌어낸 모세의 전구는 성조들의 공로의 보고에 근거를 두고 있었다.

고대 라삐들은 이 이야기에 대해 다른 설명 방법을 찾지 못했다. 그들은 공로의 보고라는 개념을 통해 하느님의 자비와 정의를 동시에 지킬 수 있었다. 그들은 똑같은 원리를 노아와 다윗의 이야기에도 적용했다. 곧 대홍수의 참화에서 인류를 구원한 것은 노아의 의로움이며, 다윗의 아들 솔로몬이 마땅히 받아야 할 재앙에서 벗어난 것은 다윗의 선 때문이라는 것이다.

교부들은 이 구약성경의 이야기들이 성부가 그리스도를 통해 하실 일을 어렴풋이 내비치는 것으로 이해했다. 구약에서는 공로가 아브라함에서 이사악을 거쳐 이스라엘 백성으로, 그리고 이스라엘의 모든 후손에게 넘어갔다. 그리고 지금은 성부에게서 성자를 통해 성령 안에서 마리아와 성인들과 순교자들과 우리 모두에게로 전해진다.

우리는 다른 사람들과의 친교 속에서 살고 있다. 자연적 질서에서도 그렇고 초자연적 질서에서도 그렇다. 성인들은 우리의 짐을 져준다. 따라서 우리도 '서로 남의 짐을 져주어야 한다'(갈라 6,2). 성 바오로는 이것이 어떻게 작용하는지 이해하고 다음과 같이 말했다. "그리스도의 환난에서 모자란 부분을 내가 이렇게 그분의 몸인 교회를 위하여 내 육신으로 채우고 있습니다."(콜로 1,24)

예수님은 십자가 위에서 말씀하셨다. "다 이루어졌다." 완전한 구원사업이 완성된 것이다. 그러나 또 다른 의미에서 그것은 이제 막 시작한 것에 지나지 않는다. 그 순간 그리스도는 당신 성령을 발하시어 성령을 통해 우리에게 당신 자신의 삶과 죽음과 부활에 참여할 권한을 부여하셨기 때문이다.

그분은 당신이 공로로 받으신 모든 것을 우리에게 양도하셨다. 그래서 그분은 당신의 지상 여정의 끝에 '다 이루어졌다.'라고 말씀하실 수 있었고 당신의 구원사업을 성령께 맡기실 수 있었다. 성령은 그리스도가 삶과 죽음과 부활을 통해 공로로

얻으신 것을 성인들과 우리 모두에게 부어주신다.

이 모든 것은 하느님이 관리하시는 질서 정연한 섭리다. 하느님이 사도들과 그들의 후계자인 교황과 주교에게 맺고 푸는 권한을 부여하셨기 때문이다.(마태 16,19; 18,18) 그래서 오늘날 우리는 모세가 시나이 산에서 행사한 권한, 곧 성인들의 공로를 요청할 권리와 의무를 행사하는 교회의 모습을 본다.

교회는 이 공로들을 그리스도의 몸을 형성하는 특정한 기도와 활동과 희생에 부여하여 분배했다. 그 범위는 하루 동안 담배를 끊는 것에서부터 예루살렘 성지를 순례하는 것에 이르기까지 다양하다.

교회는 대사에 대해 '하느님 가족의 혜택을 충만히 누린다.'는 맥락에서 이야기한다. 따라서 용기를 내어 대사를 얻어라. 또한 다른 사람(살아 있는 사람과 죽은 사람)을 위해서도 대사를 얻어라. 우리는 얼마든지 그렇게 할 수 있다. 하느님은 정의로우시고 자비로우시며 참으로 관대하신 분이기 때문이다. 그분은 우리 아버지시다. 그래서 초자연적 삶까지도 가족의 일이 되도록 모든 준비를 해놓으셨다.

마음에 새기기

한 사람의 거룩함이 다른 사람을 이롭게 하는 것처럼 한 사람의 죄가 많은 사람을 해치는 초자연적 연대가, 감춰져 있고 인자한 하느님 뜻의 신비를 통해 사람들 사이에 널리 퍼져 있습니다. 그리스도교 신자들은 자신들의 초자연적 목적을 달성하기 위해 서로 돕습니다. 이런 연대성은 아담의 죄가 모든 사람에게 전파되어 전해진다는 사실을 통해 명확히 드러납니다. 그러나 이 초자연적 연대의 가장 위대하고 완전한 원리와 근거와 본보기는 하느님이 우리가 일치하도록 부르신 그리스도 자신이십니다.

그리스도인은 그리스도와 같은 길을 가면서 기도와 영적 선익을 교환하고 참회의 속죄를 통해 천상 성부께 이르는 길에서 언제나 서로 돕기 위해 노력했습니다. 그들이 애덕에 열정적으로 몰두할수록 그들은 그리스도의 고통을 닮았습니다. 그들은 자기 형제들이 자비의 아버지이신 하느님께 구원을 얻도록 도울 수 있는 일, 곧 자신의 죄와 다른 사람의 죄에 대한 속죄의 십자가를 짊어졌습니다.

이것이 바로 성인들의 통공에 대한 오래된 교리입니다. 그리스도 안에서 그리스도를 통한 하느님 아들로서의 각 개인의 삶은, 성인들의 통공에 의해 그리스도 신비체의 초자연적 일치 안에서 단일한 신비스런 인격체가 형성될 때까지 그리스도교의 다른 형제들 삶과 놀랍게 결합됩니다.

따라서 '교회의 보고寶庫'는 주님이신 그리스도의 속죄와 공로가 하느님 앞에서 가지는 무한하고 고갈되지 않는 가치로 설명됩니다. 그리스도는 그것을 고스란히 봉헌하셨으며, 그 결과 온 인류가 죄에서 자유로워질 수 있었고 성부와 일치를 이룰 수 있었습니다.

그리스도의 구원이 지니는 보상과 공로는 구원자이신 그리스도 안에 존재하며 그분 안에서 힘을 발견합니다. 이 보고에는 동정 성모 마리아와 모든 성인의 기도와 선행이라는 참으로 거대하고 불가해하며 하느님 앞에서 영원히 변치 않을 가치도 들어 있습니다.

성인들은 주님이신 그리스도와 같은 길을 걸으며 그분의 은총으로 자신들의 삶을 거룩하게 했고 하느님 아버지가 자신들에게 맡기신 사명을 수행했습니다. 그들은 자신들의 구원을 얻는 동시에 신비체의 일치 속에서 자기 형제들의 구원에도 협력했습니다.

"그리스도께 속하여 그리스도의 성령을 모시는 모든 사람은 한 교회를 이루며 그리스도 안에

서 서로 결합되어 있기 때문입니다."(「교회헌장」 49항; 에페 4,16 참조)

…이런 이유로 이미 천상 가정에 도착한 신자들과 연옥에서 자신의 죄를 속죄하는 신자들, 그리고 아직 이 지상의 순례자로 있는 신자들 사이에는 지속적인 사랑의 연대와 모든 선의 풍성한 교환이 분명히 존재합니다. 그로 인해 신비체 전체의 모든 죄의 속죄와 함께 하느님의 정의가 화답함으로써 하느님의 자비가 용서로 이어져 진정으로 회개하는 모든 죄인이 가능한 한 빨리 하느님 가족의 선익을 충만히 누릴 수 있게 됩니다.

– 교황 바오로 6세, 20세기

성인들의 전구

사도 바오로는 자신을 "첫째가는 죄인"(1티모 1,15)이라고 했다. 그러나 자신이 성도聖徒라는 것도 알고 있었다.

가톨릭교회 전체의 생각이 그렇듯이, 성 바오로에 따르면 모든 그리스도인은 그들이 받은 세례 덕분에 '성도'다. 성도는 '거룩한 사람'이라는 뜻이다. 그리스도인은 그들이 배우거나 행한 것에 의해 거룩하게 되지 않고 전능하신 하느님이 내재하심으로써 거룩하게 된다. 우리가 거룩한 것은 우리가 성령의 성전이기 때문이다. 바오로의 세계관에서는 지상의 그 무엇도 하느님의 성전보다 거룩한 것은 없다.

그렇기에 성 바오로는 콜로새 신자들에게 보낸 서간을 이렇게 시작한다. "콜로새에 있는 성도들saints 곧 그리스도 안에서 사는 형제 신자들에게 인사합니다. …우리는 여러분을 위하여 기도할 때면 늘 우리 주 예수 그리스도의 아버지 하느님께 감사를 드립니다. 그리스도 예수님에 대한 여러분의 믿음과 모든 성도를 향한 여러분의 사랑을 우리가 전해 들었기 때문입니다. …하느님의 영광스러운 능력에서 오는 모든 힘을 받아 강해져서, 모든 것을 참고 견디어 내기를 빕니다. 기쁜 마음으로, 성

노늘이 빛의 나라에서 받는 상속의 몫을 차지할 자격을 여러분에게 주신 아버지께 감사하는 것입니다."(콜로 1,2-12)

거룩함 곧 성도의 자격은 그리스도인의 공통 소명이다. 그런데 바오로는 콜로새 신자들에게 보낸 서간의 짧은 대목에서 지상의 성도들(콜로 1,2)과 빛의 나라 성도들(콜로 1,12)을 구분했다. 나중에 가톨릭 신심은 이들을 공경하여 '교회의 전사', '교회의 승리자'라 칭한다. 히브리인들에게 보낸 서간(12,1)에서는 빛의 나라 성도들을 지상의 성도들 주위를 '구름처럼 에워싸고 있는 증인들'이라고 한다.

우리는 소명을 함께 나누는 지상의 성도들에게는 사랑을, 그리고 빛의 나라 성도들에게는 공경이라는 특별한 영광을 바친다. 이는 우리가 하느님께 바치는 영광보다 부모님이나 조부모님께 드리는 깊은 존경심에 더 가깝다. 우리는 부모님과 조부모님을 지극히 사랑하므로 그들의 사진을 액자에 넣어 집안의 특별한 자리에 모신다. 또한 믿음 안에서 부모님과 조상님에게 주저하지 않고 기도를 부탁할 것이다.

성 바오로도 콜로새 신자들에게 보낸 서간에서 성도들의 전구를 청했다.(콜로 4,3 참조) 우리는 예수 그리스도의 생명과 거룩한 본성에 참여하기에 "하느님과 사람 사이의 중개자"(1티모 2,5)로서 그분의 유일한 직무에 참여한다. 그래서 성 바오로는 "모든 사람을 위하여 간청과 기도와 전구와 감사를 드리라고 권고"(1티모 2,1)할 수 있었다. 나아가 그는 콜로새 성도들에게

그들을 위해 자신의 전구를 약속한다. '우리는 여러분을 위해 끊임없이 기도하고 있습니다.'(콜로 1,9)

우리는 우리가 알고 있는 내용을 신약성경의 다른 곳에서도 확인할 수 있기에 성 바오로의 전구가 오늘날까지도 끊이지 않는다고 확신한다. 묵시록(6,9-10)은 지상에서 일어나는 사건을 알고 있는 천상 순교자들이 하느님께 바로잡아 달라고 외치는 장면을 보여준다. 예수님 친히 당신의 비유에서 천상의 전구를 묘사하신다.(루카 16,27-28 참조)

초기 그리스도인은 성인들의 통공에 대해 적극적인 믿음을 지니고 있었다. 그것은 단순히 조상들을 공경하는 문제가 아니었다. 그들은 성인들을 죽어서 존재 자체가 없어진 존재라고 생각하지 않았기 때문이다. 성인들은 지상 교회에 더 많이 살아 있었다. 성인들은 하느님의 현존 안에서 살기 때문이다. 성인들은 죽지 않았다. 실제로 그들은 지상 교회에서보다 더 활기차다.

초기 그리스도인의 신심은 수많은 고고학적 발굴에서, 위대한 예술품에서, 읽고 쓰기를 할 수 없는 가난한 사람들의 낙서에서, 유적에서, 평범한 가정용품에서 잘 드러난다. '우리를 위하여 빌으소서', '우리를 축복하소서.'라는 지상 교회의 외침은 계속해서 천상의 성인들에게로 올라간다.

영광 중에 있는 성인들은 교회의 대가족의 일원이었으며, 그들의 사망일은 그들보다 오래 산 그리스도인에 의해 새로운

'탄생일'로 기념되었다. 그 기념일의 상당수가 가톨릭교회 전체의 달력에서 끊임없이 기념되고 있다.

학자 피터 브라운Peter Brown은 이것이 미신적인 민속신앙이 아님을 거듭 강조했다. 그것은 이교도 신앙의 잔여물이 아니다. 사실 이교도들은 성인들에 대한 그리스도인의 신심을 섬뜩하게 여겼으며 부적절한 것이라고 비난했다.

성인들에 대해 가장 적극적인 신심을 지녔던 사람들은 고대 그리스도교 사상을 연구한 위대한 성경학자들이었다. 그러한 신심은 성 예로니모, 성 아우구스티노, 성 요한 크리소스토모 같은 현재 우리에게도 잘 알려진 성경학자들의 작품을 통해 가장 웅변적으로 설명된다.

성인들에 대한 성 예로니모의 신심은 주일 오후를 로마 카타콤(지하무덤)의 어두운 복도에서 순교자들의 유해 한가운데를 거닐며 보낼 만큼 깊었다.

4세기의 성 요한 크리소스토모는 성인들에 대한 신심이 사람들의 처지마저 뒤바꾼 사실에 감탄했다. "자줏빛 옷을 걸치고 고갯짓만으로 산천초목을 떨게 하는 황제조차도 자주 순교자의 묘에 고개를 숙이고 (지상 생활에서는 평범한 사람이었거나 별 볼 일 없던 사람이었을) 성인의 기도를 요청한다! 지금은 누가 떨고 있는가? 크리소스토모는 매우 위험한 여행을 해야 하는 남편을 위해 성인들의 보호를 간청한 겸손한 과부들에 대해서도 이야기한다.

성 아우구스티노는 자주 성인들의 삶에 대해 설교했고 성인들에 대한 가톨릭 신심을 옹호하는 글을 썼다. 그는 그리스도인이라기보다 이교도나 다름없을 만큼 별났던 마니교도의 공격에 대응했다. 그들의 주장은 오늘날 반反가톨릭인에게서 들을 수 있는 내용과 매우 비슷하다. 그래서 그는 다음과 같이 설교했다.

"순교자들의 기도는 우리를 도와줍니다. 실제로 이 경건한 의식을 통해 기념되는 것은 여러분의 거룩함입니다. …순교자들의 가장 경건한 기념일을 거행할 때 우리가 그분들에게 뭔가를 바치고 있다고 생각하지 않아야 합니다. 그분들은 우리의 축제를 필요로 하지 않습니다. 그분들은 천상에서 천사들과 기쁨을 나누기 때문입니다. 그분들은 우리가 그분들을 떠받드는 것보다 본받는 것을 더 기뻐합니다."

성 바오로도 비슷한 이야기를 했다. "내가 그리스도를 본받는 것처럼 여러분도 나를 본받는 사람이 되십시오."(1코린 11,1) 성 바오로를 공경하는 것은 지상 가정의 생활에서 분명하게 당신 은총을 드러내 보이신 그리스도를 찬미하는 것이다. 성 바오로는 말한다. "이제는 내가 사는 것이 아니라 그리스도께서 내 안에 사시는 것입니다."(갈라 2,20) 실제로 그리스도는 모든 성인 안에 사시며 그들을 더욱 완전하게 하신다.

이것이 그리스도인이 성인들과 동료로서 또는 가족으로서 나누는 깊은 정서다. 4세기 주교 놀라의 성 바울리노는 순교자 성 펠릭스를 수호성인으로 모셨다. 그는 시에서 그 성인을 '숭배받는 아버지, 영원한 수호자, 나의 간호사 펠릭스, 그리스도의 사랑스런 친구 펠릭스'라고 불렀다.

그리스도교 역사에서 달라진 것은 별로 없다. 오늘날에도 우리는 오랜 시대에 걸쳐 계속 사랑받는 성인들, 곧 성 유다 타대오, 아시시의 성 프란치스코, 파도바의 성 안토니오, 성녀 가타리나, 리지외의 성녀 데레사, 성 막시밀리아노 콜베, 파드레 비오를 향한 똑같은 기도 소리를 듣는다. 이런 분들에게 우리는 주저하지 않고 말한다. "우리를 위하여 빌으소서!"

마음에 새기기

그리스도인이 순교자들을 기념하고 믿음 안에서 그들을 공경하는 것은 그들의 삶을 본받는 동시에 그들의 공로와 기도의 도움을 얻기 위한 것입니다. 하지만 어떤 순교자에게도 제대를 지어 봉헌하지는 않습니다. 제대는 비록 순교자를 기념하는 것일지라도 오직 하느님께만 봉헌되는 것입니다.

성인들 묘소의 제대에서 의식을 주례하는 어떤 사람도 "우리는 베드로 또는 바오로 또는 치프리아노 당신께 제물을 봉헌합니다!"라고 말하지 않습니다. 순교의 왕관을 받은 순교자들을 기념할 때라도 제물은 그 왕관을 베풀어 주신 하느님께 봉헌됩니다.

그런 상황을 떠올리면 감정이 고조되고, 우리의 본보기인 순교자들을 향해서뿐 아니라 우리가 그러한 본보기를 따를 수 있게 도와주시는 하느님을 향한 사랑도 활기를 띱니다.

우리는 이 지상에서 하느님께 대한 신심 깊은 사람들이 복음의 진리를 위해 고통을 참아 받을 각오가 되어 있다는 사실을 알 때 그들에 대해 느끼는 바로 그 애정 어린 친밀감을 가지고 순교자들을 바라봅니다.

순교자들에 대해 큰 신심을 갖는 이유는 이미 갈등을 끝내고 천상의 승리자가 된 그들이 현재 이곳에서 싸우고 있는 이들보다 더 강한 믿음을 지니고 있음을 우리가 알기 때문입니다.

본래 '거룩한 경배'를 의미하는 그리스어 *latria*(라틴어에는 해당하는 말이 없다)는 교의적·실천적으로 오로지 하느님께만 바치는 것입니다. 이 거룩한 경배에는 우상숭배를 의미하는 idolatry라는 말에서 보듯이 제물 봉헌이 들어 있습니다. 따라서 우리는 순교자들이나 거룩한 영혼들 또는 천사들에게 제물 봉헌을 하거나 다른 사람에게도 그렇게 하기를 요구하지 않습니다. 교리는 이러한 잘못을 범하는 사람들에게 그 잘못을 시정하고 주의하도록 가르칩니다. 우매한 그들은 성인이든 천사든 거룩한 존재들은 오직 하느님께만 속하는 것임을 받아들이기를 거부합니다.

이러한 사실을 리카오니아Lycaonia 지방 사람들이 바오로와 바르나바가 행한 기적 때문에 그들에게 하느님께 하듯이 제물을 봉헌하고자 한 경우에서 엿볼 수 있습니다. 그들은 자신들의 옷을 찢으면서 사람들을 제지했고, 자신들은 하느님이 아님을 알렸습니다.

우리는 같은 모습을 천사들의 경우에서도 봅니다. 묵시록을 보면 한 천사가 자신에게 경배하는 것을 허락하지 않으면서 경배하려는 사람에게 다음과 같이 말합니다. "나도 너와 같은 종이다. … 너의 형제들과 같은 종일 따름이다."(묵시 19,10)

– 히포의 성 아우구스티노, 4세기

순례 여행

순례 여행은 예수님 신앙생활의 핵심이었다. 고대 유다이즘의 핵심은 예루살렘 성전의 희생제였다. 다른 신이 있을 수 없는 것처럼 다른 성전도 없었다. 하느님이 한 분이신 것처럼 하느님께는 오직 하나의 거룩한 도시만 있었으며, 하느님은 당신 백성에게 그리로 순례하도록 명하셨다. "너희 가운데 모든 남자는 해마다 세 번씩, 곧 무교절과 주간절과 초막절에, 주 너희 하느님께서 선택하시는 곳에서, 그분 앞에 나아가야 한다." (신명 16,16; 탈출 23,17 참조)

마리아와 요셉은 해마다 이 계율을 지켰다. 우리가 예수님의 유년시절에 대해 엿볼 수 있는 유일한 내용은 예수님이 열두 살 때 성가정이 예루살렘으로 순례를 간 이야기다. 예수님은 성년成年에 이르러서도 줄곧 그 의무에 충실하셨다.

복음사가들은 그분이 축제를 지내러 예루살렘으로 올라가시는 장면을 종종 보여준다.(요한 2,13; 5,1 참조) 성 바오로도 그 규정된 여행을 했으며, 개종 이후에도 했다. 바오로는 "에페소를 그냥 지나치기로 결정하였던 것이다. 사실 그는 되도록 오순절에는 예루살렘에 있으려고 서둘렀다"(사도 20,16).

하지만 사도들은 그러한 순례 여행이 시대에 뒤떨어진 것이 될 때를 예견했다. 성 바오로는 지상 도시를 천상 도시와 대비시키면서 이 사실을 상징적으로 표현했다. "그러나 하늘에 있는 예루살렘은 자유의 몸으로서 우리의 어머니입니다."(갈라 4,26) 성 요한도 묵시록에서 세 번이나 "하늘에서 내 하느님으로부터 내려오는 새 예루살렘"(묵시 3,12; 21,2; 21,10)에 대해 이야기했다.

'새 예루살렘'은 지리적 장소가 아니라 성찬의 장소다. 그리스도인이 경배하기 위해 다다른 곳은 새로운 '시온 산이고 살아 계신 하느님의 도성이며 천상 예루살렘으로, 무수한 천사들의 축제와 하늘에 등록된 맏아들들의 모임이 이루어지는 곳이다. 또한 모든 사람의 심판자이신 하느님이 계시고, 완전하게 된 의인들의 영이 있고, 새 계약의 중개자 예수님이 계시며, 그분이 뿌리신 피, 곧 아벨의 피보다 더 훌륭한 것을 보여주는 그분의 피가 있는 곳이다'(히브 12,22-24).

천상 예루살렘은 이제 지상에 이르게 되었고 주일 미사만큼이나 가까워졌다.

어쨌든 기원후 70년의 예루살렘 성전 파괴는 의무적인 성지순례에 대한 모든 문제를 없애버렸다. 구약성경과 이슬람교의 코란과 달리 교회는 그리스도인에게 성지순례를 요구하지 않았다. 그렇지만 그리스도인은 열심히 또 자발적으로 성지순례를 실천하고 있다.

초기 그리스도인은 예수님이 생활하신 곳을 방문하고자 했다. 사르디Sardis의 성 멜리토Melito는 기원후 170년경 예수님이 수난을 당하신 장소를 방문했는데 그 방문은 그의 설교에 깊은 영향을 미쳤다.

고대 역사가 에우세비오에 따르면 카파도키아의 어떤 주교는 210년경 성지에 경의를 표하고 탐방하기 위해 예루살렘에 갔다고 한다. 4세기 중엽 콘스탄티누스 황제의 어머니 성녀 헬레나의 예루살렘 성지순례는 그녀가 그 기간 동안 고고학적 발굴을 지휘한 것으로 유명하다.

예루살렘은 매력적인 힘을 지니고 있었다. 주님 수난의 유적이 담겨 있기 때문이다. 하지만 예루살렘은 더 이상 유일한 성지순례지가 아니었다. 열심한 신자들은 이제 성 베드로와 성 바오로의 무덤에 경의를 표하고 그들의 순교 장소를 방문하기 위해 로마로 밀려들었다. 순례자들은 또한 살아 있는 성인들을 잠깐이라도 보기 위해, 어쩌면 몇 마디의 조언이라도 들으려고 여행을 했다.

이집트의 성 안토니오는 명성이 자자하여 많은 사람이 그가 사는 사막으로 몰려들었다. 그리고 그 방문자 가운데 많은 사람이 그와 가까운 곳에서 살기 위해 은둔자나 수도승으로 남았다. 이로 인해 광야 한가운데에 도시가 생겨났다고 이야기할 정도였다.

순례자의 발길을 끌어당긴 다른 순례지는 예수님이나 마리아가 현현하신 곳, 성인에 대한 이야기로 유명해진 곳, 기적의 힘을 지닌 개울·샘·연못, 성해가 모셔진 곳, 빼어나게 아름다운 성당, 유명한 성상 등이었다.

그리스도교 신앙이 생겨나면서 유다인에게 부과되었던 성지순례의 의무가 사라져 성지순례가 약화되었을 것으로 생각할지 모르나 오히려 더 강화되었다. 우리는 4세기 이후의 수많은 순례 일지와 이야기를 알고 있다. 그 후 지금까지 몇 세기에 걸쳐 그리스도인의 열정적인 방랑벽('방랑 사랑'이라는 말이 더 적합한 표현일 것이다)은 계속 증가하고 있다.

흥미로운 것은 어떻게 성지순례가 그렇게 빨리 평범한 지상생활을 대표하는 주요 상징이 되었느냐 하는 것이다. 초기 그리스도인은 스스로를 고향을 향해 가는 유배자 또는 나그네라고 말했다.

성 아우구스티노는 신자들을 '죽을 운명의 상황에서 순례 중에 있는' 것으로 묘사한다. 교도권은 자주 이러한 이미지를 취하여 교회를 '순례자인 하느님 백성'이라고 말한다. 전례는 주님께 '당신의 순례자인 지상 교회를 믿음과 사랑 안에서 강하게 해주시기를' 간청한다.

현대의 가톨릭 세계지도는 순례가 가능한 수많은 성지순례지를 제공한다. 예루살렘과 로마는 계속해서 가장 선호하는 순례지이지만, 루르드와 파티마의 마리아 기념 성지도 인기가 대단하다.

중세 이후 여행자들은 스페인에 있는 성 야고보의 성지 산티아고 데 콤포스텔라에도 몰려들었다. 교황 요한 바오로 2세는 산티아고로 가는 순례의 길을 순례자인 지상 교회의 삶을 상징하는 것으로, 곧 '천상 도시를 향해 가는 교회의 순례 여행의 본보기'로 일깨우며 다음과 같이 말했다.

"그 길은 기도와 속죄의 길, 사랑과 연대의 길이며, 또한 인류 안에서 역사가 되고 있는 신앙이 문화를 그리스도교적인 것으로 변화시키는 지속적인 삶의 길입니다. 산티아고로 가는 길의 성당과 수도원, 병원과 쉼터는 믿음이 삶과 역사와 문화와 사랑과 자선 행위가 되는 순례 여행을 하는 그리스도교의 모험에 대해 이야기해 줍니다."

교황 요한 바오로는 어떤 순례자도 실질적으로든 비유적으로든 혼자서 걸어가지 않는다고 했다. 우리는 '신비스러운 엠마오의 순례자'(루카 24,15-35 참조)와 함께 가고 있다. 그분은 빵을 떼어 나누어 주심으로써 우리에게 말씀을 주시고 당신 자신을 알려주신다. 그 모든 놀라운 일은 거룩한 미사에서 천상 예루살렘이 지상에 이를 때마다 일어난다.

순례 여행을 하기 위해 지구 끝까지 갈 필요는 없다. 우리가 살고 있는 곳이 어디든 손쉽게 자동차로 갈 만한 거리에 마리아 기념 성당이 있을 것이다. 그리스도인은 가까운 성지나 주교좌성당, 또는 자기 본당으로 가는 길에 묵주기도 한 번, 목적지에 도착해서 한 번, 돌아오는 길에 한 번, 이렇게 기도를 하면서 간단한 순례 여행을 할 수 있다. 또한 옛 사람들이 한 것처럼 우리가 알고 있는 신앙심 깊은 사람들을 방문하거나 조상들과 스승들의 무덤을 찾아 공경하는 것으로 순례 여행을 대신할 수도 있다.

우리에게 순례 여행은 하나의 준성사다. 곧 내적 은총의 외적 표지다. 순례 여행은 우리가 이 지상에 살고 있는 나그네들이며 영광스러운 최종 목적지를 향해 계속 나아가야 한다는 사실을 상기시킨다.

마음에 새기기

바울라는 예루살렘으로 들어갔습니다. …그녀의 집안과 친분이 두터운 팔레스티나 지방 총독이 사신의 공관을 그녀 마음대로 쓰라고 했지만 그녀는 그보다는 소박한 독방에 머물기를 좋아했습니다.

그뿐만 아니라 성지를 방문할 때는 장소 하나 하나에 너무나도 깊은 열정과 열의를 느껴 다른 곳으로 이동하는 것이 어려울 정도였습니다. 십자가 앞에서 그녀는 십자가에 매달리신 주님을 실제로 보기라도 하듯 온몸을 바쳐 경배드렸으며, 부활이 이루어진 무덤에 가서는 천사가 무덤 입구에서 치워버린 바위에 입을 맞추었습니다.

그녀의 신심은 애타게 물을 갈망하던 사람처럼 주님의 몸을 뉘었던 자리를 입으로 핥을 정도로 강렬했습니다. 그곳에서 그녀가 얼마나 눈물을 흘렸고 얼마나 탄식했으며 얼마나 슬픔을 쏟아냈는지는 온 예루살렘이 알고, 그녀가 기도를 바친 주님도 아십니다.

– 성 예로니모, 4세기

하느님 현존

현대 그리스도인은 '성전'이라는 말을 사용할 기회가 별로 없다. 그것은 그리스도교의 예배 장소를 가리키는 용어로만 쓰이지 않는다.

그러나 고대 유다인들에게는 '성전'이 주요한 실체로 언급되었다. 곧 솔로몬 임금이 건축한 예배 장소인 예루살렘에 있는 유다교의 중심 지성소를 가리켰다. 예루살렘 성전은 훗날 파괴되어 재건되었으며, 성 바오로가 살아 있을 동안 헤롯 왕가의 왕들에 의해 호화롭게 개조되었다.

유디인들에세 성전은 오직 예루살렘 성전만 있을 뿐이었다. 그곳은 희생제물을 봉헌하는 것이 허락된 유일한 장소이자 하느님이 현존하시는 거룩한 장소로 지명된 곳이고, 지상에서 참으로 거룩하다고 일컬어지는 하느님의 성령이 거처하시는 장소였다.

우리가 올바로 이해해야 할 중요한 사실은, 유다인들은 하느님이 예루살렘 성전에만 현존하시고 그 밖의 다른 피조물에는 존재하지 않으신다고 여기지 않았다는 것이다. 그들은 우리가 오늘날 고백하듯이 하느님은 어디에나 계시다고 고백했으나 하느님이 예루살렘 성전과 그곳에서 행해지는 의식에서 특별히 당신의 현존을 당신 백성에게 드러내신다고 주장했다. 성전은 그들이 세상의 오염에서 벗어나 하느님 현존을 순수하게 깨달을 수 있는 곳이었다.

그렇지만 성전은 말씀이 사람이 되셨을 때, 당신 몸을 하느님 성전이라고 하신 예수 그리스도 안에서 완성되었다.(요한 2,19-21 참조) 예루살렘 성전의 구조적 형태와 기능이 그리스도의 몸에 받아들여져 완성된 것이다.

더욱이 예수님은 당신 몸의 성전을 당신 백성 곧 교회라고 하셨다.(사도 9,4 참조)

이 계시는 성 바오로에게 깊은 인상을 주었으며, 그의 설교의 주요 주제가 되었다. 교회는 이제 하느님 현존의 특별한 장소이며 희생제사의 중심지가 되었다.

"여러분이 하느님의 성전이고 하느님의 영께서 여러분 안에 계시다는 사실을 여러분은 모릅니까? …하느님의 성전은 거룩하기 때문입니다. 여러분이 바로 하느님의 성전입니다."(1코린 3,16-17) "우리는 살아 계신 하느님의 성전입니다. 이는 하느님께서 이르신 그대로입니다. '나는 그들과 함께 살며 그들 가운데에서 거닐리라. 나는 그들의 하느님이 되고 그들은 나의 백성이 되리라.'"(2코린 6,16)

하느님의 현존과 그분의 정화의식은 이제 단 하나의 장소에 국한되지 않으며 단일한 소수 민족 집단의 절대적 특권이 아니다. 성전에는 담이 없다. 성전은 보편적인 것, 다시 말해 가톨릭적인 것이다.

이런 사고방식은 에페소 신자들에게 보낸 서간에서 계속 이어진다. 거기서 우리는 성전 구성에 대해 상세히 설명하는 교회 신경信經의 모든 특징, 곧 교회는 하나이고 거룩하고 보편되며 사도로부터 이어온다는 사실을 발견한다.

"그러므로 여러분은 이제 더 이상 외국인도 아니고 이방인도 아닙니다. 성도들과 함께 한 시민이며 하느님의 한 가족입니다. 여러분은 사도들과 예언자들의 기초 위에 세워진 건물이고, 그리스도 예수님께서는 바로 모퉁잇돌이십니다. 그리스도 안에서 전체가 잘 결합된 이 건물이 주님 안에서 거룩한 성전으로 자라납니다. 여러분도 그리스도 안에서 성령을 통하여 하느님의 거처로 함께 지어지고 있습니다."(에페 2,19-22)

교회 안에서 충실한 삶을 살 때 우리는 하느님이 현존하시는 성전이다. 그렇지만 가톨릭 전승은 우리에게 하느님의 현존을 '생활화하고', '하느님이 현존하시도록' 간단한 청원기도를 바치라고 가르친다. 하느님이 우리 안에 현존하신다면 어째서 그러한 행위가 필요한 것일까?

우리가 그렇게 하는 것은 우리 자신을 위한 것이지 하느님을 위한 것이 아니다! 하느님은 램프를 닦으면 모습을 드러내는 요정 같은 존재가 아니시다. 그분은 언제나 현존하신다. 우리는 그 사실을 상기해야 한다. 그러면 그것은 우리에게 중요한 변화를 가져다줄 것이다.

한 가지 비유를 들어보자. 나는 사랑하는 어머니를 만날 때마다 어머니가 싫어하는 말버릇이나 행동을 하지 않으려고 의식적으로 노력하면서 어머니를 기쁘게 해드릴 행동과 말을 하려고 애쓴다. 내가 그렇게 하는 것은 어머니를 사랑하고 존경하기 때문이다. 그리고 아마도 건전한 두려움과 경외심으로 부모를 기쁘게 해드리고자 하는 어린아이의 욕구가 사라지지 않았기 때문일 것이다.

어머니들은 이러한 노력에 도움을 줄 수 있다. 우리가 어쩌다 그분들이 가까이에 계시다는 것을 잊어버리면 그분들은 인기척을 한다든가 뭔가를 마루에 떨어뜨려 그 사실을 우리에게 상기시킨다.

우리가 하느님의 현존을 잘 감지하여 그분이 좋아하시는 것을 행하고 그분이 싫어하시는 것을 피하려고 노력한다면 참으로 좋을 것이다. 유감스럽게도 그분은 우리를 위해 자주 기척을 내진 않으신다. 대신 우리가 계속 관심을 갖도록 할 다른 방법을 끊임없이 찾으신다. 가톨릭 전승은 우리에게 여러 방법을 전해 준다. 이 책의 주제 모두가 하느님 현존을 드러내는 방법이다.

우리는 무엇보다 하느님을 좀 더 알아감으로써 그분의 현존을 감지할 수 있다. 성경을 공부하고 기도하면서 주님과 함께 시간을 보낼 때 그분의 방법에 대해 더 깊이 알게 된다. 그리고 그렇게 하는 것이 그분에 대한 사랑의 시작이다. 우리는 잘 알지 못하는 사람을 사랑할 수 없기 때문이다.

우리는 더 많은 것을 할 수 있다. '하느님 현존에 대한 기도'로 알려진 좀 더 특별한 방법을 사용할 수도 있다.

기도서에는 하느님 현존을 드러내는 공식적인 기도가 많이 있다. 내가 좋아하는 기도 중 하나는 이렇게 시작한다. '저의 주님, 저의 하느님, 저는 당신이 이곳에 계시고, 저를 보시고, 제 말을 들으신다고 믿습니다. 저는 당신을 깊이 경외하며 흠숭합니다.'

물론 앞의 말마디(저의 주님, 저의 하느님)만으로도 주님 현존에 대한 완전한 인정이 이루어진다. 그 말마디는 성 토마스가 부활하신 주님을 알아보았을 때 한 말이며 영원히 기억될 것이다.(요한 20,28) 아니면 단순히 예수님의 이름을 들어 간구하거나 앞의 '화살기도' 부분에서 이야기한 기도 가운데 하나를 이용할 수도 있다.

여러 가지 성상聖像에서도 도움을 받을 수 있다. 우리는 직장에서 십자가나 상본을 가까이 둘 수 있다. 때로는 그것이 허용되지 않을 수도 있지만, 주님 현존을 떠올리게 할 방법은 얼마든지 있다. 내 친구 중에는 두 개의 큰 종이클립으로 십자가를 만들어 늘 전화기 옆에 두는 이가 있다. 그가 하는 일 대부분이 전화로 하는 일이기 때문에 그는 그 소박한 십자가를 하느님 현존의 표지로 삼는다.

초기 그리스도인은 집과 일터에서 십자가의 상흔을 우회적으로 표현하기 위해 등잔과 빵에 물고기 모양을 그려넣었다. 우리도 주님 현존을 떠올릴 우리만의 방법을 찾을 수 있다. 여러분은 분명 이 책에서 만나는 여러 실천 방법 중에서 도움이 되는 방법을 찾을 수 있을 것이며, 그 방법을 하루 일과에 일정한 간격으로 포함시킬 수 있다.

우리는 언제나 하나님 현존을 감지하기를 바란다. 우리가 실천하는 기도와 성경 공부는 마치 우리가 일생 동안 심는 포도나무와 같으며, 주님께 우리의 관심을 집중시키는 순간이다. 만일 우리가 제대로 잘 실천한다면 그 순간들이 포도나무처럼 자라서 하느님께 대한 의식이 인생 전체를 뒤덮을 것이다. 마치 담쟁이덩굴이 오래된 벽돌 담장을 뒤덮어 아름답게 꾸미듯이.

마음에 새기기

로렌스 수사는 수련 초기에 개인기도 시간을 하느님에 대해 생각하며 보냈습니다. 그것은 이성적으로 연구하고 면밀히 따지는 묵상보다 신앙의 빛에 따르는 신실한 감정에 의해 하느님의 존재에 대한 자신의 생각을 확신하고 마음 깊이 새기기 위해서였습니다.

그는 이런 간단하고 확실한 방법으로, 하느님

에 대해 알고 사랑하는 훈련을 함으로써 하느님 현존을 지속적으로 감지하고 가능한 한 그분을 잊는 순간 없이 살기 위해 최대한 노력하기로 결심했습니다.

이렇게 그는 기도 안에서 무한하신 하느님께 대한 열정으로 마음을 가득 채우고 나서 자기에게 맡겨진 주방 일을 하러 갔습니다.(그는 수도회 요리사였습니다.) 거기서 그는 우선 자신이 해야 할 일을 생각하고 언제 어떻게 그 일을 마쳐야 할지 생각한 후, 일하기 전과 후는 물론 일하는 동안에도 틈틈이 기도했습니다.

그는 일을 시작할 때 하느님께 자녀의 믿음으로 말씀드렸습니다. "하느님, 당신이 저와 함께 계시고, 저는 지금 당신의 명에 따라 제 마음을 이 외적인 일에 쏟아야 하니 제가 당신 현존 안에 계속 머물 수 있도록 은총을 허락하소서. 그리고 이 일이 끝날 때까지 저를 도와주시고 저의 모든 일을 받아주시며 제 모든 애정을 차지하소서."

그는 일하는 중에도 하느님과 친근한 대화를 계속하면서 은총을 간청하고 그분께 자신의 모든 행위를 봉헌했습니다. 그리고 일을 마쳤을 때는 자신이 일을 어떻게 수행했는지 자세히 살피고 나서, 잘했다고 생각하면 하느님께 감사를 드렸고 그렇지 않은 경우에는 용서를 구했습니다. 그리고 절대로 실망하지 않고 마음을 다잡아 하느님 현존에 대한 수련을 계속했습니다.

그는 "나는 실패해도 또 일어서고 자주 믿음과 사랑의 행위를 새롭게 함으로써 처음에 약속한 대로 하느님을 생각하지 않을 수 없게 되었습니다." 하고 말했습니다.

로렌스 수사는 하느님 현존 안에서 생활함으로써 얻게 된 이러한 이점을 발견했을 때, 자연스레 그것을 다른 사람에게 적극적으로 추천했습니다. 그리고 그의 모범은 그가 말로 하는 어떤 주장보다 강한 자극제가 되었습니다.

그의 얼굴 표정에서 드러나는 부드럽고 조용한 신심은 바라보는 이들이 감화를 받지 않을 수 없을 만큼 힘찼습니다. 또한 그는 주방에서 아무리 급한 일이 생겨도 자신의 천상적 지향을 그대로 유지했습니다. 그는 서두르거나 게으름을 부리지 않고 늘 평정심을 잃지 않은 채 모든 일을 정신적 고요 속에서 수행했습니다.

그는 말했습니다. "내게 일하는 시간은 기도하는 시간과 다르지 않습니다. 또 나는 여러 사람이 동시에 여러 가지를 요청할 때 주방의 소음과 마음 써야 하는 일 가운데서도 무릎을 꿇고 성체 성사에 임할 때처럼 지극히 고요한 마음으로 주님을 모십니다."

– 로렌스 수사에 대한 익명의 기억, 17세기

자선

여러분은 이 주제가 경건한 신심과 무슨 관계가 있느냐고 물을지 모른다. 대답은 간단하다. 자선은 경건한 신심과 매우 관계가 깊다.

무엇보다 먼저, 자선은 자연적으로 또 초자연적으로 우리 기도에서 흘러나온다. 우리는 예수님께 가까워질수록 그분의 모습 그대로를 보게 되며 그분께 순종하기를 바라게 된다. 그런데 그분은 당신을 따르는 사람들에게 분명한 말씀으로 자선을 베풀라고 하셨다.(루카 12,33; 마태 6,2-4 참조) 우리는 그분과 가까워질수록 그만큼 더 그분과 같아지기를 바란다. 그런데 그분은 당신이 가진 것을 모두, 더는 줄 것이 남아 있지 않을 때까지 다 내어 주셨다.

자선은 그 자체로 강력한 기도다. 성경은 말한다. '기도와 단식은 좋은 것이다. 그러나 이 둘보다 더 나은 것은 의로운 자선이다. 금을 쌓아두는 것보다 자선을 베푸는 것이 낫다. 자선은 사람을 죽음에서 구하고 모든 죄를 깨끗이 없애준다. 자선을 베푸는 이들은 충만한 삶을 누린다.'(토빗 12,8-9)

어째서 자선이 기도와 단식보다 더 나은 것일까? 자선은 그

두 가지를 모두 포함할 뿐 아니라 능가하기 때문이다. 자선을 베푸는 것은 하느님께 바치는 것이다. 그분을 위해 모금하는 것에서 더 나아가 우리의 마음과 정신을 그분께 들어올리는 것이다. 그것은 기도다. 또 그것을 바르게 행하고 있다면 단식이 기도 하다. 우리가 가진 것을 내어 주는 것이고 그로 인한 경제적 어려움을 겪어내는 것이기 때문이다. 예수님은 가난한 과부를 부유한 봉헌자들과 비교하시며 그녀가 더 많이 베풀었다고 하셨다. "저들은 모두 풍족한 데에서 얼마씩 넣었지만, 저 과부는 궁핍한 가운데에서 가진 것을, 곧 생활비를 모두 다 넣었기 때문이다."(마르 12,44)

자선의 힘은 진실한 기도에서 나온다. 기도 없는 자선은 그저 웃으며 사진 찍고 자부심을 들어 높이는 정도의 자선 활동으로 쉽게 전락하고 만다. 반면에 마음에서 우러나는 기도는 우리를 더욱더 너그럽게 베풀도록 이끌어 준다. 이는 미사참례에서도 마찬가지다. 신심이 깊을수록 우리 자신과 우리가 가진 것을 내어 주라는 요청에 민감하게 될 것이다. 초기 그리스도인은 이런 사실을 알았다. 곧 가난한 사람들을 무시하면 올바른 성찬식을 행할 수 없음을 알았다.

4세기에 성 요한 크리소스토모가 한 말을 깊이 생각해 보라. "여러분은 그리스도의 몸을 공경하기를 원합니까? 그분이 벌거벗었을 때 그분을 무시하지 마십시오. 그분을 비단으로 뒤덮은 성전 안에서만 공경하지 마십시오. 그렇게 되면 그분이

밖에서 춥고 병드셨을 때 그분을 무시하게 됩니다. '이는 내 몸이다.'라고 말씀하신 그분이 '너희는 내가 굶주렸을 때 먹을 것을 주지 않았다.'고 하신 바로 그분이십니다. 또한 '너희가 내 형제들에게 아무리 작은 것을 베풀었다 할지라도 그것은 내게 베푼 것이다.'라고 말씀하신 바로 그분이십니다. …만일 여러분의 형제가 굶어 죽어간다면 성찬의 식탁에 금으로 된 성작이 넘쳐난들 무엇이 좋겠습니까? 우선 형제의 배고픔을 해결해 주는 것으로 시작하십시오. 그러면 남은 것으로 제단도 꾸밀 수 있을 것입니다."

그보다 훨씬 이전인 기원후 107년경 안티오키아의 성 이냐시오도 같은 생각을 했다. 그는 이단자들의 두 가지 특징으로 가난한 이들에 대한 무시와 성체에 대한 무시를 꼽았다. "그들은 과부나 고아들, 고통 받는 사람들이나 감옥에 갇힌 이들, 또는 굶주리거나 목마른 사람들에 대한 사랑에 관심이 없다. 그들은 성체와 공동기도를 멀리하는데, 성체가 우리 구세주 예수 그리스도의 몸이 아니라고 부정하기 때문이다."

우리가 그때 이후로 그리스도교적 삶의 요구가 바뀌었다고 생각하지 않으려면 가까이 있는 가톨릭 신자들의 모범적인 삶을 잘 살펴야 한다. 그들 중 어떤 이들은 여러분 본당의 신자로서 지역 노인과 신체장애자를 위한 급식 택배 서비스Meals on Wheels 프로그램을 운영하고 있을지도 모른다. 아마도 여러분은 매일 미사에서 가장 먼저 그들을 보게 될 것이다.

그들은 아낌없이 온전히 내어 준다. 그래서 그들이 하는 일이 주목을 받기도 한다. 가톨릭 노동자 운동Catholic Worker Movement의 창시자인 도로시 데이Dorothy Day는 이러한 성체성사적 자선의 전형적인 예를 보여주었다.

로버트 엘스버그Robert Ellsberg는 그녀에 대해 이렇게 말했다. "그녀는 그리스도가 제대 위에 축성된 빵과 포도주에 실제로 현존하심을 믿었다. 또한 그리스도가 가난한 사람들 안에 참으로 현존하심도 믿었다. 그렇기 때문에 가난한 이들에 대한 응답은 우리 신앙의 진실성에 대한 시험이다. 우리가 보이는 이웃들을 사랑할 수 없다면 보이지 않는 하느님을 어떻게 사랑할 수 있겠는가? 배고픈 이웃들에게 먹을 것을 주지 않으면서 어떻게 그들을 사랑할 수 있겠는가? 가난한 이들의 신비는 그들이 바로 예수님이라는 것이다. 따라서 그들을 위해 행하는 것이 곧 그분에게 해드리는 것이다."

성체성사는 사랑을 개화開化시키는 열쇠로서 우리를 잘못된 애정과 자기만족의 자선 행위에서 구해 준다. 예수님처럼 희생제물이 될 수 있는 은총을 우리에게 베풀어 주기 때문이다. 곧 예수님의 희생의 은총을 우리에게 준다. 또한 우리를 복잡한 메시아상에 빠지지 않게 한다. 우리는 영성체를 통해 참된 메시아가 우리를 통해 활동하시도록 하기 때문이다.

이런 현상은 비가톨릭인들에 의해 관찰되고 입증되었다. 영국 학자 그레고리 딕스Gregory Dix는 "드높은 가치를 지닌 그

성사에 대한 교의는 언제나 그리스도가 가난하시다는 사실에 눈을 뜬 양심을 동반했다."고 말했다.

최근에 성공회 사회학자 로버트 벨라Robert Bellah는 로마 가톨릭교회의 성체신심은 미국 사회의 가장 큰 희망이라고 말했다. "우리가 변화시켜야 할 문화적 코드는 사상이나 정치 분석보다 더 깊은 내면의 것이다. 그것의 뿌리는 종교적 심성에 있다. 나는 이 순간 우리의 문화적 코드의 중요성을 성사적 삶, 특히 성체성사적 삶에 더 많이 부여함으로써 재정립할 필요가 있다고 생각한다. 우리는 서로의 지체가 되는 순간 성체성사에 참여할 수 있을 뿐 아니라 성 바오로가 콜로새 신자들에게 보낸 서간에서 말하듯이 전 세계를 위해 자신을 내어 주는 사랑에 의해 '그리스도의 환난에서 모자란 부분'을 채우는 성체성사가 될 수 있다."

교황 바오로 6세는 언젠가 이렇게 물었다. "여러분은 평화를 원하십니까?" 그런 다음 긍정적인 대답을 예상하며 이렇게 말했다. "정의를 위해 일하십시오!" 이제 우리가 우리 자신에게 물어야 할 것이다. "우리는 정의를 원하는가?" 우리에게 주어지는 대답은 초기 그리스도인의 경우와 마찬가지다. 그것은 제단이 부여하는 소명이다.

다음 구절은 다른 장에서도 인용했지만 반복할 만한 가치가 있다. 적어도 3세기 이후 줄곧 유지되어 온 것이기 때문이다. "과부들과 고아들을 희생제물을 바치는 제단처럼 마음으로 받들어야 한다!"

이 말은 여러 가지 실천적 물음을 남긴다. 예를 들어 우리는 얼마나 많이 베풀었는가? 어떤 사람은 철저히 십일조를 바친다. 곧 수입 총액의 십분의 일을 자선 단체에 기부한다. 칭송할 만한 일이다. 하지만 그다지 거룩한 일로 보이지는 않는다. 또 어떤 사람의 경우에는 그 기부가 충분치 않은 해가 있을 수도 있다. 우리는 다른 사람들이 더 많이 필요로 할 때 더 베푸는 것으로 응답해야 한다. 그렇지만 어떤 때에는 십일조조차 낼 수 없을 수도 있다.

그래서 우리는 출발한 곳으로 돌아가 제단 앞에서 기도하며 자신을 돌아보아야 한다. 만일 우리가 성체성사의 주님, 곧 망설임 없이 당신 자신을 온전히 내어 주시는 주님을 바라보면서 우리가 할 수 있는 만큼 내어 주고 있다고 말씀드릴 수 있다면, 그때 우리는 우리가 해야 할 만큼 내어 주고 있는 것이다. 그러나 만일 그렇게 말씀드릴 수 없다면 우리의 베풂에 대해 다시 한 번 깊이 생각해야 한다.

마음에 새기기

그리스도는 우리가 하느님을 엄청나게 갈망하고 있다는 것을… 또 우리가 사랑받기 위해 창조되었다는 것을 아셨습니다. 그래서 그분은 당신 자신을 생명의 빵으로 만드시고 말씀하셨습니다. "너희가 내 살을 먹고 내 피를 마시지 않으면 살 수도, 사랑할 수도, 섬길 수도 없다."

…또한 그분은 우리에게 그분에 대한 우리 사랑을 살아 있는 행동으로 옮길 기회를 주고자 하십니다. 그분은 당신 스스로 빵뿐 아니라 사랑에 대해서도 굶주린 분이 되십니다. 그분은 당신 스스로 옷뿐 아니라 이해심 있는 사랑과 인간적 품위에 있어 헐벗은 분이 되십니다. 그분은 당신 스스로 작은 방뿐 아니라 다른 사람에 대한 내면 깊은 진실한 사랑에 대해 집 없는 분이 되십니다. 이것이 성체성사입니다. 이것이 여러분과 나와 함께 쪼개지기 위해 오신 살아 있는 빵이신 예수님입니다.

– 복녀 콜카타의 마더 데레사, 20세기

8 삶에 대한 사랑

삼위일체 신심 · 묵주기도 · 스카풀라와 성패

마음기도 · 감실에 대한 경외심

삼위일체 신심

그리스도인은 삼위일체를 마침의 표시처럼 다루는 경향이 있다. 우리는 기도를 시작할 때 십자 성호를 그으면서 성호경을 바친다. 그리고 기도를 끝낼 때 같은 방법, 또는 삼위일체께 바치는 기도인 영광송을 바친다. 그러나 기도 중에는 삼위이시며 한 분이신 하느님에 대해 깊이 생각하지 않는다. 이런 우리를 누가 비난할 수 있는가? 사람의 머리로는 알아들을 수 없는 깊은 신비인데 무엇 때문에 그 신비에 대해 골치 아프게 생각하겠는가?

한 교리교사가 아이들에게 '신비'에 대해 묻자 남자아이가 손을 들고 이렇게 대답했다. "아, 그건 그냥 믿어야 하는 거래요. 사실이 아니라고 알고 있더라도 말이에요."

그 남자아이의 황당한 대답에 공감할 수 있는 부분도 있지만, 그 마지막 판단에는 이의를 제기하게 된다. 우리는 삼위일체 신비가 사실임을 알기 때문이다. 삼위일체 신비는 기도의 시작과 끝에 하는 마침의 표시에 그치는 것이 아니라 기도의 종합이요 본질이요 주제요 대상이다. 「가톨릭교회 교리서」가 삼위일체에 대해 이야기하는 다음 내용을 깊이 생각해 보라.

> 지극히 거룩한 삼위일체의 신비는 바로 그리스도인의 믿음과 삶의 핵심적인 신비다. 이는 하느님 자신의 내적 신비이므로, 다른 모든 신앙의 신비의 원천이며, 다른 신비를 비추는 빛이다. 이는 '신앙 진리들의 서열'에서 가장 근본적이고 본질적인 교리다. '구원의 역사[救世史]'는 바로 성부·성자·성령이신 참되고 유일한 하느님께서 당신을 알리시고, 죄에서 돌아서는 인간들과 화해하시고 그들을 당신과 결합시키려는 길과 방법의 역사이지 그 밖에 다른 것이 아니다.(「가톨릭교회 교리서」 234항)

삼위일체는 모든 전례 시기가 있는 이유이며, 모든 교회 축일의 핵심이고, 다른 모든 신비와 신심의 원천이다. 모든 성사와 모든 가톨릭 전례는 거룩한 삼위일체와 관련된다.

그렇다면 어째서 우리는 그 주위를 조심스럽게 서성이거나 의례적 절차를 거쳐 거기서 빠져나가기에 급급한가?

나는 '신비'에 대해 생각하는 방법에 근본적인 문제가 있다고 본다. 우리는 신비를 수학적 관점에서 고찰하는 경향이 있다. 곧 풀 수 없는 수수께끼나 모순된 문제로 여기는 것이다. 삼위일체 교리는 외관상 모순처럼 보인다. 우리가 볼 때 셋은 하나와 같을 수 없는데 그 교리는 셋이 하나와 같다고 한다. 그런데도 우리는 그것을 믿어야 하고, 만일 믿지 않으면 그리스도교 신자라는 이름을 박탈당한다. 그래서 우리는 그 말에 그냥 동의하고 더 절실한 기도로 넘어간다.

그러나 신비는 수학이 아니다. 신비는 혼인이나 매우 깊은 인간관계의 관점에서 생각하는 것이 훨씬 도움이 된다. 우리는 결코 '배우자'를 완전히 알 수 없으나 그에 대한 사랑과 지식과 이해를 키워갈 수 있다.

삼위일체는 우리가 천국에서 영원히 알기를 희망하는 사랑의 관계다. 만일 그 신비에 대한 사랑 속에서 성장하지 못한다면, 우리는 천국에 더 가까이 가지 못한다. 또한 우리 믿음은 피상적인 것일 뿐 구세사의 핵심을 놓치고 있는 것이다. 구세사는 삼위일체이신 하느님에 대한 계시와 같기 때문이다.

성부는 우리가 성령을 모실 수 있도록 성자를 보내셨다. 그 이유가 무엇일까? 기억해 보자. 하느님은 우리와 같이 되셨다. 그래서 우리가 그분과 같이 될 수 있다. 그분은 우리의 본성을 취하시어 우리가 그분의 본성에 참여할 수 있게 하셨다. 하늘나라는 다름 아닌 그러한 나눔이요, 그러한 친교다. 하늘나라는 세례와 더불어 이미 시작되었다.

'삼위일체'라는 용어는 성경에 나오지 않는다. 그것은 그리스도인의 마음에 들어 있는 하느님 계시의 실체를 묘사하기 위해 만들어 낸 신학 용어다. 마태오복음서는 예수님이 제자들에게 "아버지와 아들과 성령의 이름으로"(마태 28,19) 세례를 베풀라고 하시는 명령으로 끝난다. 이 대목은 하나의 '이름으로'라고 이야기하면서 실제로는 세 위격을 일컫는 수수께끼 같은 대목이다.

성 바오로는 미사에서 사용하는 축복의 기도를 할 때 바로 이 신비를 그대로 취한다. "주 예수 그리스도의 은총과 하느님의 사랑과 성령의 친교가 여러분 모두와 함께하기를 빕니다."(2코린 13,13)

사실 성 바오로에게 그리스도교 신앙의 모든 양상은 삼위일체의 신비였다. 그의 기도를 살펴보라. 적어도 내가 보는 관점에서 바오로는 체험을 통해 확인된 전제에서 시작한다. "우리는 올바른 방식으로 기도할 줄 모르"(로마 8,26)기 때문이다. 진짜 문제는 우리가 우리와 완전히 다른 하느님과 이야기하기를 바란다는 것이다. 어떻게 공통 언어를 찾을까? 어디서 시작할까?

우리에게는 공통 언어가 있다. 하느님이 당신의 영원한 말씀을 우리에게 주셨기 때문이다. 우리는 그리스도 안에서 기도하며, 그분의 성령의 능력으로 기도한다. 사실 '성령께서 몸소 말로 다할 수 없이 탄식하시며 우리를 대신하여 간구해 주신다'(로마 8,26).

그리스도인의 기도는 그 자체로 세례를 통해 나누게 된 생명에 대한 증거다. "성령께서 몸소, 우리가 하느님의 자녀임을 우리의 영에게 증언해 주십니다."(로마 8,16) 성 바오로에 따르면 우리는 현재 "그리스도 예수님 안에"(로마 8,1) 살고 있기에 성자와 성령과 함께 진실하게 성부께 말씀드릴 수 있다. 우리는 그분을 '아빠Abba, 아버지'라고 부를 수 있고 진심으로 말할 수 있으며 진실을 이야기할 수 있다.

우리는 현재도 삼위일체의 생명 안에 받아들여져 있다. 우리는 천국에서 살기를 기다릴 필요가 없다. 천국은 우리에게 이미 와 있다. 비록 우리가 그분을 있는 그대로 뵙고 그분처럼 될 종말의 날을 여전히 기다리고 있을지라도 말이다.(1요한 3,2 참조) 따라서 모든 기도는 끝날 때만이 아니라 전체가 다 삼위일체적이다.

성 바오로에게는 모든 도덕도 삼위일체적이다. 우리의 모든 행동이 하느님 안에서 친교를 드러내야 하기 때문이다. 사실 신앙문제에 대한 그리스도교적 고찰의 근거가 대부분 가정假定이고 암시적인 것이라 할지라도 삼위일체 신비 안에서 찾아야 한다.

우리는 기도할 때 성호경과 영광송에서만이 아니라 기도하는 내내 삼위일체를 이야기한다.

미사에서는 많은 기도가 그 신비를 상기시킨다. 미사 자체가 삼위일체적 기도다. 곧 우리는 성령 안에서 예배를 드림으로써 성자가 당신 자신을 성부께 봉헌하시듯 우리 자신을 성자와 결합시킨다. 우리는 십자 성호를 긋고 성 바오로의 축복 기도를 한다.

미사에서 우리는 기도를 삼중으로 바친다. 그 예로 '자비송Kyrie'과 세 번의 거룩한 찬미로 이루어지는 '거룩하시도다

Sanctus'를 들 수 있다. 단순히 강조하기 위해 '자비를 베푸소서'나 '거룩하시도다'를 반복하는 것이 아니다. 암시적으로 삼위일체께 기도하는 것이다. 영광송과 니케아 신경 같은 미사 기도에서는 명확하게 삼위일체께 기도한다.

우리의 그리스도교적 소명도 삼위일체적이다. 삼위일체 신비는 믿음의 핵심이다. 하느님은 우리가 그 신비를 삶의 중심에 두기를 바라신다. 그렇지만 그분은 우리와 완전히 다르시기에 우리는 그분의 내적 삶을 묵상하는 것조차 힘들다. 물론 그분이 우리를 위해 사람이 되신 것이 도움이 된다.

그 신비에 더욱 깊이 들어갈 수 있는 방법은 없을까? 교황 요한 바오로 2세는 우리가 잘 아는 관계, 곧 가정생활의 신비를 고찰하는 것으로 시작할 것을 제안했다. "가정의 원초적 모델이 하느님 자신 안에, 곧 그분의 삼위일체적 생명의 신비 안에 있기 때문이다. 거룩한 '우리'는 인간적인 '우리', 특히 거룩한 모상을 닮도록 창조된 남자와 여자에 의해 형성된 '우리'의 영원한 모델이다."

또한 이 문제를 좀 더 간결하게 다음과 같이 설명했다. "하느님은 당신의 가장 깊은 신비 속에 고독하게 계시지 않고 한 가족으로 계신다. 당신 자신 안에 부자 관계와 사랑이라는 가족의 본질을 지니고 계시기 때문이다." 우리는 지상의 가족이 어떠해야 하는가를 깊은 신앙심으로 고찰할 때 영원히 거룩한 가족인 하느님을 알게 될 것이다.

우리는 사랑을 위해 창조되었다. 우리가 가정생활에서 사랑을 체험할 때 그 체험은 천상적인 것이지만, 그것은 여전히 우리가 오직 천국에서 보게 될 더욱 큰 영광, 곧 지금도 우리가 '영광이 성부와 성자와 성령께, 처음과 같이 이제와 항상 영원히, 아멘!'이라고 선포하는 영광의 이미지에 지나지 않는다.

마음에 새기기

우리 무지한 사람들은 거룩한 삼위일체의 세 위격이 한 몸에 있다고 하면 여러 그림에서 나타나듯이 얼굴 세 개가 한 몸에 붙어 있는 모습을 떠올립니다. 그러므로 우리에게는 그 신비가 불가능하게 여겨지고 아무도 그것에 대해 생각할 엄두조차 내지 못하면서 미리 겁을 먹고 위축됩니다. 그 진리를 자신의 지적 능력으로는 이해할 수 없다고 느끼며 그 진리에 대해 의심을 하게 될까 두려워하고, 또 그로 인해 뭔가 매우 유익한 것을 잃어버릴 것 같기 때문입니다.

내게 [환상을 통해] 나타난 것은 뚜렷이 구별된 세 위격이셨습니다. 그래서 각 위격을 바라보고 이야기할 수 있었습니다. 그 후 나는 성자가 인간의 육신을 취하셨다는 사실만 깊이 묵상했으며,

그렇게 해서 삼위일체의 진리를 알아듣게 되었습니다. 이 세 위격은 서로 사랑하시고 친교를 나누시며 서로를 아십니다.

…이 진리는 내가 몇천 번이라도 목숨을 바치고 싶은 참으로 위대한 진리입니다. 이 세 위격 안에는 한 위격이 다른 두 위격 없이는 아무것도 하실 수 없도록 하나의 의지, 하나의 권능, 하나의 통치권밖에 없습니다.

– 아빌라의 성녀 데레사, 16세기

묵주기도

"이제부터 과연 모든 세대가 나를 행복하다 하리니…."(루카 1,48)

우리는 묵주기도를 할 때마다 이 예언을 적어도 오십 번 외운다. 우리는 성령의 영감으로 쓰인 성경 말씀을 이용하여 동정 마리아를 '복되신 분'이라고 하며 천사 가브리엘의 인사말로 그분께 말을 건넨다. "은총이 가득하신 이여, 기뻐하여라. 주님께서 너와 함께 계시다."(루카 1,28) 또 그분의 친척 엘리사벳의 말을 빌려 그분의 특권을 선포한다. "당신은 여인들 가운데에서 가장 복되시며 당신 태중의 아기도 복되십니다."(루카 1,42) 이 말을 반복하는 것은 기쁜 일이다. 그 의미가 매우 풍부하고, 묵상의 초점인 복음 장면에 의해 자세히 설명되기 때문이다.

묵주기도는 역사를 통해 입증된 묵상기도 방법이다. 묵주기도는 여러 세기에 걸쳐 교황들이 추천한 기도이며 성인들이 날마다 바친 기도다. 묵주기도는 노동자들도 어린이들도 바쁜 통근자들도 뛰어난 과학자들도 다 같이 사랑하는 기도다. 특히 유명한 생물학자 루이 파스퇴르Louis Pasteur가 가장 좋아하는 기도였다.

묵주기도를 할 때는 예수님과 마리아의 삶에서 특정한 사건(신비)을 깊이 생각하며 열 개 단위로 엮은 묵주알을 한 알씩 굴리면서 성모송을 바친다. 하지만 다른 기도처럼 묵주기도도 변형시켜 일곱 알씩 일곱 번 엮은 묵주를 사용하여 일곱 가지 성모 통고의 신비를 묵상하기도 한다.

어떤 사람은 묵주기도를 '성모 찬송'으로 끝내는가 하면, 어떤 사람은 '성모 호칭 기도'로 끝내고, 어떤 사람은 교황을 위한 기도로 끝내기도 한다. 또 어떤 사람은 묵주기도를 앞에서 언급한 기도 모두로 끝내기도 한다.

민족적 다양성도 반영된다. 독일의 독실한 신자들은 성모송을 욀 때마다 특정 신비를 즉흥적으로 삽입하는 관습이 있다. '성모영보'에 대해 묵상할 때 '태중의 아들 예수님, 사람이 되신 말씀이신 예수님, 또한 복되시나이다.'라고 하는가 하면, '십자가에 못 박히신 예수님'에 대해 묵상할 때는 '태중의 아들 예수님, 우리의 죄를 위해 돌아가신 예수님, 또한 복되시나이다.'라고 덧붙이기도 한다.

교회는 묵상하기에 적절한 스무 개의 신비를 공식적으로 승인했다. 그것을 좀 더 효과적으로 묵상하려면 성경에서 그 내용을 모두 찾아보아야 한다. 그 신비들은 다음과 같다.

다섯 개의 기쁨의 신비(마리아께서 예수님을 잉태하심, 엘리사벳을 찾아보심, 예수님을 낳으심, 예수님을 성전에 바치심, 예수님을 성전에서 찾으심), 다섯 개의 빛의 신비(예수님께서 세례받으심, 가나에서 첫 기적을 행하심, 하느님 나라를 선포하심, 거룩하게 변모하심, 성체성사를 세우심), 다섯 개의 고통의 신비(예수님께서 피땀 흘리심, 매맞으심, 가시관 쓰심, 십자가 지심, 십자가에 못 박혀 돌아가심), 다섯 개의 영광의 신비(예수님께서 부활하심, 승천하심, 성령을 보내심, 마리아를 하늘에 불러올리심, 마리아께 천상 모후의 관을 씌우심)이다.

교황 요한 바오로 2세는 이 네 종류의 신비를 특정한 요일에, 곧 기쁨의 신비는 월요일과 토요일에, 빛의 신비는 목요일에, 고통의 신비는 화요일과 금요일에, 영광의 신비는 수요일과 주일에 바칠 것을 제안했다.

물론 특별한 기회에 성경의 마리아 신심이 급증한 결과로 만들어져 비공식적으로 유포된 다른 여러 신비도 있다.

오랜 세월 동안 나는 성체성사의 신비, 치유의 신비, 교회의 신비 같은 많은 신비를 접했다. 나는 기도할 때 그 기본적인 스무 개의 신비를 바치지만, 내가 접한 어떤 신비도 싫어한 적이 없다.

묵주기도는 인간적 차원에서 진행된다. 그 이유는 인간을 총체적으로 참여시키기 때문이다. 묵주기도는 우리의 말하기와 듣기를 필요로 한다. 이 기도는 우리 마음 안에서 우리 감정을 자극하며, 우리의 민감한 부분인 손가락을 통해 바쳐진다. 우리가 성상 앞에서 기도한다면 또 다른 신체 감각을 통해 우리의 묵상에 영양이 공급될 것이다. 이것은 부활하신 주님이 당신 제자들의 믿음을 확고하게 하시는 방법이었다. "내 손과 내 발을 보아라. 바로 나다. 나를 만져보아라."(루카 24,39) 주님의 말씀을 듣는 것만으로는 충분하지 않다. 그분의 말씀을 읽으려고만 하지 마라. 우리는 그분이 우리의 모든 감각을 채워주시기를 바란다.

예수님이 그렇게 하시는 것은 당신 어머니의 사랑 덕택이다. 마리아는 성경에서 그분의 첫 제자로 나타난다. 멀리서 이방인들이 예수님을 찾아왔을 때 그들은 "어머니 마리아와 함께 있는 아기를"(마태 2,11) 볼 수 있었다.

마리아는 도움이 필요한 사람들이 있을 때 그들을 위해 기꺼이 중개자 역할을 하신다.(요한 2,3 참조) 예수님이 제자들에게 버림받고 십자가 위에서 돌아가실 때 마리아는 예수님과 함께 남아 계셨고, 예수님은 그분을 '사랑하는 제자'(여러분과 나를 의미)에게 맡기며 말씀하셨다. "이분이 네 어머니시다."(요한 19,27) 이처럼 마리아는 그분만이 유일하게 하실 수 있는 방법으로 우리 묵상을 도와주신다. 그분은 예수님의 어머니로서, 예수님의 삶 전체의 목격증인으로서 우리를 도와주신다. 예수님이 우리에게 주신 어머니로서, 오직 어머니만이 하실 수 있는 사랑으로 우리를 도와주신다.

우리는 마리아와 함께 구원사가 전개되는 상황을 주시한다. 또한 여러 감각 기관을 동원하여 묵주기도에 집중한다. 그러나 묵주알을 굴리며 기도문을 외는 동시에 분명한 역사적 사실에 근거한 고통스러운 복음 장면을 묵상하는 등의 다양한 요소를 감당하기 힘겨워하는 사람들도 있다.

하지만 묵주기도는 우리가 활동을 멈출 때, 곧 동시에 여러 일을 하는 것을 멈추고 어린아이들이 어머니와 함께 시간을 보낼 때처럼 자신을 내맡길 때 최고의 효과를 낸다. 자신을 편안히 하기 위한 가장 좋은 방법은 바로 묵주기도를 하는 것이다.

요제프 라칭거 추기경은 교황으로 선출되기 바로 몇 해 전에 한 인터뷰에서 이렇게 말했다. "반복은 자신을 고요함에 적응시키는 방법입니다. 그것은 각 단어의 의미에 의식적으로 정신을 집중시키는 방법이라기보다는 나 자신을 차분한 반복과 안정적인 흐름 속으로 들어가게 합니다. 묵주기도의 내용에 부족함이 없기 때문에 더욱 그렇습니다. [그 기도의] 반복은 내 눈앞에, 또 내 영혼에 중요한 여러 이미지와 환시, 그리고 무엇보다도 마리아의 모습을 떠오르게 하며 나아가 마리아를 통해 예수님의 모습을 떠오르게 합니다."

이처럼 반복은 무의미한 것이 아니다. 이 기도는 주님을 기쁘게 해드린다. 주님은 제자들에게 말씀하셨다. "너희는 기도할 때에 다른 민족 사람들처럼 빈말을 되풀이하지 마라."(마태 6,7) 신실信實한 그리스도인은 의미가 충만한 묵주기도를 반복하는 것에 싫증을 느끼지 않는다.

묵주기도를 할 최적의 장소는 가족과 함께하는 곳이다. 패

트릭 페이턴Patrick Peyton 신부는 묵주기도에 대해 이야기하면서 "함께 기도하는 가족은 함께 머무는 것이다."라고 했다. 교황 요한 바오로 2세는 한결같이 가정 묵주기도를 장려했다. 그분은 동정 마리아께 '가정의 모후'라는 칭호를 드리고, 그 칭호를 '성모 호칭 기도' 끝에 첨가했다. 이 모든 것은 분명 성모님께 큰 기쁨을 드렸을 것이다. 콜카타의 마더 데레사는 처참한 갈바리아의 환시를 체험한 후 마리아가 다시 용기를 갖게 해주신 사실을 상기했다. "두려워하지 마라. 사람들에게 묵주기도(가정 묵주기도)를 하도록 가르쳐라. 그러면 모든 것이 잘 될 것이다."

묵주기도를 함께 바치기 위해 바쁜 가족들의 스케줄을 맞추기는 어려운 일이다. 나도 운동에 정신이 팔린 십 대들을 같은 시간에 집에 모아놓기가 거의 불가능하다고 느낀 때가 있었다. 그래서 우리는 가능한 방법을 생각했다. 그 결과 함께 모일 수 있는 저녁 식사 시간에 묵주기도를 같이 바치자는 결론에 이르렀다. 그리하여 가정 묵주기도를 우선적으로 할 수 있었다. 그러나 우리가 각자의 스케줄을 반영해야 하는 직장을 갖게 된 다음에는 더 이상 지속하지 못했다.

가정 묵주기도가 강력한 은총을 지니고 있긴 하지만 묵주기도의 체험은 지극히 개인적이다. 특정 기도를 할 수 있는 능력에는 서로 차이가 있기 마련이다. 그것은 모든 일에서 서로 차이가 나는 것과 같다. 교황의 경우도 마찬가지다. 교황 요한 바오로 2세는 묵주기도를 날마다 수십 단씩 바친 것으로 알려져 있다. 그런가 하면 베네딕토 교황은 묵주기도를 집중해서 삼단 정도 묵상하다 보면 힘이 들어 이따금 그 기도를 잠시 중단해야 할 때가 있다고 고백했다.

묵주기도를 할 때 모두가 다 같은 마음일 수는 없다. 우리 중에는 아무리 정신 집중을 해도 그 상태로 장시간 지속하기 어려운 사람이 있다.

그렇지만 묵주기도를 집중해서 하지 못한다는 이유로 기도를 포기하는 것은 교만의 증거다. 내 아이들은 어렸을 때 종종 내게 자신들이 그린 '그림'을 내밀곤 했는데 그야말로 얼룩덜룩한 낙서일 뿐이었다. 그렇지만 내게는 그것이 걸작품으로 보였고 사랑의 성사였다. 만일 내 아이 가운데 네 살 때 모나리자를 그릴 수 없다는 이유로 그림 그리기를 포기했다면 삶은 황폐해졌을 것이다.

하느님께, 또 성모님께 기도하려는 모든 노력은 값진 것이다. 우리가 묵주기도를 꾸준히 계속할 때 우리는 어린이처럼 되어 (마태 18,3 참조) 마리아의 자녀, 천상 아버지의 자녀가 된다.

마리아의 천진한 아드님으로 사셨던 복자 교황 요한 23세는, 묵주기도를 잘 못하고 있다고 생각하여 그 기도를 멀리하려는 사람들에게 훌륭한 충고를 했다. 그 사람들은 잘못된 묵주기도를 하느니 차라리 하지 않겠다는 핑계를 대며 포기하려 했다. 이에 교황은 '잘못된 묵주기도'는 소리를 입 밖에 내지 않고 하는 묵주기도뿐이라며 그들의 잘못된 생각을 바로 잡아 주었다.

마음에 새기기

묵주기도는 특성상 마리아께 바치는 기도로 보이지만 본질적으로는 그리스도 중심의 기도입니다. 묵주기도는 복음 메시지의 요약이라고 할 만큼 복음 메시지를 매우 깊이 있게 다루고 있습니다. 묵주기도는 마리아의 기도, 곧 그녀의 태중에서 시작된 구원사업인 강생에 대한 영원한 마니피캇 Magnificat의 반향입니다.

그리스도인은 묵주기도를 바침으로써 성모님의 학교에 앉아 그리스도의 아름다운 얼굴을 바라보며 그분 사랑의 깊이를 체험하게 됩니다. 묵주기도를 통해 신자들은 구세주의 어머니의 손에서 받듯이 풍성한 은총을 받습니다.

– 교황 요한 바오로 2세, 20세기

스카풀라와 성패

성패(聖牌, medal)는 초대교회부터 줄곧 가톨릭 신심 생활의 일부였다. 고고학자들은 이러한 개인 장신구를 무수히 발굴해냈다. 가장 흔한 것은 십자가인데, 십자가 자체로 만들어진 것도 있고 성패에 십자가 형상을 새긴 것도 있다.

성모 마리아의 성패는 언제나 인기가 있었으며, 박물관에는 이러한 고대 유물이 많이 전시되어 있다. 성인들의 성패도 오래전부터 신자들에게 애용되었다. 이집트 초대교회는 특별히 성 메나스Menas에 대한 신심이 깊었다. 그의 무덤은 치유의 물로 유명한 샘터에 있고, 그의 성상聖像은 멀리 떨어진 프랑스에서도 볼 수 있다.

몇 세기에 걸쳐 신자들은 훨씬 더 많은 성인의 신심을 간직했다. 성물 판매소의 진열품을 둘러보라. 성인의 초상이 담긴 성패들의 숫자로 각 성인의 대중적 인기를 알 수 있다. 성 요셉, 성 유다, 성 베네딕토, 성 크리스토포로, 성녀 소화 데레사, 파드레 비오 같은 성인의 인기는 여전히 한결같다.

우리는 스카풀라[聖衣, scapular]도 착용한다. 스카풀라는 보통 어깨 위에 걸치는 천으로, 성패와 마찬가지로 모양이 다양하다. 사실 스카풀라와 성패에 대한 것만으로 책 한 권을 쓸 수 있을 만큼 그 종류가 많지만, 나는 내가 착용하고 있는 성모 마리아의 갈색 스카풀라를 예로 들어 고찰하려 한다. 가장 널리 착용되고 있는 것이기도 하고 내가 많이 생각해 온 성패이기 때문이다!

스카풀라는 관상생활을 하겠다는 서약의 상징적 표지다. 그것은 수도복의 일부로 생겨났다. 스카풀라는 옛날에 수도자가 일할 때 튜닉(중세에 남자들이 입던 소매 없는 헐렁한 윗옷) 위에 걸치던 넓은 겉옷이다. 보통 모직물로 만들어졌으며, 어깨에 걸쳐 튜닉의 앞뒤로 내려뜨리게 되어 있어 십자가 모양으로 보였다. 스카풀라는 어깨를 가리키는 라틴어 scapula에서 유래한 것으로, 오랜 기간에 걸쳐 서서히 수도복의 가장 독특하고 특징적인 형태로 자리 잡았다.

오랜 시간 동안 평신도들은 수도생활의 은혜를 함께 나눌 방법을 찾았다. 수도원 담장 안에 은둔하여 살지는 못하더라도 중세 시대 관상가들의 삶을 동경했다. 그래서 특정 기도와 묵상을 우리의 일상생활에 맞게 변경시켰다. 예를 들면 어떤 이는 수도자들이 바치는 성무일도를 바친다.

작은 스카풀라는 수사나 수녀들의 봉헌 생활에 참여하는 것을 상징하는 표지다. 정식 스카풀라만큼 크지 않다. 특히 갈색 스카풀라는 내가 가르멜수도회의 선익과 선업에 참여하고 있음을 드러낸다.

갈색 스카풀라는 두 개의 작은 직사각형 갈색 천으로 되어 있다. 두 개의 줄이나 리본으로 연결된 것을 가슴과 등 쪽으로 내려뜨려 착용한다. 나는 스카풀라를 착용하기로 결심했을 때 사제에게 스카풀라를 축복해 주기를 청했는데, 그는 스카풀라를 축복해 주었을 뿐 아니라 가르멜수도회에 정식으로 등록시켜 주었다.(스카풀라를 착용한다고 해서 서원, 개인적 봉헌, 평생 서약을 해야 하는 것은 아니다.) 사제나 부제라면 모두 이런 예식을 행할 수 있다.

나는 처음부터 이 신심 행위의 깊은 성경적 뿌리를 알고 있었다. 가르멜수도회의 기원은 구약성경의 예언자 엘리야와 엘리사로 거슬러 올라간다. 그들은 사마리아 지역 언덕 외딴곳에 있는 카르멜 산에서 은둔 생활을 했다.(1열왕 18,19; 2열왕 2,25; 4,25 참조) 갈색 스카풀라는 엘리사가 집어든 '엘리야의 겉옷'(2열왕 2,14 참조)을 연상시킨다.

마지막 예언자인 세례자 요한도 독특한 옷, 낙타털로 된 거친 옷(마태 3,4 참조)을 입고 광야의 은둔자로 살았다. 그는 "엘리야의 영과 힘"(루카 1,17)을 지녔으며, 예수님도 요한을 엘리야와 결부시켜 생각하셨다(마르 9,13 참조).

옛 그리스도인은 성경을 읽고 예언자처럼 살기를 갈망했다. 그 가운데 어떤 사람이 예루살렘 성지를 순례하고 카르멜 산에서 은둔자로 살 소명을 느꼈는데, 그것이 가르멜수도회의 시작이다.

내가 그 삶에 참여하는 것은 유별나거나 대단한 일이 아니다. 사실 그 생활은 겉으로 드러나지 않는다. 곧 고속도로에서 합류하게 되는 차량들 속에 감춰져 있고, 날마다 몇 시간씩 지내는 사무실에 감춰져 있으며, 저녁마다 식탁에 둘러앉는 아이들 속에 감춰져 있다. 그 생활은 내가 셔츠 안에 착용하고 있는 갈색 스카풀라처럼 감춰져 있다. 그러나 그것은 현실이다. 내 스카풀라는 내가 모든 환경 속에서, 몇 세기에 걸쳐 온 세상으로 퍼져 나간 이들로 이루어진 영적 가정, 곧 어떤 특정 이상과 관습을 함께 나누는 가정과 연결되어 있다는 사실을 상기시킨다.

성모 마리아께 대한 굳센 믿음을 지니고 있는 가르멜수도회는 일반적으로 성모님의 이미지를 갈색 스카풀라에 담고 있다. 13세기에 성모님은 가르멜회 수사 성 시몬 스톡(Simon Stock: 나무 그루터기 속에서 살았다고 해서 붙여진 이름)에게 발현하시어 "이 의복을 입고 죽은 사람들은 영원한 불의 고통을 받지 않을 것이다."라고 말씀하셨다고 한다.

교황 요한 바오로 2세는 스카풀라에 매우 강력한 힘이 있는 것은 그 말의 의미가 하나의 제복인 동시에 훌륭한 믿음과 삶의 태도를 뜻하는 '수도복'이기 때문이라고 했다. 만일 우리가 스카풀라를 열심히 착용한다면 우리는 카르멜적 삶, 곧 엘리야와 엘리사와 요한의 삶과 예수님과 마리아의 삶에 충실하게 될 것이다.

나는 샤워를 한 후 스카풀라를 다시 걸 때마다 현재의 상태에서 천상적 삶의 양식을 살고자 하는 내 의지를 새롭게 한다. 결국 그것이 나를 천상으로 이끌어줄 수 있지 않을까? 많은 사람이 날마다 스카풀라를 착용하면서 그것에 입맞춤하는 것은 놀랄 일이 아니다.

리지외의 성녀 데레사는 이렇게 말했다. “여러분이 거룩한 스카풀라를 착용하고 있다는 사실이 나를 행복하게 합니다. 그것은 어떤 운명의 표지입니다. 여러분은 그것에 의해 가르멜의 작은 자매들과 훨씬 더 친밀하게 결합될 것이기 때문입니다.”

갈색 스카풀라 외에도 수많은 스카풀라가 있다. 베네딕토 회원, 도미니코 회원, 노르베르토 회원도 저마다 스카풀라를 지니고 있다. 1910년부터 가톨릭 신자들은 스카풀라 성의聖衣 대신 스카풀라 성패聖牌를 착용할 수 있다는 허락을 받았기에 현재 많은 사람이 착용하고 있다. 스카풀라 성패 한 면에는 예수 성심상이, 다른 한 면에는 마리아상이 담겨 있다.

마음에 새기기

스카풀라의 상징적 표지는 신자들의 신심을 길러 주고 그들의 삶 속에서 성모님 사랑의 현존을 느끼게 해주는 마리아 영성이 효과적으로 통합되고 있음을 보여줍니다.

스카풀라는 본질적으로 '수도복'이라고 할 수 있습니다. 그것을 받는 사람은 가르멜수도회와 더 가깝게 결합되며 교회 전체의 선익을 위한 성모님의 봉사에 자신을 봉헌하는 것이 됩니다.

스카풀라를 착용하는 사람들은 카르멜 땅에 들어가 '그 열매와 좋은 것을 먹을 수 있습니다'(예레 2,7 참조). 또한 예수 그리스도라는 옷을 입고 교회와 온 인류의 선익을 위해 자신의 삶에서 그분을 드러내겠다는 서약 속에 사랑스러운 성모님이 현존하심을 체험합니다.

그러므로 스카풀라의 상징적 표지는 두 가지 진리를 일깨웁니다. 한편으로는 삶의 여정에서뿐 아니라 영원한 영광의 때에 이르는 순간에도 성모님이 끊임없이 보호하심을 일깨우고, 다른 한편으로는 성모님께 대한 신심이 그분을 공경하기 위한 기도 봉헌에 제한되어서는 안 되고 '수도복'이 되어야 한다는 의식을 일깨워 줍니다. 곧 성사를 자주 받고 영적·육체적 자비 행위의 구체적 실천을 통해 기도와 내적 생활로 이루어진 그리스도교적 행동을 끊임없이 지향해야 한다는 의식을 일깨웁니다.

이렇게 스카풀라는 마리아와 신자 사이의 계약과 상호 친교의 표지가 됩니다. 스카풀라는 예수님이 십자가 위에서 요한에게 주셨고 또 그를 통해 우리 모두에게 주신 어머니라는 선물의 의미, 사랑하는 사도와 우리 모두를 우리의 영적 어머니가 되신 성모님께 맡기시는 행위의 의미를 구체적으로 해석해 줍니다.

– 교황 요한 바오로 2세, 20세기

마음기도

나는 많은 가톨릭 신자가 마음기도라는 명칭에 주눅이 들거나 난해하다는 이유로 그 기도를 멀리하는 것이 옳은지 이따금 의문이 든다. 그 명칭은 눈을 감고 관자놀이에 손가락을 대고서 방 저편 약 6미터 거리에 있는 물건을 움직이는 사람의 모습을 떠올리게 한다.

그러나 실제로 마음기도는 지극히 평범하고 내 집처럼 편안한 것이다. 아빌라의 성녀 데레사는 그 기도를 요약해서 "그것은 친구 사이의 친밀한 나눔일 따름입니다. 곧 우리를 사랑하신다고 알고 있는 그분과 지내는 시간을 자주 갖는 것을 의미합니다."라고 했다.

어떤 의미에서 모든 기도는 '마음기도'다. 우리는 다른 기도, 곧 미사, 묵주기도, 9일기도 등에 온전히 마음으로 참여해야 하기 때문이다. 다마스쿠스의 성 요한은 기도를 '하느님께 마음을 들어 높이는 것'이라고 했다. 마음을 하느님께 조용히 들어 높이는 우리의 정신적 능력, 곧 친밀한 내적 대화를 강조하는 기도 형태가 있는데, 가톨릭 전통에서는 이 기도를 마음기도라고 한다.

우리는 주님과 함께 조용히 친밀한 내적 대화로 시간을 보냄으로써 "그리스도의 마음"(1코린 2,16 참조)을 얻는다. 이는 체험으로 알 수 있다. 우리는 친밀히 지내는 친구, 스승, 부모의 영향을 받으며, 조용히 친밀한 내적 대화로 많은 시간을 보낼수록 그 영향이 더 크다는 것을 안다.

하지만 살아가면서 그 조용한 대화가 즉시 이루어지지 않을 뿐 아니라 적어도 자주 이루어지지 않는 것임을 터득하게 된다. 우리의 삶이 바쁘고 소란스럽기 때문에 지속적인 대화를 갖기 위해서는 계획된 관리가 필요하다.

하느님과 지속적인 대화를 하기 위해서도 마찬가지다. 결혼이나 우정의 경우처럼 하느님과의 대화에도 내적 친밀성이 필요하다.

우리는 마음기도를 위한 시간을 따로 마련해야 한다. 30분도 낼 수 없을 만큼 바쁘다고 할 수도 있으나 성 프란치스코 살레시오는 그런 사람일수록 한 시간 동안 기도해야 한다고 했다. 많은 영성가가 아무리 어렵더라도 날마다 20분 정도는 기도해야 한다고 한다. 대화를 시작하기 위한 준비 시간만 몇 분이 소요되고, 하느님 말씀을 우리의 영혼으로 듣고 받아들이기 위해서도 시간이 필요하다.

우선 그런 준비를 잘 할 수 있는 시간과 장소를 찾는 것이 필요하다. 어떤 사람에게는 하루의 잡다한 일을 시작하기 전인 이른 아침이 가장 좋은 반면, 어떤 사람은 밤늦은 시간이 되어서야 정신을 차릴 수 있다. 어떤 시간이 여러분과 하느님이 대화하기에 가장 좋은 시간인지는 여러분 자신이 알 것이다.

가장 좋은 장소는 성당의 감실 앞이다. 그러나 만일 그곳에 갈 수 없다면 적어도 산만하게 하는 것들이 없는 조용한 장소를 찾아야 한다.(휴대폰은 꺼놓아야 한다.)

하느님 현존을 마주하고, 하느님께 직접 말을 건네는 짧은 기도와 함께 하느님 현존을 의식하는 것으로 시작하는 것이 가장 좋다. "저의 주님, 저의 하느님, 저는 당신이 이 자리에 계시며 저를 보시고 제 말을 듣고 계심을 분명히 믿나이다." 이 기도는 눈으로 그분을 바라보게 해주며 대화가 훨씬 쉽게 진행되게 한다.

그분께 무엇을 말씀드려야 할까? 하루하루의 삶과 친구, 가족(자녀, 부모, 배우자) 등 어떤 이야기도 좋다. 그들을 한 사람 한 사람 깊이 생각하고 나서 그분께 관심거리를 말씀드려라. 그들에게 유익한 것을 청하라. 그들과 더 잘 지내기 위해 할 수 있는 것을 청하라. 마음기도가 하느님께 우리의 의향을 줄줄 읊어대는 것이어서는 안 된다. 우리의 관심사를 기도 안에 담아 그에 대해 하느님께 말씀드려라.

우리는 또한 편히 앉아 듣는 법을 배워야 한다. 여기에는 믿음이 필요하고, 하느님 말씀을 우리 영혼에 받아들여 우리에게 일어나고 있는 일을 깨달으려는 의식적 노력이 필요하다. 영혼은 우리의 감각과 뇌가 의식하는 대로 똑같이 작동하지 않는다. 우리는 하느님의 응답을 받고 있다는 사실은 감지할 수 없지만 우리가 존재한다는 사실은 확신할 수 있다. 우리가 삶의 어떤 시점에서 기도를 통해 어떤 일이 일어났다는 사실을 인식하기까지는 몇 년이 걸릴 수도 있다.

마음기도에는 여러 가지 장애물과 어려움이 따른다. 우선 주의를 산만하게 하는 것을 극복해야 한다. 그렇지만 그런 것 때문에 실망할 필요는 없다. 주의를 산만하게 하는 것이 기도 재료가 될 수도 있기 때문이다. 어쩌면 그런 것이 진짜 관심거리일 수 있다. 사무실이나 집을 나와서도 도저히 떨쳐버릴 수 없는 것이 있다면 우리는 그것에 대해 주님께 말씀드리고 빛을 비추어 주시기를 청해야 한다.

때로는 우리의 관심거리가 되지 말아야 할 것들, 곧 불순한 생각이나 잡다한 기억으로 주의가 산만해질 수 있다. 그러나 그때마다 하느님의 도우심을 청하고 끈기 있게 노력한다면 그 싸움에서 많은 은총을 얻게 될 것이다. 성모 마리아가 큰 도움이 되어주실 것이다. 그분은 우리가 잘 극복해 내기를 바라시기 때문이다.

주님께 말씀드릴 것이 없어 무미건조한 시간을 보낼 경우에도 우리는 주님께 그 점에 대해 이야기하고 그분께 무엇이든 해주시기를 요청해야 한다. 또한 성경이나 영성 서적의 한 구절을 기도의 도약대跳躍臺로 이용하여 그 구절에 대해 하느님께 의탁하여 빛을 청할 수 있다. 성녀 데레사는 10년 이상 지속된 무미건조한 시기 내내 그렇게 했다.

만일 감정이 격하여 말로 표현할 수 없을 때에는 성 요한 비안네의 본당 신자가 했던 마음기도를 드릴 수 있다. 그는 다음과 같이 말하며 감실 앞에 앉아 있었다고 한다. "내가 그분을 바라보고 그분이 나를 바라보신다."

어떤 의미에서 우리는 모든 기도를 마음기도로, 더 나아가 찬미의 노래로 변화시켜야 한다. 성 바오로는 "그러면 어떻게 해야 하겠습니까? 나는 영으로 기도하면서 이성[마음]으로도 기도하겠습니다. 나는 영으로 찬양하면서 이성[마음]으로도 찬양하겠습니다."(1코린 14,15)라고 했다.

우리는 하느님과 대화하기 위해 날마다 시간을 마련해야 한다. 마음기도라는 명칭에 신경 쓰지 마라. 그것은 특별하거나 난해한 것이 아니다. 그저 본질적이고 기본적인 마음으로 드리는 기도일 뿐이다.

마음에 새기기

마음기도는 우리가 이야기하고 있다는 사실과 우리가 누구와 이야기하고 있는지, 그리고 참으로 위대하신 주님과 그토록 많은 이야기를 하는 우리 자신이 누구인지를 깨닫고 아는 것으로 이루어집니다. 또한 우리가 그분께 흠숭을 드리는 데 얼마나 부족했으며 얼마나 더 많이 흠숭을 드려야 하는가에 대해 생각하는 것입니다.

절대로 마음기도를 다른 종류의 이해 안 되는 말과 같은 것으로 여기지 말고 그 명칭에 겁먹지도 마십시오.

'주님의 기도'나 '성모송', 그 밖의 기도들을 암송하는 것은 염경기도입니다. 그러나 마음기도 없이 염경기도를 할 때 얼마나 형편없는 소리를 내게 되는지에 주목하십시오.

– 아빌라의 성녀 데레사, 16세기

감실에 대한 경외심

가톨릭 신자임을 드러내는 몸짓은 많다. 무릎 꿇기도 그중 하나다. 일상생활에서는 한쪽 무릎을 가볍게 구부리는 인사를 거의 하지 않지만 가톨릭 신자에게 그것은 거의 조건반사라 할 만큼 본능적인 몸짓이다.(우리나라에서는 경건하게 허리를 굽혀 깊은 절을 한다-편집자 주)

언젠가 신학생들이 단체로 영화관에 들어오는 것을 본 적이 있다. 그런데 그 가운데 어떤 이가 좌석 열에 들어서기 전 공손하게 한쪽 무릎을 꿇고 나더니 즉시 얼굴이 빨개지는 것이었다. 분명 하느님은 그의 지나치게 좋은 습관을 용서하실 것이다. 그는 자신의 뼈와 신경과 근육의 기억을 통해 한 가지 깊은 진리를 깨닫고 있었다. 그 진리는 "말씀이 사람이 되시어 우리 가운데 사셨다. 우리는 그분의 영광을 보았다. 은총과 진리가 충만하신 아버지의 외아드님으로서 지니신 영광을 보았다."(요한 1,14)는 것이다. 그 부분을 그리스어 원본은 하느님의 말씀이 '우리 가운데 임시로 거처하셨다.'고 전한다. 사람이 되신 말씀이 이 지상에 당신의 거처를 정하신 것이다.

초기 그리스도인은 그 사실을 매우 기뻐했다. 오랜 세월 뒤에 그 신학생이 그랬듯이. 사제가 빵과 포도주를 축성하면 그것은 완전히 또 영원히 예수 그리스도의 몸과 피로 변화된다. 예수 그리스도의 현존이 상징적인 것이라고 말하는 것은 신앙이 없는 것이고, 그 변화가 전례가 진행되는 동안에만 지속된다고 말하는 것은 이단이다.

순교자 성 유스티노는 기원후 150년경 로마에서 예수님이 성체 안에 항구히 현존하심을 증거했다. 그는 미사가 끝난 후 환자들과 움직일 수 없는 사람들에게 성체를 모셔간 부제들에 대해 이야기했다. 한 세대가 지난 후 북아프리카의 테르툴리아노는 박해 시대에 그리스도인이 집에 성체를 모셔두고 최대의 경외심을 드러냈다는 사실을 언급했다. 로마의 히폴리토도 성체를 견고한 상자에 모셔야 한다는 글을 썼다.

따라서 초창기부터, 로마와 북아프리카처럼 멀리 떨어진 지역에서는 보존과 경외심을 교회의 성체신심의 특징으로 삼았다. 그리스도교 신앙이 합법화되자 교부들은 훨씬 더 많은 기록을 남겼다. 성 바실리오(4세기 중엽)는 비둘기 형상으로 된 감실을 제대 위에 매달아 사용했으며, 놀라의 성 바울리노는 오늘날 감실과 비슷한 형태의 감실, 곧 자기가 새로이 건축한 성당에 붙박이로 만든 알코브(alcove: 벽 일부를 안쪽으로 쑥 들어가게 만든 부분) 형식의 감실에 대해 기술했다.

그 당시 그들은 오늘날 우리가 알고 있듯이 성체 안에 예수님의 몸과 피, 영혼과 신성이 실제로 현존한다고 믿었다. 그 현존은 지속적인 것이다. 현존이 지속되고 있다면 그것은 인정되어야 하고 그분은 마땅히 흠숭받으셔야 한다. "주님께서 말씀하신다. '내가 살아 있는 한 모두 나에게 무릎을 꿇고 모든 혀가 하느님을 찬송하리라.'"(로마 14,11) 성 바오로의 말대로 "예수님의 이름 앞에 하늘과 땅 위와 땅 아래에 있는 자들이 다 무릎을 꿇고"(필리 2,10) 경배해야 한다면 몸으로 현존하시는 그분 앞에서는 얼마나 더 큰 예를 갖추어야 하겠는가!

오늘날 성당에서는 성체를 감실이라는 구조물 속에 모신다. 그 명칭은 요한복음서 1장 14절을 상기시키며, 옛 이스라엘 백성이 사용한, 운반이 가능했던 하느님 현존의 거처를 상기시킨다. 교회법에 따르면 감실은 '이동할 수 없어야 하고, 견고하고 불투명한 재료로 만들어야 하며, 도난의 위험이 없도록 잠금장치가 있어야 한다'. 또 '눈에 잘 띄고 적절하게 꾸며져 기도에 도움이 되는 장소'에 있어야 한다. 교회가 감실을 거룩한 예배 장소가 되게 하고자 하는 것은 분명하다.

따라서 우리는 해야 할 것을 해야 한다. 감실 앞을 지날 때마다 우리는 허리를 굽혀 깊은 절을 한다. 더 많이 할 수도 있고 또 해야 한다. 미사에 참례하는 것과 별도로 성당에 들러 성체 안에 계신 예수님을 방문해야 한다. 젊은이들을 데려간다면 그들을 가르칠 수 있는 좋은 시간이 될 것이다. 이는 예수님의 현존에 대한 교리를 가르칠 수 있는 강력한 방법이고 또한 몇백 번의 교리교육보다 더 설득력 있으며 기억에 남을 것이다. 방문 시간이 길 필요는 없다. 몇 분 동안만 예수님께 인사하고 침묵 속에 기도할 수 있는 시간이면 충분하다.

가톨릭 신자들은 성당의 제대를 공경한다. 우리는 그 앞을 지날 때 잠시 멈추어 고개를 가볍게 숙이거나 허리를 굽혀 인사한다. 우리는 예루살렘 성전의 제단에 지극한 공경심을 지니셨던(마태 23,19-20 참조) 예수님께 제대에 대한 신심을 배운다. 또한 교부들에게도 배운다. 그들은 제단에서 흘러나오는 사랑의 문화, 곧 '과부들과 고아들은 희생제물을 바치는 제단처럼 받들어져야 한다.'는 사랑의 문화를 창출했다.

우리 사랑은 성체성사적 신앙생활의 표현이며, 그리스도의 몸에 대한 경외심을 전제한다. 그 경외심은 감실과 제대 앞에서 시작되어 우리가 가는 곳 어디든 함께 간다. 영화관까지도!

마음에 새기기

어머니는 산책하실 때 늘 나를 데려가셨는데, 그때마다 성당 앞을 그냥 지나치지 않으시고 나를 데리고 들어가 성체 난간으로 인도해 무릎을 꿇고 기도하게 하셨습니다.

나는 어머니가 조용히 입술을 움직이며 열심히 기도하는 모습을 지켜보았습니다. 또 볼 수도 들을 수도 없는 누군가에게 열심히 귀 기울이시는 어머니 모습에서 어머니의 온 마음이 기도 속에 담겨 있음을 느낄 수 있었습니다. 분명 어머니는 중요한 분에게 이야기하고 있는 것이 틀림없었지만 내가 볼 수 있었던 것은 금으로 장식된 감실과 그 옆에서 깜빡이는 불빛이 전부였습니다.

이 모든 것이 내 마음을 사로잡았으나 오래가지는 못했습니다. 금세 싫증을 느낀 나는 어머니의 옷자락을 잡아당겼습니다. "이제 가요." 어머니는 내 말을 들은 체도 하지 않으셨고 같은 말을 반복하는 내 목소리는 점점 커졌습니다. 그 자리를 떠나면서 어머니는 내게 말씀하셨습니다. "저 곳이 예수님이 계신 곳이란다." 내가 아주 어려서 무슨 말인지 알아들을 수 없을 때부터, 내 이해력이 미약했던 때부터 어머니는 내게 구세주이시며 하느님이신 예수님에 대해 말씀해 주셨습니다.

그때 만일 어머니가 '예수님이 바로 여기에 계시다.' 하고 말씀하셨다면(그렇게 말씀하지 않으셨기에 어머니는 참 현명하셨습니다), 또 만일 예수님이 친히 그렇게 말씀하셨다면, 아마 그것으로 끝이었을 것입니다. 그러나 성체성사에 대한 가톨릭 신앙은 내게 선포되었고 나는 그것이 사실임을 알게 되었습니다.

나는 훗날 심리학 석사 과정 때 어린아이가 부모에게 들은 매우 놀라운 일에 대해서도 확신을 가질 수 있는 이유를 설명할 수 있었습니다. 그러나 신학에서 믿음의 본질을 공부한 다음에는, 내가 어린아이로서 가졌던 믿음조차 세상에 대한 난해한 의문이 시작되면 곧바로 사라질 주관적 '확신'이 아니었던 이유를 알 수 있었습니다.

하느님이 실제로 거처하시는 놀랍고도 두려운 이 세상에서 거룩한 믿음을 지닌 어떤 사람이 어린아이에게 믿음의 진리를 이야기했습니다. 하지만 그 아이는 세례 안에서 믿음이라는 큰 선물을 받은 아이였습니다. 내가 그 선물에 대해 알지 못한 그때에도 주님은 내가 알기를 바라시는 좋은 것들을 사실로 터득할 수 있도록 내 어린 마음을 준비시키셨습니다. 그때 나는 가장 좋은 것을 알았습니다.

– 로널드 롤러 신부, 20세기

9 계속되는 삶

죽음에 대한 준비 · 죽은 이를 위한 기도

죽음에 대한 준비

우리는 일생 동안 죽음에 대한 근심에서 떠날 수 없다. "그날과 그 시간을 모르기 때문이다."(마태 25,13) 내가 가르친 어린 학생 가운데 아무런 경고나 징후 없이 예기치 못한 사건으로 갑자기 죽은 학생이 있다. 그런가 하면 의사가 몇 달이나 몇 주일밖에 살지 못할 것이라고 선고한 후에도 10년 이상을 더 산 친구도 있다.

우리는 죽는 순간을 예측할 수 없지만 그 순간이 삶에서 가장 중요한 날이라는 것은 안다. 사실 그리스도교적 삶 전부가 죽음을 준비하는 것이라고 할 수 있다.

따라서 죽음에 대한 먼 준비와 가까운 준비를 구분하는 것이 도움이 될 것이다. 나 자신의 죽음이든 친구나 가족의 죽음이든 죽음이 임박했다는 것을 안다면 처리해야 할 일들이 많아지기 때문이다.

가능한 한 미리 해야 하는 최선의 준비는 아직 정신이 맑고 힘이 있을 때 바르고 철저하게 고해성사를 보는 것이다. 분명하고 간결하게, 그리고 깊이 뉘우치며 철저히 잘 준비한 고해성사보다 더 영혼에 평화를 안겨주는 것은 없다. 우리가 오랫

동안 고해성사를 보지 않았다면, 또는 보았을지라도 위중한 병에 걸렸다면 자주 고해성사를 보기 위해 모든 노력을 기울여야 한다.

중병에 걸리면 곧바로 병자성사를 받기 위한 준비를 해야 한다.(앞에서 설명한 '병자성사' 참조) 또한 미사에 참례하거나 그럴 수 없을 때는 병원 원목사제나 본당에 알려 가능한 한 자주 성체를 받아 모시도록 해야 한다. 그러한 연락은 우리 쪽에서 해야 한다. 일반적으로 병원 직원은 사생활 보호법 때문에 환자가 명백히 요구하지 않으면 성직자와 접촉하는 것을 금하기 때문이다.

과거에는 가톨릭 신자들이 "나는 가톨릭 신자입니다. 위급한 경우 사제를 불러주십시오."라고 쓴 메달이나 카드를 지니고 다녔다고 한다. 나는 그런 내용을 굵은 대문자로 사진 바로 밑에 인쇄한 가톨릭학교 학생증을 본 적이 있다. 그런 물건이 그런 요청을 하는 데 필요한 법적 효과가 있는지는 모르지만, 적어도 의사나 간호사가 서둘러 허락하도록 도울 수는 있을 것이다. 어쨌든 그것은 신앙을 강력하게 증거하는 행위이며 당연히 해야 할 마지막 행위다. 내 친구 아버지는 입원해 있는 동안 스카풀라 착용을 고집하고 그 이유를 설명함으로써 병원 직원들이 자극을 받아 스카풀라를 착용하기 시작했다고 한다.

임종을 앞두었을 때 가장 중요한 것은 하던 일을 잘 정리하는 것이다. 모든 일에는 목적이 있으며 우리는 그 목적을 제때

달성하기를 바란다. 만일 우리가 임종을 준비하지 않고 주의를 다른 데로만 돌려 시간을 낭비한다면 결국 우리는 실패한 인생을 살게 될 것이다. 임종에 대한 생각이 우리를 계속 짓누르는데도 그에 대처할 준비를 하지 않아 결국 참담한 처지에 놓이게 될 것이기 때문이다.

그러므로 성인들을 좇아 '마지막 네 가지 일', 곧 죽음·심판·천당·지옥에 대해 깊이 생각하는 것이 좋다. 교회는 건강할 때라도 그렇게 함으로써 언제나 영원의 관점에서 삶을 바라보라고 권고한다.

여러분은 수도자들이 작업대나 책상 위에 사람의 해골을 얹어 놓은 사진이나 그림을 본 적이 있을 것이다. 물론 우리도 침대 탁자 위에 해골을 놓아두는 그런 극단적인 행동을 할 필요는 없다. 그러나 여행을 할 때는 목적지에 대한 생각이 분명할수록 여행이 순조롭고 신속하게 진행되는 법이다. 따라서 하느님의 현존 앞에서 드리는 기도 가운데 죽음에 대한 생각을 늘 지니고 있어야 한다.

그렇다고 해서 우울해하거나 침통해할 필요는 없다. 수도자들은 피할 수 없는 상황을 마주하면서도 뛰어난 유머 감각을 잃지 않았다. 평신도 변호사이자 대가족의 가장이었던 성 토마스 모어Thomas More는 단두대에 올라갔을 때에도 사형집행인에게 농담을 건넸다. 그리스도인은 죽음에 대한 이야기를 웃으면서 할 수 있다.

그리고 간호를 하는 사람이든 받는 사람이든 웃음의 가치를 과소평가해서는 안 된다. 내가 아는 한 남자는 임종을 앞두고 있었는데 날마다 집을 방문하는 간호사가 도착하기 전에 한 시간 동안 웃는 연습을 했다. 그는 "그분은 하루 종일 많은 고통을 접해야 합니다. 나는 그분의 발걸음을 조금이라도 가볍게 해주고 싶습니다."라고 했다. 이것이야말로 참으로 위대한 그리스도교적 사랑이다. 그렇게 하기 위해 그 남자는 많은 희생을 했겠지만 결코 힘든 시간은 아니었을 것이다. 오히려 그렇게 함으로써 기분이 더 좋아졌을 것이다.

우리는 죽음에 대한 선고가 정상적인 삶의 일부이며, 우리의 무관심으로 다른 사람을 불행하게 해도 괜찮다는 허락이 아니라는 사실을 기억해야 한다. 할 수 있는 한 많은 관심을 기울여야 하고 유머를 지니도록 마음 써야 한다.

가톨릭 작가 뮤리엘 스파크Muriel Spark는 죽음에 대한 그녀의 농담이 잔인하다고 자주 비판을 받았다. 그때마다 그녀는 이렇게 응수했다. "나는 가끔 죽음에 대해 매우 담담하게 말합니다. 하지만 그 말에는 도덕적인 내용이 담겨 있습니다. 그것은 이 세상 너머에 또 다른 삶이 있고, 이 세상 것이 가장 중요한 것은 아니라는 것입니다."

그렇지만 이 세상 것도 중요하다. 우리에게 남아 있는 삶이기 때문이다. 그래서 그것에 신경을 많이 쓴다. 우리가 죽음 앞에서 모든 것을 잘 정리해 놓으면 뒤에 남는 사람들이 해야 할 일이 그만큼 줄어들 것이다. 우리는 그 일을 인생의 마지막 시기에 해야 하는 일로 생각할 수 있다. 그때 우리는 그 일을 일상적인 노동을 봉헌할 때처럼 기도로 봉헌할 수 있다. 그 일은 우리를 열심히 살게 하는 동시에 우리의 목적지를 향해 앞으로 나아가게 해줄 것이다. 그 일은 다른 많은 인간다운 일과 마찬가지로 진실한 사랑의 행위일 수 있다. 그렇지만 그 일을 잘 마치기 위해 자신을 지나치게 압박하지는 말아야 한다. 할 수 있는 만큼 하라!

우리를 돌보는 사람들이 우리 뜻을 알 수 있도록 적절한 설명을 하는 것이 도움이 된다. 신앙이 다른 사람이 우리를 보살필 경우 특히 그러하다. 우리는 병원 치료에 대한 우리의 선택을 그들이 이해하도록 해야 한다. 그들에게 '통상적' 수단과 '예외적' 수단의 차이에 대한 교리를 말해 주고, 환자가 고통을 겪더라도 고의적으로 죽음을 야기하는 것은 정당하지 않다는 사실을 이해시키며, 인내로이 참아 받는 고통의 가치를 이야기해 주어야 한다.

우리는 그것보다 더 많은 일을 할 수 있으며, 그 모든 것을 하느님께 봉헌할 수 있다. 풀턴 신Fulton Sheen 주교는 병원 앞을 지날 때마다 참으로 많은 고통이 활용되지 못하고 낭비된다는 생각에 슬퍼졌다고 회상했다. 우리는 우리 고통을 예수 그리스도의 고통에 합치시킬 수 있으며(콜로 1,24 참조), 그 결과 고통의 의미를 살릴 수 있고, 고통에 구원의 의미를 부여할 수 있다. 우리의 고통과 불편함은 그리스도의 권능으로 두려움과 수치감을 구원할 수 있다. 풀턴 신 주교는 환자를 돌보는 이들과 의료진이 고통 당하는 다른 친구들에게 이 '비밀'을 알려주기를 강력히 권고했다. 우리는 그렇게 해야 한다.

가톨릭 신앙은 사후死後에 우리 육신이 도착할 곳에 대해서도 관심을 갖는다. 교회는 우리가 육신의 부활에 대한 신앙의 표지로 가톨릭 공동묘지를 택하기를 바란다. 우리 육신은 세례로 거룩해졌으며 영성체로 예수님의 육신과 하나가 되었다. 그러므로 육신의 영면은 상당히 중요한 문제다. 그래서 그리스도인은 언제나 가톨릭 공동묘지를 거룩한 땅, 신성한 공간으로 생각했다.

이것이 절대적 의무는 아니다. 만일 다른 묘지를 선택한다면 사제나 부제가 묘소를 축성하도록 주선해야 한다. 교회법은 이제 신자의 시신 화장을 허락하지만 교회 의식에 따라 매장과 영면이 이루어지도록 적절히 준비해야 한다.

마침내 죽음이 임박하면 성당에 알려 마지막 성사인 노자성체(Viaticum: 나그네 또는 여행자의 음식을 뜻함)를 청해야 한다. 아름다운 이 의식은 임종하는 사람이 자기가 할 일에 집중하는 데 큰 도움을 준다. 교회는 이를 통해 임종자에게 마지막으로 죄를 통회하고 가톨릭 신앙을 고백할 기회를 제공한다.

우리가 환자를 돌보는 사람이라면 마지막 시기에 영적 서적을 읽어주거나 임종하는 사람이 반복하거나 생각하기에 적당한 화살기도를 큰 소리로 바침으로써 도움을 줄 수 있다. 자신의 죽음을 준비하는 경우라면 미리 읽을 재료를 준비해 두는 것이 좋다.

또한 죽기 직전까지 삶이 지닌 복음적·교리적 가치를 과소평가하지 말아야 한다. 그 삶은 남아 있는 사람들에게 하나의 표지요 신비다. 한 사람의 죽음이 다른 사람에게 회개의 기회가 되는 일은 흔히 있다.

그리스도인으로서 죽음에 직면했을 때, 우리는 태어나기를 기다리는 아기들과 같다. 우리 얼굴은 어쩌면 볼 수도 없고 이해할 수도 없는 삶에서 우리를 갈라놓는 얇은 막膜에 밀착되어 있다.

장례미사에서는 다음과 같은 말을 반복한다. '삶은 바뀔 뿐 끝나는 것이 아니다.' 뉴먼Newman 추기경이 내 부친이 돌아가셨을 때 해주신 말씀이기도 하다. 그 말씀은 많은 세월이 흐르고 또 많은 이별을 겪은 오늘까지도 내게 커다란 위로로 남아 있다. '한번 살았던 사람은 모두 여전히 살고 있다.'는 의미이기 때문이다.

여러분도 나도 죽을 것이다. 그러나 죽어가는 것 같지만 이렇게 우리는 살아 있다.(2코린 6,9 참조)

마음에 새기기

모든 사람이 전혀 다른 영혼을 가지고 있고, 지금 살고 있거나 살아온 사람 하나하나가 마치 그 사람 외에는 세상에 아무도 없는 것처럼 그 존재 자체로 전인적이고 독립적으로 존재한다는 사실을 깨닫는 것보다 더 어려운 일은 없습니다.

…그 영혼들 하나하나가 여전히 살고 있습니다. 그들은 지상에서 서로 다른 사고와 감정을 가졌었고 지금도 여전히 그렇습니다. 그들은 자신들이 좋아하는 것과 추구하는 것을 가졌었고, 자기들이 좋다고 생각하는 것을 획득했으며 그것을 즐겼습니다.

그들은 여전히 어딘가에 살고 있으며, 그들이 과거에 실제로 행한 것이 그들의 현재 운명에 영향을 미치고 있습니다. 그들은 반드시 오게 될 그날을 위해 유보된 삶을 살고 있습니다. 모든 민족이 하나님 앞에 서게 될 그날을 위해!

– 존 헨리 뉴먼 추기경, 19세기

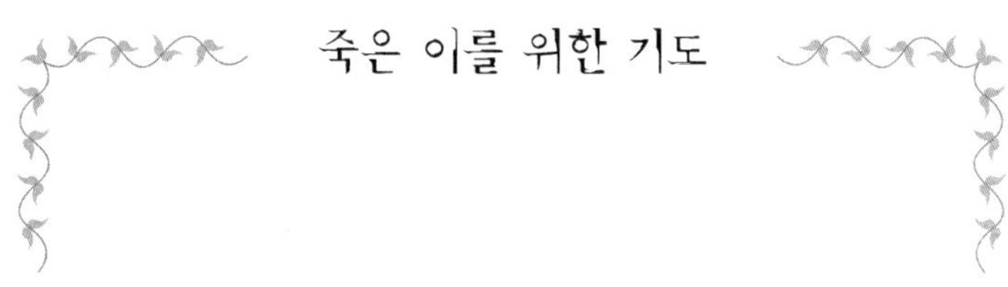

죽은 이를 위한 기도

몇 년 전 나는 친한 친구와 함께 로마로 성지순례를 갔다. 당시에는 몰랐지만 친구의 여행 목적 가운데 하나는 치유였다. 친구는 오래전에 돌아가신 아버지를 향한 자신의 혼란스러운 감정을 주님이 바로잡아 주시기를 바랐다. 실제로 그 친구는 치유의 은혜를 받아 성지를 걸으면서 갑작스레 밀려드는 은총으로 눈물을 펑펑 쏟았다.

그는 당황스러운 나머지 방금 일어난 그 일을 이해할 수 있는 지혜를 구하기 위해 성지순례 지도신부인 요셉 링크Joseph Linck에게 갔다. 경험이 많은 요셉 신부는 그 순간을 성인聖人들의 통공通功의 관점에서, 곧 산 이와 죽은 이의 연관성에 근거하여 설명했다. 그리고는 잊을 수 없는 다음과 같은 말로 설명을 끝냈다. "인간관계는 결코 끝나지 않습니다."

그 순간 내 친구는 자신에게 아버지의 영혼을 위해 기도할 의무가 있다는 것과 아버지에 대한 기도를 청해야 한다는 것을 알았다. 그는 아버지와 화해했고 아버지와 관계를 중단했던 곳에서 다시 시작하게 되었다.

하느님은 당신의 자비로 우리에게 이런 일을 가능하게 해주신다. 인생은 짧다. 우리는 늘 다른 사람들을 사랑해야 할 때, 곧 그들이 마땅히 사랑을 받아야 할 그때, 그들을 사랑할 시간이나 지혜를 갖지 못한다. 때때로 우리는 그들에게 진 빚을 그들이 세상을 떠나고 난 후에도 의식하지 못하고 있다가 뒤늦게 아는 바람에 제대로 감사하지 못한다. 따라서 인간관계가 죽음으로 끝나버린다면 엄청난 비극일 것이다. 모든 기회가 완전히 상실되어 영원한 상처로 고스란히 남게 될 것이기 때문이다.

연옥에 대한 교리는 구약성경으로 거슬러 올라간다. 마카베오기 하권(12,39–46)에 따르면 유다 마카베오는 전사한 유다 군인들의 몸에서 이교도 우상들의 패를 발견하는데, 이것은 군인들이 우상숭배의 죄를 범했다는 증거다. 그래서 유다는 "각 사람에게서 모금을 하여 속죄의 제물을 바쳐 달라고 은 이천 드라크마를 예루살렘으로 보냈다. …그러므로 그가 죽은 이들을 위하여 속죄를 한 것은 그들이 죄에서 벗어나게 하려는 것이었다." 이 대목의 결론은 이것이다. "죽은 이를 위해 기도하는 것은 참으로 거룩하고 경건한 생각이다."

유다교에서는 비슷한 관습이 예수님의 공생활 시기에 보편화되어 있었다. 그 관습은 오늘날 죽은 가족을 위해 바치는 '문상객의 송영Mourner's Kaddish'과 특별히 최근에 고인이 된 사람의 영혼을 위해 바치는 'El Male Rachamim'이라는 기도 관습을 통해 지속되고 있다.

신약성경은 비록 암시적이긴 하지만 연옥에 대한 이야기를 계속한다. 마태오복음서에서 예수님은 "성령을 거슬러 말하는 자는 현세에서도 내세에서도 용서받지 못할 것이다."(마태 12,32)라고 말씀하심으로써 내세에 용서의 길이 있음을 암시하신다. 성 바오로는 충실하지 못한 그리스도인은 '구원은 받겠지만 불 속에서 겨우 목숨을 건지듯 할 것'(1코린 3,15)이라고 했다. '불'이라는 비유적 표현은 연옥의 정화를 의미한다.

묵시록(21,27)에서는 "부정한 것은 그 무엇도" 천국에 들어가지 못할 것이라고 한다. 연옥은 영혼의 모든 부정한 것, 곧 인생 여정에서 비롯된 죄의 모든 결과가 정화되는 사후死後 세계다. 천국에 들어가는 사람 대부분이 이 단계를 거쳐야 한다. 성 바오로의 말대로 '모든 사람이 죄를 지어 하느님의 영광을 잃어버렸기'(로마 3,23) 때문이다.

우리가 죄를 고백한다면 하느님은 우리를 용서하신다. 하지만 우리는 자신에게 입힌 상처를 치유해야 한다. 이 치유는 현세적 치유와 마찬가지로 고통을 수반할 수 있다. 약은 우리에게 이따금 좋지 않은 맛과 역겨운 느낌을 갖게 한다. 육체적 치료는 통증을 남기기도 한다. 그런데도 의사가 약을 처방하는 것은 그 약이 치료를 하기 때문이다. 치유도 때때로 통증을 남긴다.

가톨릭 작가 플래너리 오코너Flannery O'Connor는 이 원리를 연옥 교리에 적용했다. "물이 정화의 상징인 것처럼 불도 또 다른 정화의 상징이다. 내 생각에 물은 하느님이 우리의 노력이나 가치와 상관없이 베풀어 주시는 정화의 상징이고, 불은 연옥처럼 우리가 우리 자신에게 초래하는 정화의 상징이다. 악은 하느님 가까운 곳에 이르면 저절로 타 없어진다."

이것은 분명 초기 그리스도인의 복음을 읽는 방법이다. 카타콤과 그 밖의 고대 그리스도교 묘지에는 죽은 이들의 영혼에 대해 가졌던 관심에 대한 증언이 담겨 있다. 그리스도인은 묘소를 찾는 사람이 세상을 떠난 사람을 기억하도록 묘비에 기도문을 새겼다.

2세기 말 북아프리카의 테르툴리아노는 성 치프리아노가 3세기에 이야기한 연옥에 대해 이야기했다. 이집트의 오리게네스의 저서에서도 그 교리를 발견할 수 있다. 성 아우구스티노의 어머니 성녀 모니카는 아들에게 자기가 죽으면 미사를 봉헌해 달라고 당부했다.

성 요한 크리소스토모도 신자들에게 죽은 이를 위해 기도할 것을 당부했다. "그들을 돕고 기립시다. 만일 욥의 아들들이 아버지의 번제물로 정화되었다면(욥 1,5 참조) 어째서 죽은 이들을 위한 우리의 봉헌물이 그들에게 위로를 가져다줄 것을 의심합니까? 죽은 이들을 돕고 그들을 위해 우리 기도를 봉헌하기를 주저하지 맙시다."

이것이 그리스도교 신앙이고 이 신앙은 언제나 그래왔다. 구약성경에서 신약성경에 이르기까지, 사도들에서 중세학자들에 이르기까지, 어느 누구도 그리스도인 사이에서 이어지는 관계의 연속성에 의문을 제기한 사람은 없었다. 세상에 남겨진 사람들은 죽음으로 넘어간 사람들과 관계 맺는 법을 가지고 있었다. 다만 종교개혁으로 없어졌을 뿐이다.

루터교 신학자 프랭크 센Frank Senn은 그 문제를 다음과 같이 간단명료하게 설명했다. “마르틴 루터가 특히 죽은 이를 위해 봉헌하는 기원미사를 폐지한 것은 교회의 거대한 우주적 이해를 약화시키는 요인이 되었다.”

가톨릭교회는 그리스도교 전통을 폐지할 수도 약화시킬 수도 없었다. 교의는 창조될 수도 파괴될 수도, 변경될 수도 종결될 수도 없다. 그래서 우리는 장례미사에서 다음과 같이 기도한다. “주님, 당신의 충실한 백성에게는 삶이 바뀔 뿐 끝나지 않나이다.”

요셉 신부가 로마에서 내 친구에게 좀 더 쉽게 이야기했듯이 “인간관계는 끝나지 않나이다.”라고 기도해야 한다. 우리는 죽은 이들을 위해 기도할 수 있다. 그에 대해 하느님께 감사드린다. 하느님은 자비로우시며 그분의 자비는 영원하시다!

마음에 새기기

다윗은 말합니다. “그분의 한결같은 사랑은 영원하도다!”

이 말에 따르면 사람이 어떤 상태에서 이 세상을 떠나든 바로 그 상태로 하느님의 심판대에 서게 되는 것이 분명합니다.

하지만 우리는 심판 날에 앞서 작은 죄를 위해 연옥 불이 존재한다는 것을 믿어야 합니다. 우리 구세주는 누구든 성령을 거슬러 말하는 사람은 현세에서도 내세에서도 용서받지 못할 것이라고 말씀하셨기 때문입니다.

이 판결에 따라 우리는 어떤 죄는 현세에서 용서받고 또 어떤 죄는 내세에서 용서받는다는 사실을 알 수 있습니다. 어떤 죄에 대해서는 거부되고 다른 죄에 대해서는 허락되는 것으로 이해되기 때문입니다.

이미 말한 대로 우리는 이 사실을 사소하고 작은 죄, 예를 들면 일상적인 쓸데없는 이야기나 무절제한 웃음(이런 잘못은 거의 아무도 피할 수 없습니다), 그리고 전혀 중요하지 않은 문제에서 모르고 저지른 실수 같은 죄에 대해서만 믿어야 합니다. 이런 잘못은 우리가 이 세상에 사는 동안 용서와 죄사함을 받지 못했다면 죽은 뒤에 벌을 받게 될 것입니다.

성 바오로는 그리스도를 기초라고 이야기하고

나서 이렇게 덧붙여 말합니다. "어떤 이가 이 기초 위에 금이나 은이나 보석이나 나무나 풀이나 짚으로 집을 짓는다면, 저마다 한 일이 어떤 것인지 그 불이 가려낼 것이다." 만일 그 기초 위에 지은 건물이 그대로 남아 있으면 삯을 받겠지만, 그것이 타버린다면 손해를 입게 됩니다. 하지만 여러분 자신은 불 속에서 겨우 목숨을 건지듯 구원을 받을 것입니다.

우리는 이 말을 우리가 이 세상에서 고통을 겪는 시련의 불을 뜻하는 것으로 이해할 수 있습니다. 그러나 여러분이 그 말을 내세의 연옥 불을 뜻하는 것으로 해석한다면, 그때 여러분은 다음 사실을 주의 깊게 고려해야 합니다.

곧 사도 바오로는 여러분이 이 기초 위에 쇠나 놋쇠나 납으로 집을 짓는 경우, 곧 더 큰 죄를 지어 더욱 단단해짐으로써 그곳에서 벌을 면할 수 없는 경우에는 불에 의해 구원받을 수 있다고 말하지 않았습니다.

그러나 여러분이 나무나 풀이나 짚으로 집을 짓는 경우, 곧 그 불이 쉽게 태워버릴 수 있는 지극히 사소하고 가벼운 죄를 짓는 경우에는 그 불에 의해 구원받을 것입니다.

그렇지만 여기서 더 나아가, 어느 누구도 일생 동안 덕행에 의해 그곳에서 그러한 은혜를 받을 자격을 갖추지 못한다면 아무리 작은 죄도 그곳에서 사함을 받을 수 없다는 사실을 깊이 생각해야 합니다.

– 교황 성 대 그레고리오, 16세기

맺는 말

예수님이 제자들에게 말씀하셨다. "청하여라, 너희에게 주실 것이다. 찾아라, 너희가 얻을 것이다. 문을 두드려라, 너희에게 열릴 것이다."(마태 7,7)

청하고, 찾고, 문을 두드려라!

예수님은 예스럽고 독특한 상징적인 기도 목록을 그저 읽어 내려가신 것이 아니다. 아마도 그분은 모든 사람이 무엇을 성도聖都를 향한 순례의 여정으로 인식해야 하는지 설명하셨던 것 같다. 순례자들은 청함으로써 그 길을 시작하며 목적지를 찾아 여행한다. 그들은 찾고, 그리고 도시의 출입문을 두드릴 때 그곳에 도착할 수 있다.

그리스도인의 기도의 길은 순례의 길이다. 그 길은 예수님이 말씀하시는 산상설교에 있다. 예수님은 기도와 단식과 자선에 대한 지침을 제자들에게 설명하신 후 순례여정에 대한 가르침을 주셨다.(마태 6장 참조) 이 말씀에서 모든 가톨릭 신심이 풍부하고도 다양하게 생겨났다. 우리는 아직 사랑·찬미·감사·

바람·경탄·뉘우침을 표현하기 위해 할 수 있는 모든 일을 시도하지 않았다.

예수님은 우리에게 할 일을 남기셨다. 그분은 모든 문제에 대한 답이 주어져 있고 모든 고통이 그친 상태로 이미 만들어져 선물용으로 포장된 구원을 남기신 것이 아니다. 그분은 모험의 길, 좁은 문을 향해 가는 좁은 길을 따라 그분을 따르라고 명하신다.

그분의 길은 우리를 영광으로 인도하지만 오직 갈바리아의 길을 통해 인도하신다. 우리는 다음 모퉁이에 무엇이 기다리고 있는지 알 수 없다. 그러나 하느님이 우리와 함께하시며 우리가 청하고 찾고 두드릴 때, 곧 오래되고 익숙한 방법으로 기도할 때 응답해 주실 것을 안다.

우리는 일생 동안 순례의 길을 간다. 나는 이 책을 한밤중의 십자가를 향한 여정과 동네 길에서 묵주기도를 하며 돌아온 이야기로 시작했다. 그리고 나그네인 내 신원이 일시적인 것이 아니라 반영구적이라는 사실을 알게 되었다.

우리는 예수님의 제자들이 1세기에 이미 했듯이 더 이상 지상의 도시를 향해 여행하지 않는다. 우리의 예루살렘은 하늘에 있다. 따라서 그곳에 이를 때까지 청하고 찾고 두드려야 한다. 우리는 더 이상 지상의 성전을 찾지 않는다. 하느님이 우리를 우리 기도에 의해 천상 성전으로 세우시기 때문이다.

이 책을 시작한 것처럼 끝낸다. 우리는 하느님의 자녀지만 아직 고향에 이르지 못했다. 하느님은 우리 아버지지만 천상에 계시다. 우리가 위기에 직면해 있는 것은 우리가 아직 순례 여정에 있다는 사실을 상기시키기 위함이다. 성부는 지금 이 순간을 이용하시어 우리를 변화시키고 우리가 그 길을 따라 발걸음을 재촉하게 하시며, 순례자인 우리를 성인으로 변모시키신다.

우리는 청하고 찾고 두드린다. 우리는 순례의 길을 간다. 비록 우리가 바라고 기대한 은총은 아니더라도 우리에게 필요한 은총을 얻는다. 우리는 완전하신 성부가 고향을 향해 가는 당신 자녀에게 주고자 하시는 은총을 받고 있다.